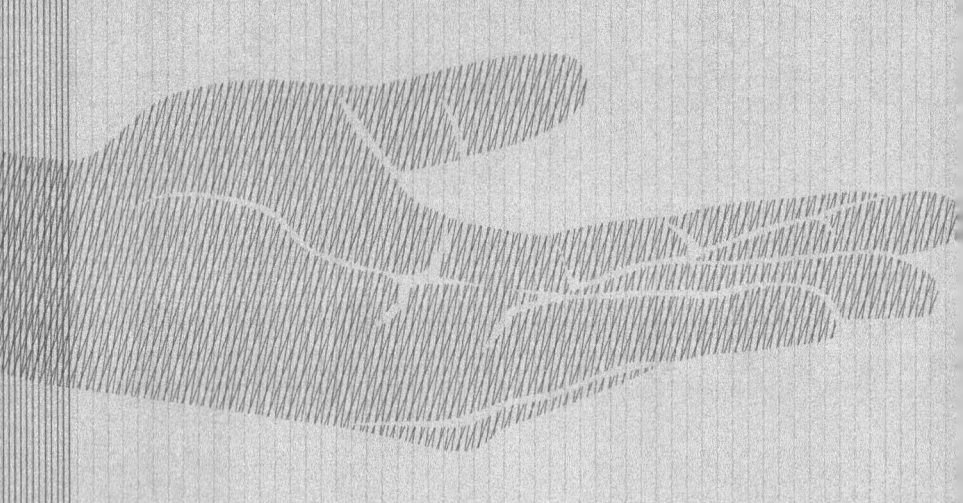

O selo DIALÓGICA da Editora InterSaberes faz referência às publicações que privilegiam uma linguagem na qual o autor dialoga com o leitor por meio de recursos textuais e visuais, o que torna o conteúdo muito mais dinâmico. São livros que criam um ambiente de interação com o leitor – seu universo cultural, social e de elaboração de conhecimentos –, possibilitando um real processo de interlocução para que a comunicação se efetive.

Produção capitalista e fundamentos do Serviço Social (1951-1970)

Daniele Graciane de Souza
Giselle Ávila Leal de Meirelles
Silvia Maria Amorim Lima

Rua Clara Vendramin, 58 ▪ Mossunguê ▪ CEP 81200-170 ▪ Curitiba ▪ PR ▪ Brasil ▪ Fone: (41) 2106-4170
www.intersaberes.com ▪ editora@editoraintersaberes.com.br

Conselho editorial
Dr. Ivo José Both (presidente)
Drª Elena Godoy
Dr. Nelson Luís Dias
Dr. Neri dos Santos
Dr. Ulf Gregor Baranow

Editora-chefe
Lindsay Azambuja

Supervisora editorial
Ariadne Nunes Wenger

Analista editorial
Ariel Martins

Preparação de originais
Masterpress

Projeto gráfico
Laís Galvão dos Santos

Capa
Jéssica D'Azevedo Santos Lima
(design)
Aila Images, Alf Ribeiro, Kenneth
Sponsler, M2020 e Vinicius
Tupinamba/Shutterstock (imagens)

Iconografia
Vanessa Plugiti Pereira

Dados Internacionais de Catalogação na Publicação (CIP)
(Câmara Brasileira do Livro, SP, Brasil)

Souza, Daniele Graciane de
   Produção capitalista e fundamentos do serviço social
(1951-1970)/Daniele Graciane de Souza, Giselle Ávila
Leal de Meirelles, Silvia Maria Amorim Lima. Curitiba:
InterSaberes, 2016.(Série Metodologia do Serviço Social)

   Bibliografia.
   ISBN 978-85-5972-106-5

   1. Capitalismo – História 2. Serviço social 3. Serviço
social – Brasil – História 4. Serviço social – Metodologia
I. Meirelles, Giselle Ávila Leal de. II. Lima, Silvia Maria
Amorim. III. Título. IV. Série.

16-04909   CDD-361.3

1ª edição, 2016.
Foi feito o depósito legal.

Informamos que é de inteira
responsabilidade das autoras a
emissão de conceitos.

Nenhuma parte desta publicação
poderá ser reproduzida por
qualquer meio ou forma sem
a prévia autorização da Editora
InterSaberes.

A violação dos direitos autorais
é crime estabelecido na Lei
n. 9.610/1998 e punido pelo
art. 184 do Código Penal.

Índices para catálogo sistemático:
1. Serviço social 361.3

Sumário

Apresentação | 7
Como aproveitar ao máximo este livro | 12

1. **Dinâmica social, política e econômica da realidade capitalista mundial | 17**
   1.1 Aspectos fundamentais do capitalismo monopolista | 19
   1.2 Funções do Estado na era dos monopólios | 31
   1.3 O capitalismo monopolista depois da Segunda Guerra Mundial | 35

2. **Capitalismo no Brasil: uma visão geral | 51**
   2.1 Origens do capitalismo brasileiro | 53
   2.2 Da revolução democrático-burguesa europeia à revolução democrático-burguesa brasileira | 57
   2.3 Industrialização retardatária e restringida no Brasil | 77

3. **Alguns aspectos do capitalismo brasileiro: 1951-1970 | 89**
   3.1 Desenvolvimento do capitalismo no Brasil | 91
   3.2 Entrada de capital imperialista no Brasil | 96
   3.3 Elementos sociopolíticos do Brasil em sua fase de democratização | 102
   3.4 Período da ditadura militar | 112
   3.5 Fordismo periférico e "questão social" no Brasil | 130

4. **Aspectos teórico-metodológicos do Serviço Social: 1951-1970 | 143**
   4.1 Método e teoria no Serviço Social | 145
   4.2 Serviço Social na década de 1960 | 158
   4.3 Desenvolvimento de Comunidade e Serviço Social pós-1964 | 166
   4.4 Fundamentos teóricos e Código de Ética Profissional | 170
   4.5 Formação acadêmica no serviço social | 174

5. Década de 1960 e processo de renovação do serviço social | 183
    5.1   Movimento de Reconceituação na América Latina e no Brasil | 185
    5.2   Seminário de Araxá | 195
    5.3   Seminário de Teresópolis | 199
    5.4   Seminários de Sumaré e do Alto da Boa Vista | 203
    5.5   Fenomenologia e existencialismo | 207

Para concluir... | 223
Estudo de caso | 225
Referências | 231
Respostas | 239
Sobre as autoras | 255

Apresentação

Com esta obra, pretendemos oferecer uma leitura de fácil entendimento sobre os fundamentos históricos, teóricos e metodológicos do Serviço Social brasileiro no período compreendido entre 1951 e 1970, articulando o modo de produção capitalista com o Serviço Social. Para isso, procuramos escrever sobre a temática de uma forma acessível, explicando os elementos essenciais que articulam os eixos estruturantes dessa profissão.

A construção do material que ora apresentamos é fruto do trabalho conjunto de três assistentes sociais com o intuito de retratar o processo de acontecimentos históricos, políticos, econômicos e sociais das realidades mundial e brasileira que fundamentam o Serviço Social no período pós-Segunda Guerra até o início da década de 1970, quando, em nosso país, vivenciamos o momento mais duro da repressão militar.

Sendo a origem da profissão ancorada na emergência do capitalismo monopolista e tendo em vista o necessário enfrentamento da "questão social", damos ênfase a alguns aspectos do desenvolvimento capitalista do século XX e, com base na dinâmica social, política e econômica da realidade capitalista mundial, trazemos à luz os elementos que particularizam a realidade brasileira no período de 1951 a 1970, para, enfim, articularmos os fundamentos teóricos e metodológicos do Serviço Social brasileiro.

No Capítulo 1, delineamos a visão do capitalismo com ênfase nos aspectos fundamentais do estágio imperialista e da fase monopolista do capital, traçando um histórico das progressivas mudanças nas funções do Estado, que assumiu funções sócio-político-econômicas que anteriormente não figuravam em suas intervenções mais diretas e passou a desempenhar funções ampliadas. Encerramos o capítulo trazendo ao leitor o panorama do capitalismo monopolista no pós-Segunda Guerra, explicando que aquele momento possibilitou os "trinta anos gloriosos" de acumulação ampliada do capital. Esse fenômeno, que se reproduziu em escala mundial, determinou as relações de dependência socioeconômica e política de todos os países da América Latina e incidiu fortemente na estruturação das políticas sociais como mediação do Estado para o enfrentamento da "questão social". Nesse momento, também eclodiu o conflito político entre os Estados Unidos e a então União Soviética, desencadeando a Guerra Fria, que é explicada aqui como a polarização entre capitalismo monopolista e "socialismo real".

Partindo do contexto capitalista mundial, iniciamos o Capítulo 2 com algumas particularidades do capitalismo brasileiro. Para tanto, analisamos aspectos da formação sócio-histórica do país que são peculiares à sociedade brasileira. Abordamos também, dada sua importância para a compreensão da luta de classes em nosso país, alguns marcos históricos sob a perspectiva da revolução democrático-burguesa brasileira, que culminou com a consolidação do capitalismo e a progressiva ampliação de direitos de cidadania, conquistados por meio das lutas sociais da classe trabalhadora. Concluímos o Capítulo 2 com a análise da industrialização brasileira, focando o aspecto retardatário e restrito desse processo.

No Capítulo 3, dando continuidade ao estudo sobre o capitalismo brasileiro, traçamos uma linha histórica de acontecimentos sócio-político-econômicos ocorridos de 1951 a 1970, de forma a possibilitar a apreensão da realidade brasileira naquele período. Procuramos elucidar a importância do contexto político-econômico para o Serviço Social brasileiro com base no aprofundamento das relações sociais de produção capitalistas em nosso país. Abordamos também breves aspectos da ditadura militar de 1964, analisando os governos de Castelo Branco, Costa e Silva e Garrastazu Médici. Encerramos esse capítulo com uma breve análise do fordismo periférico no Brasil.

A compreensão desse cenário cria bases para localizarmos a emergência do Serviço Social brasileiro na divisão social e técnica do trabalho e analisarmos os fundamentos históricos, teóricos e metodológicos do Serviço Social durante o período de 1951 a 1970. Vislumbrando esses fundamentos, examinamos, no Capítulo 4, alguns elementos da intervenção profissional dessa época: os aspectos teórico-metodológicos e os aspectos interventivos do Serviço Social. Destacamos a questão do método e da teoria para o Serviço Social, enfatizando a importância de entendê-los como dinâmicos, visto que as relações sociais são determinadas por constantes processos de mudanças. Apresentamos as metodologias desenvolvidas pelo Serviço Social na época aqui estudada, a saber: Serviço Social de caso, Serviço Social de grupo e Serviço Social de comunidade. Dada a importância do Desenvolvimento de Comunidade para os governos brasileiros que adotaram a ideologia desenvolvimentista, traçamos um histórico do Serviço Social de comunidade, com os principais acontecimentos destacados em cada uma das décadas ora tratadas. Também pontuamos o que ocorreu com o Serviço Social no período pós-1964, quando a ditadura militar teve início.

Para concluirmos o Capítulo 4, mostramos alguns dados sobre o percurso da formação profissional do assistente social e analisamos os Códigos de Ética que vigoraram no período: o de 1947 e o de 1965. Esse tópico é importante para o entendimento da legalidade ética que regula a profissão, pois, ao normatizarem o fazer profissional, tais códigos revelaram a concepção teórica que permeava o pensamento da categoria profissional de Serviço Social nas respectivas épocas.

No Capítulo 5, traçamos o histórico do processo de renovação do Serviço Social, abordando o Movimento de Reconceituação desencadeado na América Latina e sua relevância para as mudanças que ocorreram com o Serviço Social brasileiro. Com esse histórico, buscamos demonstrar as principais inquietações da categoria profissional naquele momento e as demandas que ensejaram a realização dos principais seminários que compõem o Movimento de Reconceituação. Os Seminários de Araxá, Teresópolis, Sumaré e Alto da Boa Vista culminaram em elaborações teóricas e metodológicas, dispostas em forma de documentos que se tornaram marcos importantes para a formação profissional do assistente social e para as mudanças que viriam a ocorrer na história ulterior da profissão no Brasil. Finalizamos esse último capítulo fazendo referência à fenomenologia e ao existencialismo como correntes filosóficas que influenciaram o Serviço Social na época aqui estudada.

Nossa principal intenção foi produzir uma sistematização analítica didática, de forma a contemplar as mais variadas exigências dos leitores, sobretudo daqueles que estão iniciando seus estudos no âmbito do Serviço Social e, portanto, necessitam compreender com profundidade seus fundamentos. Boa leitura!

Como aproveitar ao máximo este livro

Este livro traz alguns recursos que visam enriquecer seu aprendizado, facilitar a compreensão dos conteúdos e tornar a leitura mais dinâmica. São ferramentas projetadas de acordo com a natureza dos temas que vamos examinar. Veja a seguir como esses recursos se encontram distribuídos no decorrer desta obra.

Conteúdos do capítulo:
- Aspectos do modo de produção capitalista que incidem no processo de construção dos fundamentos teórico-metodológicos do Serviço Social brasileiro.
- Conjuntura sócio-político-econômica no período de 1951 a 1970.
- Capital imperialista e emergência do capitalismo monopolista nos países dependentes.
- Ampliação das funções do Estado na fase do capitalismo monopolista.

Após o estudo deste capítulo, você será capaz de:
1. compreender o que é capital monopolista;
2. entender o que é o estágio imperialista do capitalismo;
3. compreender o que é fordismo-keynesianismo;
4. reconhecer as funções do Estado de capitalismo monopolista.

Conteúdos do capítulo

Logo na abertura do capítulo, você fica conhecendo os conteúdos que nele serão abordados.

Após o estudo deste capítulo, você será capaz de:

Você também é informado a respeito das competências que irá desenvolver e dos conhecimentos que irá adquirir com o estudo do capítulo.

Questões para reflexão (1)

1. Quais são as três principais características das origens do capitalismo no Brasil?
   Dica: lembre-se de uma economia voltada para o exterior, do sistema *plantation* e da escravidão no Brasil.
2. O que você entendeu por *modernização conservadora*?
   Dica: lembre-se da exclusão da classe trabalhadora nas decisões sócio-político-econômicas do país.

2.2 Da revolução democrático-burguesa europeia à revolução democrático-burguesa brasileira

A existência ou não de uma revolução democrático-burguesa no Brasil é tema de uma discussão bastante polêmica, sendo o fato entendido como o momento de consolidação do capitalismo no país, porém um capitalismo que, ao mesmo tempo que se tornaria hegemônico, conjugaria a ampliação de direitos de cidadania e consideraria as necessidades sociais da classe trabalhadora. A seguir, vamos examinar em detalhes como os principais autores da formação sócio-histórica brasileira analisam a revolução democrático-burguesa em nosso país.

Questões para reflexão

Nesta seção, a proposta é levá-lo a refletir criticamente sobre alguns assuntos e trocar ideias e experiências com seus pares.

Síntese

Durante muito tempo, no Serviço Social, o método foi associado à sistematização e formalização dos métodos de Serviço Social de caso, Serviço Social de grupo (SSG) e Serviço Social de comunidade (SSC), nos quais se sobressaía a preocupação de instrumentalizar o fazer profissional, que, no Brasil, estava permeada pelo espírito cristão. A influência do neotomismo ainda foi identificada na profissão até os anos de 1960. Isso quer dizer que, até esse período, havia uma busca por fundamentação teórica na perspectiva de autores neotomistas ou de doutrina social da Igreja.

Contudo, com o decorrer dos anos, outras teorias adentraram ideologicamente a formação profissional do assistente social. Dessa forma, o desenvolvimentismo, que influenciou e influencia a sociedade brasileira em aspectos econômicos, políticos e sociais, consequentemente também permeou a formação profissional do trabalhador social. Assim, podemos afirmar que há um forte vínculo entre desenvolvimentismo e Desenvolvimento de Comunidade (DC) como instrumentalidade do Serviço Social de comunidade.

O Código de Ética de 1947, que vigorou nos anos de 1950 até meados da década de 1960, foi aprovado em assembleia geral da Associação Brasileira de Assistentes Sociais (Abas) – Seção São Paulo, no dia 29 de setembro de 1947, e trazia, em sua "Introdução", quatro itens que tratavam da deontologia do Serviço Social, expressando as ideias das teorias adotadas pela categoria.

Percebemos uma mudança de percepção teórica no Código de Ética de 1965 em relação ao de 1947. O pensamento teórico doutrinário foi substituído por teorias mais científicas e que atendiam ao novo momento vivenciado, quando o Serviço Social foi então reconhecido como profissão técnico-científica. Ademais, encontramos com facilidade nesse código palavras como *ordem e progresso*, tão comumente usadas e que fazem parte do vocabulário funcionalista embutido na ideologia desenvolvimentista preconizada à época.

Síntese

Você dispõe, ao final do capítulo, de uma síntese que traz os principais conceitos nele abordados.

Para saber mais

BEHRING, E. R.; BOSCHETTI, I. **Política social:** fundamentos e história. 5. ed. São Paulo: Cortez, 2008. (Biblioteca Básica de Serviço Social, v. 2).

Indicamos esse livro para que você compreenda melhor a construção de políticas sociais no Brasil sob a perspectiva crítico-dialética, entendendo-a, por um lado, como conquista da classe trabalhadora e, por outro, como uma mediação necessária nas relações sociais de produção capitalistas.

CARDOSO, A. **A construção da sociedade do trabalho no Brasil:** uma investigação sobre a persistência secular das desigualdades. Rio de Janeiro: FGV/Faperj, 2010.

Nesse livro, o autor faz uma reflexão sobre as desigualdades sociais no Brasil à luz do processo de construção da classe trabalhadora brasileira e das políticas públicas e sociais que acompanharam as relações sócio-político-econômicas da historiografia de nosso país.

SANTOS, J. S. **"Questão social":** particularidades no Brasil. São Paulo: Cortez, 2012. (Coleção Biblioteca Básica do Serviço Social, v. 6).

Nessa obra, são apresentados os fundamentos da "questão social" brasileira, destacando-se aspectos da historiografia que configuraram as contradições das relações de classe em nosso país. A autora esclarece as particularidades do capitalismo brasileiro sob a ótica de autores clássicos da formação sócio-histórica e articula o Serviço Social com a "questão social" em suas expressões de desigualdade social e de pobreza.

Para saber mais

Você pode consultar as obras indicadas nesta seção para aprofundar sua aprendizagem.

Questões para revisão

1. Assinale a alternativa que se refere ao desenvolvimento do capitalismo brasileiro pela via "não clássica":

   a) Conservação de elementos da herança colonial com a progressiva e lenta introdução de elementos modernizantes no processo de crescimento econômico.
   b) Institucionalização de políticas sociais de garantia dos direitos de cidadania.
   c) Abertura democrática por parte das classes dominantes, manifestada, sobretudo, pela inclusão da classe trabalhadora na participação nas decisões políticas.
   d) O embate entre constituição do capitalismo brasileiro e a velha ordem agroexportadora, voltada à satisfação de necessidades externas ao país.

2. Assinale a alternativa que está associada à emergência da burguesia no processo de evolução e organização do capitalismo no Brasil sob a ótica de Caio Prado Júnior:

   a) Consolidação de uma economia voltada para a extração de matérias-primas e gêneros tropicais destinados à exportação.
   b) Abolição da escravatura, imigração de braços para a lavoura e proclamação da república.
   c) Aumento do Produto Interno Bruto (PIB) nacional.
   d) Constituição de "duas burguesias", uma agrária e outra urbana.

3. Assinale a alternativa que corresponde ao autor que elaborou uma construção teórica relacionando o processo de democratização brasileira à "via prussiana", ou "de cima para baixo":

   a) Carlos Nelson Coutinho.
   b) Nelson Werneck Sodré.
   c) Florestan Fernandes.
   d) Caio Prado Júnior.

Questões para revisão

Com estas atividades, você tem a possibilidade de rever os principais conceitos analisados. Ao final do livro, o autor disponibiliza as respostas às questões, a fim de que você possa verificar como está sua aprendizagem.

Estudo de caso

Estudo de caso

Esta seção traz ao seu conhecimento situações que vão aproximar os conteúdos estudados de sua prática profissional.

No decorrer do livro, tratamos do período da ditadura militar no Brasil. Agora veremos, por meio de um estudo de caso, como agiam os militares nesse período. Assim, é importante observar que o relato apresentado a seguir se refere a uma ocorrência verídica, tendo sido extraído do Relatório da Comissão Nacional da Verdade – CNV (Brasil, 2014).

Em abril de 1968, o baiano Rogério Duarte Guimarães era um nome bastante respeitado no cenário cultural brasileiro, principalmente por seus trabalhos nas artes gráficas, em cartazes de filmes como *Deus e o Diabo na Terra do Sol*, de Glauber Rocha, e pelas capas de discos como o de Caetano Veloso, de 1967, além de ser um dos principais pensadores tropicalistas. No dia 4 de abril, Rogério e seu irmão Ronaldo Duarte foram, com suas respectivas namoradas Ruth Queirós e Silvia Escorel de Moraes Saldanha, à

Dinâmica social, política e econômica da realidade capitalista mundial

Conteúdos do capítulo:
- Aspectos do modo de produção capitalista que incidem no processo de construção dos fundamentos teórico-metodológicos do Serviço Social brasileiro.
- Conjuntura sócio-político-econômica no período de 1951 a 1970.
- Capital imperialista e emergência do capitalismo monopolista nos países dependentes.
- Ampliação das funções do Estado na fase do capitalismo monopolista.

Após o estudo deste capítulo, você será capaz de:
1. compreender o que é capital monopolista;
2. entender o que é o estágio imperialista do capitalismo;
3. compreender o que é fordismo-keynesianismo;
4. reconhecer as funções do Estado de capitalismo monopolista.

Neste primeiro capítulo, analisaremos aspectos importantes do capitalismo para o Serviço Social e que, portanto, incidem no processo de construção dos fundamentos teórico-metodológicos da profissão. Devemos considerar que o Serviço Social brasileiro tem sua origem em um período de emergência do capitalismo monopolista no país. Inicialmente, a profissão cumpria uma demanda estatal de "ajustamento" da classe trabalhadora às necessidades de um projeto desenvolvimentista de ampliação dos lucros capitalistas e de modernização produtiva no país.

Como estamos tratando de processos, e não somente de fatos pontuais, a apresentação dos fundamentos teórico-metodológicos do Serviço Social que vigoraram na quadra histórica entre 1950 e 1970 exige a análise da conjuntura político-econômica mundial naquele período e seus rebatimentos na conjuntura político-econômica do país. Isso é importante para situar a emergência do Serviço Social na divisão sócio-técnica do trabalho no Brasil na fase monopolista do capital, sempre lembrando que o modo de produção capitalista é um processo progressivo e tem sua própria história. Examinaremos o estágio imperialista do capitalismo, no qual emerge o capitalismo monopolista, bem como abordaremos a ampliação das funções do Estado na era dos monopólios e a conjuntura capitalista do período pós-Segunda Guerra.

1.1 Aspectos fundamentais do capitalismo monopolista

Ao longo de sua história, o capitalismo passou por diferentes estágios evolutivos sem, contudo, abolir a essência do capital e suas principais contradições, ou seja, a propriedade privada dos meios fundamentais de produção e a apropriação privada da riqueza socialmente produzida. O capitalismo se expressa na busca incessante por lucros mediante a troca de mercadorias e a acumulação de capital com a expansão ininterrupta da produção e do intercâmbio. Esse processo ocorre por meio da apropriação da mais-valia e da consequente exploração do capital sobre o trabalho, desdobrando-se em variadas expressões da "questão social"[1] enraizadas classicamente na desigualdade social e na pauperização, absoluta ou relativa, da classe trabalhadora.

A mais-valia é o trabalho excedente expropriado do trabalhador em seu processo de trabalho, constituindo a base dos lucros do capitalista. Com relação à "questão social", adotamos o conceito clássico de Iamamoto e Carvalho (1982, p. 77):

> A questão social não é senão as expressões do processo de formação e desenvolvimento da classe operária e de seu ingresso no cenário político da sociedade, exigindo seu reconhecimento como classe por parte do empresariado e do Estado. É a manifestação, no cotidiano da vida social, da contradição entre o proletariado e a burguesia, a qual passa a exigir outros tipos de intervenção mais além da caridade e repressão.

O **estágio pré-capitalista** emerge no século XVI e vai até meados do século XVIII e é também denominado *acumulação primitiva do capital*. Esse período é caracterizado pelo início de processos capitalistas de produção, como a introdução da manufatura e do comércio mercantil (que progressivamente incorporam as concepções do liberalismo econômico clássico), com o distanciamento cada vez maior do produtor de mercadorias de seus meios de produção, dando origem ao trabalhador "livre" – nesse caso, livre da servidão feudal, porém sujeitado ao trabalho assalariado.

---

1 Como vários autores vinculados ao Serviço Social, ao longo deste livro, utilizaremos aspas no termo *questão social*, no sentido de alertar permanentemente que se trata de um conceito, e não de uma categoria existente concretamente na realidade social. Além disso, ressaltamos ques o termo tem origem no conservadorismo da Igreja Católica e que, na contemporaneidade, é utilizado no âmbito do Serviço Social em referência à investigação e à intervenção voltadas às expressões e manifestações que configuram a exploração do capital sobre o trabalho, sobretudo a pauperização e a desigualdade social (Santos, 2012).

O desenvolvimento do comércio e a expansão do intercâmbio entre as cidades e entre os países configuram o **segundo estágio**, denominado *capitalismo concorrencial*, que se manifesta a partir de 1780 e perdura até 1870. Esse período se caracteriza pela expansão da manufatura, pela introdução de máquinas e de novas invenções, por avanços científicos e tecnológicos e pela emergência do trabalhador coletivo e do trabalho em série e culmina com a consolidação da indústria moderna. Nesse processo, a expansão industrial e o desenvolvimento das forças produtivas, em um sistema produtivo pautado na concorrência entre capitais, favorecem a criação e a ampliação de monopólios.

A formação de monopólios é resultado da concorrência desenfreada entre capitalistas. O início do processo é a concorrência entre indústrias (ou empresas), uma vez que o capital acumulado pelas indústrias é desigual. Quando uma empresa é mais forte do que outras, ela adquire mais condições de manter seus produtos com preços menores na medida em que seu nível de produtividade é maior. Por isso,

> a concorrência é conduzida por meio da redução dos preços das mercadorias. [...] o barateamento das mercadorias depende da produtividade do trabalho, e este da escala de produção. Os capitais grandes esmagam os pequenos. [...] [A concorrência] [...] acaba na derrota de muitos capitalistas pequenos, cujos capitais desaparecem ou se transferem para as mãos do capitalista vencedor. (Marx, 1984, p. 727)

A partir de 1870, inicia-se a era dos monopólios, com a fusão e a concentração de capitais. Em paralelo, é gerado o estágio avançado do capitalismo, seu **terceiro estágio**, denominado *imperialismo*, que tem como uma de suas principais características justamente a formação de monopólios. Daquele período até os dias atuais, observamos que o crescimento desproporcional entre os diversos ramos da produção capitalista e as formas desleais de concorrência abrem espaço para que os capitalistas de um mesmo ramo de produção, por exemplo, travem acordos entre si para eliminar as desvantagens da concorrência e manter a produção de mercadorias em um patamar que amplie os níveis de lucro para si mesmos, enfraquecendo os demais. Nisso consiste a formação de cartéis e trustes, o que corresponde a uma associação com base em acordo contratual entre indústrias de um mesmo ramo a fim de garantir seus lucros. Contudo, o monopólio não ocorre somente no âmbito do capital industrial, mas também entre proprietários do capital bancário, ou seja, instituições destinadas ao crédito. Marx (1984, p. 728) alertava, desde a fase da acumulação primitiva, que

> a concorrência e o crédito são as duas mais poderosas alavancas da centralização e desenvolvem-se na proporção em que se amplia a produção capitalista e a acumulação [...] o crédito insinua-se furtivamente, como auxiliar modesto da acumulação e por meio de fios invisíveis leva para as mãos de capitalistas isolados ou associados os meios financeiros dispersos, em proporções maiores ou menores para logo se tornar uma arma nova e terrível na luta da concorrência e transformar-se por fim, num imenso mecanismo de centralização de capitais.

Com a ampliação da concentração e centralização de capitais (que geralmente operam de forma combinada), a realidade tem demonstrado que os grandes conglomerados empresariais, em âmbitos nacional e internacional, têm incorporado as empresas menores, tanto as pequenas quanto as médias, de forma a centralizar e concentrar o grande capital mundial.

A fusão entre o capital industrial e o capital bancário, algo que se acentua no período pós-Segunda Guerra, como veremos adiante, faz com que o capital financeiro se torne a expressão predominante da formação dos monopólios, o que perdura até a atualidade.

De forma sintética, podemos afirmar que o capital financeiro é aquele procedente da especulação financeira. Os lucros são alcançados, por exemplo, por meio do investimento de capital em ações na bolsa de valores e derivam da valorização de mercado. Para algumas pessoas, o lucro obtido nesse processo dispensaria o trabalho produtivo, pois o mercado é que teria valorizado o capital. Porém, o dinheiro não valoriza a si mesmo sem a produção da mais-valia e, portanto, os lucros obtidos com a especulação financeira, na verdade, têm origem na extração da mais-valia realizada no processo de produção de mercadorias e deslocam-se para a ampliação dos lucros especulativos da bolsa de valores.

Como mencionamos, os monopólios se desenvolvem em larga escala no final do século XIX e, no início do século XX, já estão consolidados como forma "superior" de acumulação capitalista. Vimos que a emergência de grandes monopólios e a dominação de países subdesenvolvidos e dependentes são as principais características do terceiro estágio do capital, denominado *estágio imperialista*. Nesse estágio, observamos também o estabelecimento progressivo de novas formas de gestão do trabalho industrial, predominando o taylorismo/fordismo na execução e no gerenciamento da produção industrial, que, logo após, encontra na proposta keynesiana de Estado um aliado decisivo para regular a força de trabalho. Vamos abordar o fordismo-keynesianismo mais adiante.

O imperialismo é um estágio que se remete ao predomínio do capital financeiro sobre as demais formas do capital (industrial, bancário e comercial). Trata-se de um movimento que modifica as relações sociais, políticas e econômicas no decorrer do século XX, adentrando no século XXI.

O estágio imperialista do capital é considerado por Lênin (2008) uma fase particular e superior do capitalismo. Esse autor explica que os monopólios são a base econômica mais profunda do imperialismo, que apresenta outras características:

> 1) a concentração da produção e do capital levada a um grau tão elevado de desenvolvimento que criou os monopólios, os quais desempenham um papel decisivo na vida econômica; 2) a fusão do capital bancário com o capital industrial e a criação, baseada neste capital financeiro, da oligarquia financeira; 3) a exportação de capitais, diferentemente da exportação de mercadorias, adquire uma importância particularmente grande; 4) a formação de associações internacionais monopolistas de capitalistas, que partilham o mundo entre si; e 5) o termo da partilha territorial do mundo entre as potências capitalistas mais importantes. (Lênin, 2008, p. 90)

O mesmo autor esclarece que a livre concorrência capitalista gerou a concentração da produção e esse fenômeno, em certo grau de desenvolvimento, conduziu ao monopólio. Com a concentração da produção, grande parte da produção global de todas as empresas de um país fica sob o controle de um número reduzido de empresários que se utilizam de cartéis e de fusões entre empresas para constituírem monopólios.

Em relação ao papel dos bancos, ao capital financeiro e à formação de uma oligarquia financeira, Lênin chama atenção para a concentração do capital bancário, processo no qual os grandes bancos absorvem os pequenos e ocorre uma vinculação dos banqueiros aos grandes industriais por meio da concessão de créditos.

Esse processo deu origem ao crescimento do capital financeiro, ou seja, à dominação de um capital mais fortalecido, que agrega o capital bancário com o capital industrial, criando uma interdependência entre essas duas formas de capital e originando a uma oligarquia financeira – entendamos aqui *oligarquia financeira* de acordo com Netto e Braz (2006, p. 181), quando afirmam: "em geral, a ação da oligarquia financeira se efetiva com a intervenção das mesmas pessoas nos conselhos de direção de inúmeras empresas, bancos e também na gestão governamental (frequentemente ocupando cargos muito influentes nos governos)".

Quanto à exportação de capitais, Lênin (2008) alerta para o fato de que, no período do capitalismo concorrencial, predominava a exportação de mercadorias e, no período monopólico e imperialista, o que predomina é a exportação de capitais. Essa mudança ocorre, segundo o mesmo autor, em função do desenvolvimento desigual entre as empresas e os ramos da indústria dos diferentes países. Nas nações mais industrializadas, como forma de ampliar os lucros, adota-se a exportação de capitais para os mais atrasados (menos industrializados), sendo que o investimento de capitais nos países atrasados eleva os lucros mais do que os investimentos no próprio país. Lênin (2008, p. 62) explica essa situação:

> nestes países atrasados os capitais são escassos, o preço da terra e os salários relativamente baixos e as matérias-primas baratas. A possibilidade de exportação de capitais é determinada pelo fato de uma série de países atrasados já terem sido incorporados na circulação do capitalismo mundial, terem sido construídas as principais vias férreas ou iniciada a sua construção, terem sido asseguradas as condições elementares para o desenvolvimento da indústria etc. A necessidade da exportação de capitais obedece ao fato de que em alguns países o capitalismo amadureceu excessivamente e o capital (dado o insuficiente desenvolvimento da agricultura e a miséria das massas) carece de campo para a sua colonização lucrativa).

Todos esses movimentos do capitalismo monopolista levaram à partilha do mundo, e isso não ocorreu somente pela ganância exagerada dos países de capitalismo desenvolvido, mas também "porque o grau de concentração de capital a que se chegou os obrigou a seguir esse caminho para obterem lucros; e repartem-no segundo o capital, segundo a força; qualquer outro processo de partilha é impossível no sistema de produção mercantil e no capitalismo" (Lênin, 2008, p. 74). Essa é uma breve síntese da perspectiva leninista sobre o imperialismo, cuja importância reside na sua vigência até os dias atuais, ainda que de forma renovada.

A fase clássica do imperialismo coincide com a consolidação do capitalismo monopolista, que se iniciou no fim do século XIX e perdurou até o final da Segunda Guerra Mundial, quando os monopólios foram consolidados como forma predominante de domínio dos países de capitalismo central sobre aqueles de capitalismo periférico, ou seja, os países da África, da Ásia e da América Latina, o que inclui o Brasil.

É importante lembrar que o século XX foi marcado por inúmeras relações violentas de concorrência interimperialista. Esse foi um século em que ficaram registradas duas guerras mundiais; uma série de revoltas em países cuja classe trabalhadora não aceitou as invasões de países imperialistas; mudanças significativas no desenvolvimento das forças produtivas, especialmente avanços tecnológicos no âmbito da automação, alterando os processos de trabalho e as relações sociais de produção; ampliação da organização dos trabalhadores em sindicatos e associações, acirrando a luta de classes; entre outros desdobramentos que possibilitaram um rearranjo produtivo para a maior acumulação do capital monopolista.

A história confirma a sucessão de crises cíclicas que ocorreu na primeira metade do século XX, quando acontecimentos sócio-históricos foram determinantes para a desaceleração do crescimento econômico naquele período: a Primeira Grande Guerra (1914), que, na verdade, representou uma disputa interimperialista pelo domínio de países não industrializados; a Revolução de Outubro (1917), na Rússia, que colocou em xeque a supremacia do imperialismo ocidental; a pior crise econômica de todos os tempos, em 1929, que atingiu todos os países imperialistas; e a Segunda Guerra Mundial, em 1939, como outra expressão de conflitos interimperialistas pela partilha do mundo.

Em termos econômicos, somente no período pós-Segunda Guerra é que os países encontraram uma conjuntura favorável para a retomada do crescimento. No aspecto político, não podemos deixar de registrar a emergência de regimes fascistas logo após a Grande Depressão de 1929, em países como Itália, Portugal, Espanha, Japão (com facções fascistas) e Alemanha.

Nos países que mantiveram regimes políticos mais democráticos (na perspectiva econômica liberal), como Estados Unidos, França, Inglaterra e Japão, a força de trabalho e os sindicatos começaram a vivenciar relações sociais de produção sob a égide de um novo sistema de gestão do trabalho: o fordismo.

1.1.1 Fordismo

O sistema fordista estabeleceu a produção de mercadorias em série (inicialmente em linhas de montagem de automóveis) e tem suas origens na figura de Henry Ford (1863-1947), proprietário da indústria automobilística americana Ford Motor Company. Ford instituiu em sua empresa, em 1914, a jornada de trabalho de 8 horas quando a jornada praticada normalmente nas outras indústrias daquele país ainda era de 10 ou 12 horas diárias. Ele também implantou o bônus de 5 dólares para ampliar a produtividade de sua indústria.

A política do "Dia de 5 dólares" foi utilizada por Ford para impor padrões de moralidade e comportamento que regulavam a vida dos trabalhadores dentro e fora da fábrica. Esse sistema, que aparecia como forma de distribuição de lucros, estabelecia **critérios de participação** para os trabalhadores:

- Não se aplicava aos operários com menos de 6 meses na empresa;- nem aos homens com idade inferior a 21 anos.
- Excluía as mulheres, que desde o início foram deixadas de fora do acordo.
- Contemplava somente aqueles trabalhadores que moldassem sua vida pública e privada segundo os parâmetros morais definidos por Ford: restrição do consumo de álcool e fumo, bem como de todo o tipo de prática que poderia ser entendida como perniciosa,

degradante ou desregrada para a preservação do vigor físico e da correta conduta moral.

É bem conhecida a participação de assistentes sociais no grupo de investigadores domiciliares que compunham o Departamento de Previsão Social da empresa Ford. A principal missão desses investigadores era "devassar a vida privada dos trabalhadores perscrutando se os novos ganhos salariais estavam sendo aplicados segundo um estilo de vida frugal e austero e não dilapidados numa vida dissoluta" (Mayer, 1998, p. 231).

A formação de trustes, cartéis e monopólios em muitos setores industriais americanos no final do século XIX e a crise econômica de 1913 exigiam a produção de novas mercadorias para o mercado interno. Para tanto, havia a necessidade de aceleramento do ritmo de trabalho em determinados ramos da produção. Foi nessa conjuntura que a indústria automobilística de Henry Ford construiu um modelo de gestão do trabalho com vistas à popularização do automóvel por meio da produção em massa, o que promoveu o consumo em massa de veículos populares.

> Vale lembrar que os princípios de racionalidade administrativa foram apresentados primeiramente por Frederick Taylor (1856-1915). Em 1911, Taylor publicou *Os princípios da administração científica*, em que "descrevia como a produtividade do trabalho podia ser radicalmente aumentada através da decomposição de cada processo de trabalho em movimentos componentes e da organização de tarefas de trabalho fragmentadas segundo padrões rigorosos de tempo e estudo do movimento" (Harvey, 2009, p. 121).
>
> Posteriormente, a proposta tayloriana foi refinada pela "crença democratizante" de Henry Ford – crença de que a democratização seria materializada pelo maior acesso popular –, por meio dos princípios de **intensificação**, **racionalização** e **aumento da produtividade**.

Em outras palavras, o fordismo significou, naquele momento, a redução do tempo de trabalho necessário, o que ampliou o tempo de trabalho excedente. Com isso, consequentemente, houve ampliação da mais-valia relativa; redução do ciclo de rotação do capital, diminuindo o tempo de circulação de matérias-primas e aquisição de meios de trabalho necessários para a produção em série; novas formas de divisão do trabalho, nas quais cada trabalhador executa os mesmos movimentos no processo de trabalho; e necessidade de especialização técnica para os setores de planejamento e gerenciamento do processo de produção.

Além disso, o fordismo consolidou a sociedade salarial e, quando visto como um modelo de organização e gestão do processo de trabalho, é preciso considerar que

> tal processo originaria o trabalhador em massa, organizado em sindicatos burocratizados negociando salários uniformes e que crescem em proporção aos aumentos de produtividade. O equilíbrio geral entre a oferta crescente de bens padronizados e a demanda crescente dado o incremento salarial é alcançado por meio de políticas keynesianas de macroeconomia, enquanto o equilíbrio geral entre salários e lucros seria conseguido através de acordos coletivos supervisionados pelo Estado. (Braga, 1996, p. 121)

O fordismo, ao criar novos modelos de gestão do trabalho, estabeleceu formas mais rígidas de produzir trabalho excedente e ampliar a taxa de lucros e a acumulação do capital. Por isso, o fordismo representou um modelo de produção coerente com os objetivos do capital. No entanto, até emergir a Segunda Guerra, as ideias fordistas tiveram de enfrentar problemas conjunturais: oposição de trabalhadores, crise de 1929 e momentos de estagnação econômica. Outrossim, naquele momento recessivo, como explica Harvey (2009, p. 123),

> as relações de classe no mundo capitalista não eram propícias à fácil aceitação de um sistema de produção que se apoiava em longas horas de trabalho puramente rotinizadas, que destituíam as habilidades tradicionais dos trabalhadores. O taylorismo também enfrentou fortes resistências nos anos 1920 no resto do mundo capitalista, a organização do trabalho e as tradições artesanais eram muito fortes para permitir ao fordismo e ao taylorismo qualquer facilidade de produção, muito embora os princípios gerais da administração científica fossem amplamente aceitos e aplicados.

Portanto, na primeira metade do século XX, ainda que tenha sido incorporado por muitas indústrias de países imperialistas, o fordismo enfrentou grande resistência por parte dos operários, em razão especialmente da rigidez e da disciplina que a repetição permanente dos movimentos exigia no decorrer do processo de trabalho.

1.1.2 Keynesianismo

Em paralelo, houve também a incorporação pelos Estados capitalistas ocidentais da teoria keynesiana de Estado. Montaño e Duriguetto (2011) explicam que John Maynard Keynes (1883-1946), um economista liberal, buscou com suas teorias o enfrentamento e a superação da crise capitalista de 1929. Para ele, diferentemente da direção apontada por leis econômicas liberais que vigoravam na época, é a demanda por produtos que determina a oferta no mercado de consumo, e não o contrário, como estabelecia a Lei de Say[2].

O contraponto de Keynes indica outra perspectiva econômica. Vale observar que ele era um economista liberal; o fato de considerar que o livre mercado não poderia, por si só, promover o consumo de forma a garantir simultaneamente o lucro dos capitalistas e o pleno emprego[3] dos trabalhadores não alterou sua crença no liberalismo econômico. Nesse aspecto, Montaño e Duriguetto (2011) explicam que Keynes acreditava que, naquele período de crise estrutural do capitalismo, a população tendia a ampliar sua poupança diante da redução de investimento do Estado na economia, o que, evidentemente, reduziria o consumo. Em tempos de crise, seria aconselhável que o Estado interviesse (aumentando o investimento público e criando o déficit fiscal, em função de fato de seu gasto ser maior

---

2 A Lei de Say baseia-se na ideia de que há um equilíbrio natural entre a produção e o consumo, ou seja, entre a oferta e a procura/demanda (Keynes, 1996; Montaño, Duriguetto, 2011).

3 *Pleno emprego* é um termo utilizado para expressar o baixo índice de desemprego em um país. Os economistas costumam considerar que a condição de pleno emprego ocorre quando o índice de desemprego está abaixo de 5% do total de pessoas economicamente ativas.

do que sua arrecadação) para ampliar a demanda efetiva (consumo), a taxa de lucro e o pleno emprego[4] (Montaño; Duriguetto, 2011). Portanto Keynes via na intervenção do Estado a saída para a crise capitalista, sendo necessário estabelecer uma conexão entre o processo produtivo e o processo distributivo. Era preciso dispor de uma nova instituição estatal que regulasse as relações de trabalho e os processos de distribuição e consumo, de forma a gerar o equilíbrio previsto por Keynes, traduzido na ideia de que só valeria a pena produzir com a perspectiva de vender.

Quanto às formas de intervenção do Estado, Keynes propôs que se estimulassem a produção e a demanda efetiva (gasto público para aumentar o consumo). Isso significa que, para suprir o déficit de investimento privado, seria necessário ampliar o investimento público, aplicando-se os recursos estatais em salários e empregos públicos, consumo estatal, serviços sociais e políticas sociais, obras de infraestrutura etc. Além disso, o economista defendeu a emissão de maior quantidade de dinheiro em circulação no mercado, a fim de aumentar o capital circulante, o número de transações comerciais e a tributação e de reduzir a taxa de juros (Montaño; Duriguetto, 2011).

O conjunto de medidas keynesianas refletiu na força de trabalho, que passou a demandar serviços e políticas públicas sociais, tais como trabalho, saúde, educação, transporte, moradia, saneamento, entre outras necessidades básicas que despontaram como direitos trabalhistas e sociais. Como afirma Dedecca (2010, p. 5),

> pode-se dizer que a complexidade da estrutura produtiva emergente do capitalismo monopolista passou a exigir uma equivalente complexidade institucional de regulação das relações e contratos econômicos. O desenvolvimento do capitalismo dependeu de um conjunto de instituições que garantisse o funcionamento dos mercados, mas, ao mesmo tempo, que impedisse os excessos do próprio capital junto à classe trabalhadora.

---

[4] No contexto aqui mencionado, a ideia central de Keynes (1996) é que a intervenção do Estado na economia possibilita ampliar o índice de emprego de um país e consequentemente o consumo, promovendo o aumento do equilíbrio econômico.

Assim, ao longo deste livro, vamos denominar a articulação entre a gestão de trabalho fordista e a perspectiva intervencionista do Estado proposta por Keynes de acordo com Harvey (2009): **fordismo-keynesianismo**.

1.2 Funções do Estado na era dos monopólios

Ao analisarmos a intervenção estatal, não devemos subestimar a função do Estado capitalista em quaisquer dos estágios de evolução do capitalismo, uma vez que o Estado sempre teve sua função instrumental em relação aos interesses do capital – ainda que, em estágios anteriores, de certa forma, o Estado tenha procurado salvaguardar-se em uma suposta mediação mantenedora da ordem. No estágio imperialista, em que foi estabelecida uma supremacia da concorrência monopolista, as funções do Estado assumiram novos contornos, tendo em vista que a dinâmica dos monopólios promoveu uma superacumulação de capitais nos países de capitalismo mais desenvolvido. Nesse aspecto, Mandel (1982, p. 337-338) esclarece que o surgimento dos monopólios gerou

> uma tendência à superacumulação permanente nas metrópoles e à correspondente propensão a exportar capital e a dividir o mundo em domínios coloniais e esferas de influência sob controle das potências imperialistas. Isso produziu um aumento substancial nas despesas com armamentos e o desenvolvimento do militarismo, o que, por sua vez, levou a um crescimento ainda maior do aparato estatal, envolvendo um desvio maior de rendimentos sociais para o Estado. As despesas com armamentos têm, é claro, função dupla: a de defender os interesses específicos de cada potência metropolitana contra os rivais imperialistas (e povos coloniais) e a de proporcionar uma fonte de maior acumulação de capital.

Assim, progressivamente, o Estado assumiu inúmeras funções sociais, políticas e econômicas que anteriormente não figuravam em suas intervenções mais diretas – podemos afirmar que ele passa a assumir funções **ampliadas**[5].

No âmbito sociopolítico, no final do século XIX e início do século XX, cresceu a força política dos movimentos da classe operária europeia. O sufrágio universal[6] ganhava espaço em vários países, e isso ampliava as possibilidades de negociação da classe trabalhadora para a conquista de direitos sócio-político-econômicos, incluindo os direitos trabalhistas. Esse processo também despertou a necessidade de legalização de direitos (especialmente políticos, trabalhistas e sociais), o que certamente estava relacionado à conquista do sufrágio universal em grande parte dos países imperialistas e à maior participação da classe operária na vida política.

Isso significa que a conquista de direitos não deve ser entendida como concessões gratuitas por parte da burguesia. Podemos sustentar que, por um lado, foram direitos conquistados por meio da crescente luta da classe trabalhadora e, por outro lado e ao mesmo tempo, foram concessões feitas pela burguesia, que, na correlação de forças, garantia a salvaguarda do capital diante do crescimento da organização dos trabalhadores, o qual intimidava os capitalistas.

Assim, a conquista de direitos não é uma via de mão única e está sempre vinculada a um processo de **luta de classes**, ainda que os resultados sirvam aos interesses do capital. Por exemplo, as conquistas dos direitos sociais adquiridos no início do século XX certamente

---

5 Para estabelecer uma aproximação com o conceito de *Estado ampliado*, desenvolvido por Gramsci, sugerimos a interpretação de Coutinho (1999).

6 O sufrágio universal está vinculado aos direitos políticos de cidadania e refere-se ao direito de votar e ser votado atribuído a todas as pessoas, sem qualquer forma de discriminação. Vale lembrar que a conquista do sufrágio universal é resultado da luta histórica da classe trabalhadora e que, na Inglaterra, por exemplo, foi conquistado somente em 1918. Já no Brasil, o direito foi estendido à mulher tardiamente, em 1934. É importante ressaltar também os grandes avanços instituídos pela Constituição Federal de 1988, ainda que não seja possível considerar a existência de um sufrágio universal pleno em nosso país, na medida em que os analfabetos podem votar, mas não podem ser votados, além de existirem algumas limitações impostas à população indígena que não saiba exprimir-se na língua portuguesa.

também atendem às necessidades do capital, uma vez que garantem a vitalidade da força de trabalho e os índices de produtividade, que promovem a reprodução ampliada do capital. O importante é compreender que a conquista de direitos de qualquer natureza sempre foi resultado de lutas sociais protagonizadas pela classe trabalhadora, com suas várias formas de pressão e de protestos para enfrentar os abusos do capital e garantir as mínimas condições de vida.

Esse processo promoveu a ampliação das funções do Estado, que, na fase monopolista, passou a articular as funções econômicas e políticas como necessidade de sua legitimação sociopolítica diante da progressiva e adensada luta de classes, a qual começava a se consolidar no bojo das relações do capital monopolista. Coube, então, ao Estado o papel de **mediar o consenso de classe**.

Por isso, Netto (2005a) se refere ao aparente paradoxo que se estabeleceu em relação à necessária articulação que o Estado de capitalismo monopolista teve de promover entre suas funções política e econômica, alargando sua base de sustentação e legitimação sociopolítica mediante a generalização e a institucionalização de direitos e garantias cívicas e sociais, "o que permite-lhe organizar o consenso que assegura o seu desempenho, atuando, portanto, como **coesionador da sociedade**" (Netto, 2005a, p. 27 grifo do original).

Na fase de capitalismo monopolista, o Estado se deparou também com o surgimento da **terceira revolução tecnológica** (Mandel, 1982). As inovações tecnológicas revolucionaram todo o processo de produção e de organização do trabalho, assim como as necessidades de consumo, as quais imprimem mais velocidade ao processo de reprodução do capital. Tudo isso exige maior participação do Estado no âmbito dos planejamentos econômico, político e social de todos os processos produtivos, o que resulta na incorporação da responsabilidade pelas "condições gerais de produção" (Mandel, 1982, p. 75). Ou seja, o próprio Estado passou a financiar a produção em alguns setores produtivos considerados essenciais para a acumulação capitalista.

Outra característica do Estado de capitalismo monopolista é a **administração das crises econômicas por meio de políticas governamentais anticíclicas**. Ao longo da história, sempre ouvimos falar em crises socioeconômicas causadas pela escassez de produtos decorrente de situações climáticas, pestes, guerras ou outros fatores. Entretanto, no sistema capitalista, mesmo não havendo falta de matérias-primas, de objetos de trabalho, de meios de produção e de força de trabalho disponível para ingressar no mercado de trabalho, de tempos em tempos, ocorrem crises de superprodução de mercadorias. Conforme Mandel (1978, p. 78),

> na base das crises periódicas de superprodução estão, ao mesmo tempo, a baixa da taxa média de lucro, a anarquia da produção capitalista e a tendência a desenvolver a produção sem ter em conta os limites que o processo de distribuição capitalista impõe as classes trabalhadoras. Por efeito da baixa da taxa de lucro, uma parte crescente dos capitais já não pode obter um lucro suficiente. Os investimentos reduzem-se. O desemprego cresce. A falta de venda de um número crescente de mercadorias combina-se com este fator para precipitar a queda geral de emprego, dos rendimentos, do poder de compra e da atividade econômica no seu conjunto.

Certamente as crises econômicas representam o centro nevrálgico da função do Estado, tendo em vista que são determinantes para o funcionamento do sistema. Com isso, cabe ao Estado (ou aos governantes, se quiserem ser reeleitos) adiar essas crises o máximo possível, a fim de manter o apoio da classe trabalhadora via sindicatos e enfraquecer as lutas coletivas dos trabalhadores como estratégia permanente de acumulação do capital em tempos de crise. Crises econômicas e luta de classes representam as duas faces da mesma moeda para o Estado em sua função estratégica na busca de consenso.

Enfim, o Estado, na fase dos monopólios, amplia suas funções de forma totalmente articulada aos interesses do capital, sob o risco de atrofiar-se, perdendo a legitimidade e a soberania perante o capital imperialista, que, depois da Segunda Guerra, começa a consolidar o processo de mundialização capitalista ou internacionalização da economia.

Questões para reflexão (I)

1. Quais são as principais características do capitalismo monopolista?
   Dica: lembre-se da formação de cartéis e trustes.
2. Por que o Estado de capitalismo monopolista ampliou suas funções?
   Dica: lembre-se das lutas sociais da classe trabalhadora.
3. A ampliação de direitos é uma concessão do Estado?
   Dica: lembre-se das necessidades sociais da classe trabalhadora no ingresso do capitalismo monopolista.

1.3 O capitalismo monopolista depois da Segunda Guerra Mundial

No período pós-Segunda Guerra, a maioria dos países da Europa ocidental, os Estados Unidos e o Japão expandiram os índices de produtividade e renovaram o processo de acumulação do capital. Nessa fase, havia ocorrido grandes avanços na área tecnológica, até por conta das necessidades da guerra, e as máquinas passaram a substituir, em grande parte, a força de trabalho nas empresas capitalistas.

Nesse contexto, em termos econômicos, o período pós-Segunda Guerra representou um momento favorável ao desenvolvimento capitalista, cujos índices de produtividade foram ampliados. Nas palavras de Mandel (1982), ocorreu uma onda longa de expansão que somente viria a entrar em um período de estagnação na década de 1970, quando outra crise estrutural do capital teve início, perdurando até os dias atuais.

Mandel (1982) explica que o mecanismo geral da alta produtividade no período imediatamente posterior à guerra decorreu do fato de que o rearmamento e a produção bélica tornaram possível um novo

impulso na acumulação de capital, em função da reintrodução de grandes volumes de capital excedente na produção de mais-valia. Isso começou pelos países nos quais a classe operária havia sofrido graves derrotas em consequência do fascismo e da guerra – Alemanha, Japão, Itália, França e Espanha – e depois nos Estados Unidos, onde o compromisso antigrevista da burocracia sindical durante a Segunda Guerra Mundial conduziu a uma erosão mais gradual na combatividade operária. Nas palavras de Mandel (1982, p. 125)

> as taxas crescentes de mais valia e de lucros facilitaram nesse momento o início da terceira revolução tecnológica. Após uma fase de "industrialização intensiva", o investimento de capital passou a assumir a forma de semiautomação e de automação, especialmente nos Estados Unidos, na Alemanha Ocidental e no Japão.

No **aspecto político,** foi desencadeada a Guerra Fria entre os Estados Unidos e a então União Soviética. De forma geral, ocorreu uma polarização entre capitalismo monopolista e "socialismo real" (Hobsbawm, 1995). As duas potências concorreram freneticamente pelo domínio de países de capitalismo dependente, com o objetivo de ampliar sua hegemonia político-econômica em escala mundial. Com receio do socialismo, os países capitalistas precisavam conter a organização da classe trabalhadora, principalmente no que se refere ao crescimento das lutas sindicais.

Como esclarece Hobsbawm (1995), no período da Guerra Fria, o que prevalecia era uma corrida armamentista para mútua destruição, com um crescimento cada vez maior de recursos humanos e materiais que gravitavam obcecadamente em torno da disputa entre Estados Unidos e União Soviética. Assim, esse autor afirma:

> Como era de se esperar, os dois complexos industrial-militares eram estimulados por seus governos a usar sua capacidade excedente para atrair e armar aliados e clientes, e, ao mesmo tempo, conquistar lucrativos mercados de exportação, enquanto reservavam apenas para si os armamentos mais atualizados e, claro, suas armas nucleares. Pois na prática as superpotências mantiveram seu monopólio nuclear. Os britânicos conseguiram bombas próprias em 1952, por ironia com o objetivo de afrouxar sua dependência dos EUA; os franceses (cujo arsenal nuclear era na verdade independente dos EUA) e os chineses na década

de 1960. Enquanto durou a Guerra Fria, nada disso contou. Nas décadas de 1970 e 1980, outros países conseguiram a capacidade de fazer armas nucleares, notadamente Israel, África do Sul e provavelmente a Índia, mas essa proliferação nuclear só se tornou um problema internacional sério após o fim da ordem bipolar de superpotências em 1989. (Hobsbawm, 1995, p. 233)

De qualquer forma, apesar das oscilações capitalistas, da instalação da Guerra Fria e da ofensiva imperialista aos sindicatos, no âmbito econômico, a "situação mundial se tornou razoavelmente estável pouco depois da Guerra e permaneceu assim até meados da década de 1970" (Hobsbawm, 1995, p. 234).

No **aspecto socioeconômico,** em todos os países de capitalismo desenvolvido, houve maior intervenção do Estado nas decisões políticas e econômicas com o objetivo de regular a economia. O projeto de Estado intervencionista proposto por Keynes (1996) vinha sendo gestado como forma de superação da crise de 1929, mas sofreu um recuo com o sistema fordista em função da Segunda Guerra. A possibilidade de novas crises cíclicas no período pós-guerra permitiu a retomada de uma articulação entre o fordismo e as teorias keynesianas, segundo as quais o Estado deveria operar como um regulador dos investimentos privados "através do direcionamento dos seus próprios gastos – numa palavra, Keynes atribuía papel central ao orçamento público enquanto indutor de investimento" (Netto; Braz, 2006, p. 195). Ou seja, foi no pós-Guerra que o fordismo encontrou condições objetivas de se aliar ao keynesianismo.

O processo que articulou o fordismo e o keynesianismo se desdobrou em uma perspectiva de liberalismo social ou socialdemocrata, especialmente nos países europeus, promovendo a intervenção estatal por meio do denominado *Welfare State* (em português, "Estado de bem-estar social"), que tem como principal característica a busca por crescimento econômico e harmonia social com base na melhor redistribuição do excedente econômico. Para tanto, o fordismo-keynesianismo previa a conexão entre a produção em massa de bens padronizados e a ampliação do consumo por parte da classe trabalhadora, naquele período já organizada em sindicatos, muito embora a maioria deles estivesse fortemente subordinada às instituições estatais.

Destacamos também que, depois da Segunda Guerra, a produção capitalista já necessitava da introdução de novas tecnologias, em um processo que Mandel (1982) denominou, como mencionamos, de *terceira revolução tecnológica*. Hobsbawm (1995) indica que houve um processo intensivo de industrialização nos países dependentes, como é o caso dos países latino-americanos, o que inaugurava os **processos de mundialização do capital** com a valorização do capital financeiro. Para tanto, foi necessária uma reestruturação produtiva que previsse novos redimensionamentos na divisão internacionalizada do trabalho, de modo a solapar a antiga. Hobsbawm (1995, p. 275) cita alguns exemplos:

> a empresa alemã Volkswagen instalou fábricas na Argentina e no Brasil (três), Canadá, Equador, Egito, México, Nigéria, Peru, África do Sul e Iugoslávia, após meados de 1960. Novas indústrias do Terceiro Mundo abasteciam não apenas os crescentes mercados locais, mas também o mercado mundial. Podiam fazer isso tanto exportando artigos inteiramente produzidos pela indústria local (como os têxteis, a maioria dos quais em 1970 tinha emigrado dos velhos países para os "em desenvolvimento"), quanto tornando-se parte de um processo transnacional de manufatura.

Lembramos que, nas primeiras fases do capitalismo, mais especificamente do capitalismo concorrencial, a mecânica predominava nos ramos da produção de bens de consumo e têxtil. O capitalismo monopolista, denominado *capitalismo tardio* por Mandel (1982), caracteriza-se pelo fato de que a indústria se torna o espaço predominante de produção em todos os ramos da economia. Veremos adiante que, no Brasil, esse processo conta com particularidades que colocam o país, juntamente com outros países do Terceiro mundo"[7], em desvantagem político-econômica.

---

7 Esses países são denominados na atualidade de *países de capitalismo dependente ou periférico*; há também a denominação de *países emergentes*. Todas essas terminologias se aplicam aos países que dependem economicamente dos países de capitalismo avançado (capitalismo imperialista). Referimo-nos mais especificamente aos continentes cujos países são mais empobrecidos, como os da América Latina, da Ásia e da África (Hobsbawm, 1995).

Portanto, os primeiros sinais do processo de mundialização da economia emergem depois da Segunda Guerra Mundial, o que somente foi possível pelos avanços tecnológicos ocorridos, inicialmente, na área de transportes e comunicação. Os avanços estabelecidos pela indústria bélica também assumem significado importante, tendo em vista que a inovação de meios de produção exige cada vez mais aperfeiçoamento e inovações industrial-militares. Assim, a indústria bélica, incluindo aí as estratégias tecnológicas provenientes da Guerra Fria, estabelece novas configurações à divisão social do trabalho em escala internacional, com inovações técnico-científicas nas áreas de automação, produtos químicos, produtos farmacêuticos, entre várias outras especialidades técnicas vinculadas à industrialização pesada (siderurgia, eletricidade, petróleo, transportes e outros).

Em outras palavras, nos "anos dourados" ou "anos gloriosos" do pós-guerra, como ficaram conhecidos aqueles 30 anos de expansão capitalista entre 1946 e 1970, os contornos de uma divisão internacional do trabalho foram sendo traçados. Aqueles anos promoveram o deslocamento do processo de produção, ampliando a industrialização nos países do Terceiro Mundo, o que, progressivamente, desencadeou um processo de "desindustrialização" dos países imperialistas e forjou uma incipiente divisão social do trabalho mundializada. No Capítulo 2, veremos como esse processo ocorreu em nosso país.

A economia capitalista mundial no pós-guerra se desenvolveu sob a hegemonia americana. De um lado, o imperialismo norte-americano controlava o livre-comércio cada vez mais internacionalizado, com a crença de que teria alcançado a plenitude do sucesso do capital monopolista. Conforme Hobsbawm (1995, p. 261),

> havia uma substancial reestruturação e reforma do capitalismo e um avanço bastante espetacular na globalização e internacionalização da economia neste aspecto, o investimento em Pesquisa & Desenvolvimento (P&D) foi essencial e tornou-se fundamental para o crescimento econômico e, por esse motivo, reforçou-se a já enorme vantagem das "economias de mercado desenvolvido" sobre as demais. O "país desenvolvido" típico tinha mais de mil cientistas e engenheiros para cada milhão de habitantes na década de 1970, mas o Brasil tinha cerca de 250, a Índia 130, o Paquistão uns sessenta, o Quênia e a Nigéria cerca de trinta. Além disso, o processo de inovação passou a ser tão contínuo

que os gastos com o desenvolvimento de novos produtos se tornaram uma parte cada vez maior e mais indispensável dos custos de produção.

Por outro lado, a parte socialista, mesmo os países menos desenvolvidos, também apresentava taxas de crescimento aceleradas, o que mantinha os dois blocos em igualdade de condições político-econômicas para disputar o domínio econômico transnacional.

No mesmo período, o modelo de produção em massa fordista espraiou-se para indústrias de todo o mundo, atingindo processos de produção em vários setores da economia. Nos Estados Unidos, na área de serviços, o McDonald's já era um caso exemplar. Bens e serviços antes acessíveis a minorias passaram a ser produzidos para um mercado de massa. Com o processo de industrialização acelerada nos países do Terceiro Mundo, produtos industrializados tomaram conta do globo e, mesmo nos países dependentes, as classes médias passaram a ter acesso a produtos eletrodomésticos, como televisão, geladeiras, máquinas de lavar roupas e liquidificadores. Em síntese, foi um período histórico no qual, em termos produtivos e econômicos, todos os países, de uma forma ou de outra, foram beneficiados.

É importante lembrar que o fordismo-keynesianismo vinha proporcionando a emergência do *Welfare State* em vários países capitalistas. Com isso, muitas políticas trabalhistas e sociais, como a consolidação do salário mínimo e a regulação das relações de trabalho, ou mesmo políticas de proteção social, como o estabelecimento de sistemas de seguridade social e maior acesso da população à educação, à saúde e à assistência social, foram difundidas por todos os países imperialistas. Evidentemente, o *Welfare State* promoveu o aumento da estabilidade socioeconômica e ampliou a democratização sociopolítica com o reconhecimento do direito de organização coletiva, sobretudo com a expansão de partidos políticos e da organização sindical. Como visto, com a instituição do *Welfare State*, a intenção era articular melhor a redistribuição e a ordem social.

Contudo, isso só se concretizou plenamente nos países imperialistas, pois os países dependentes não contavam com condições objetivas para consolidar o Estado de bem-estar social nos mesmos moldes dos países imperialistas, ainda que algumas políticas de regulação estatal tenham se aproximado muito daquelas existentes nos países de capitalismo avançado. Algumas políticas pontuais podem até mesmo ter superado os direitos garantidos no *Welfare State*, mas, no conjunto e na estrutura estatal, não alcançaram o estatuto de universalidade, como ocorreu em maior proporção nos países desenvolvidos.

Nos países latino-americanos, por exemplo, a intervenção estatal promoveu um vigoroso processo de industrialização, transformando radicalmente as sociedades. Além disso, Bóron (1995, p. 81) explica que, ao se apoiar em certas conjunturas políticas, o impulso das lutas populares

> fez com que o "Estado intervencionista" adotasse políticas que redistribuíram moderadamente renda e riquezas, integraram politicamente as camadas e classes populares e lhes proveio [sic] com certos bens e serviços – saúde, educação, moradia, água potável, transportes, uma legislação social etc. – aos quais provavelmente jamais teriam acesso se houvessem tido que esperar os benefícios de mercado.

No Brasil, por exemplo, as leis trabalhistas promulgadas no período Vargas são um exemplo de direitos sociais regulamentados pelo "Estado intervencionista" e articulados com as organizações de trabalhadores. No entanto, a maioria dos estudiosos acredita que as medidas intervencionistas por parte dos Estados latino-americanos representaram somente uma aproximação ao modelo de *Welfare State* difundido na Europa Ocidental, por conta de inúmeras variáveis que envolvem a histórica dependência econômica dos países latino-americanos, mas não somente. No aspecto político, vale lembrar que as intervenções estatais na região latina não estavam vinculadas à maior participação democrática da população nas decisões estatais, atendendo, em última instância, à necessidade de ampliação da acumulação capitalista dos países de capitalismo central. Outra variável se refere à não incorporação das políticas sociais em políticas universais encampadas pelo Estado, optando-se por políticas segmentadoras, compensatórias e pontuais, com forte caráter "populista" e "clientelista".

Outro aspecto de grande relevância sócio-político-econômica do pós-guerra é a retração do setor agrícola como espaço ocupacional para a classe trabalhadora, o que ocorreu em escala mundial ao longo do período – e continua ocorrendo em quase todos os países capitalistas até os dias atuais. Até o momento que antecede imediatamente a Segunda Guerra, a população rural em todos os países imperialistas equivalia a, pelo menos, um quarto da população. De acordo com Hobsbawm (1995, p. 126), "na França, Suécia e Áustria, ainda estava entre 35% e 40%. Quanto aos países agrários da Europa, a Bulgária e a Romênia, por exemplo, cerca de quatro em cada cinco habitantes trabalhavam na terra".

Entretanto, no período pós-Segunda Guerra, ocorreu um declínio gigantesco do número de pessoas que trabalhavam na área rural, com um grande movimento de migração para os centros urbanos em busca de oportunidades no setor industrial. No início de 1980, em países como Inglaterra, Bélgica, Estados Unidos, "somente uma em cada três pessoas ainda permanecia na área rural. O mesmo decréscimo, proporcionalmente para cada país, ocorreu nos demais países da Europa ocidental. No Japão e demais países asiáticos capitalistas, ocorreu o mesmo fenômeno" (Hobsbawm, 1995, p. 127).

Todavia, isso não significou redução da produção agrícola; ao contrário, houve um grande investimento de capital em maquinário e em pesquisa e desenvolvimento nas áreas de química agrícola, criação seletiva e biotecnologia, reduzindo a necessidade de força de trabalho para cultivo das plantações. Esse processo provocou o êxodo rural em massa e, em meados da década de 1980, 42% da população mundial já era urbana – com exceção de China, Índia e outros países da África (Hobsbawm, 1995, p. 127). Lembremos que Marx (1984) já indicava a relação perversa que se estabelece entre o campo e a cidade em nome da industrialização e do capital:

> Os métodos rotineiros e irracionais da agricultura são substituídos pela aplicação consciente, tecnológica da ciência. [...] E todo progresso da agricultura capitalista significa progresso na arte de despojar não só o trabalhador mas também o solo; e todo aumento de fertilidade da terra num tempo dado significa esgotamento mais rápido das fontes duradouras dessa fertilidade. Quanto mais se apoia na indústria moderna o desenvolvimento de um país, como é o caso dos Estados Unidos, mais

rápido é esse processo de destruição. A produção capitalista, portanto, só desenvolve a técnica e a combinação do processo social de produção exaurindo as fontes originais de toda riqueza: a terra e o trabalhador. (Marx, 1984, p. 579)

Esse processo se reflete no inchaço das grandes metrópoles e, nos países menos desenvolvidos, como o Brasil, o êxodo rural se apresenta como fonte de grandes desigualdades sociais, ampliando as expressões da "questão social" que decorrem desse fenômeno. A partir da década de 1960, em decorrência da concentração e centralização do capital industrial cada vez mais monopolizado e internacionalizado, o êxodo rural promoveu o desemprego e a pobreza para amplas camadas da classe trabalhadora. Retomaremos esse tema nos próximos capítulos.

Questões para reflexão (II)

1. O que você entendeu por *fordismo-keynesianismo*?
   Dica: lembre-se das novas técnicas de regulação do trabalho e da necessidade de intervenção estatal.

2. O que a Guerra Fria representou para o capitalismo monopolista?
   Dica: lembre-se da polarização que levou à disputa entre os Estados Unidos e a União Soviética pelo domínio dos países dependentes.

Síntese

Ao longo de sua história, o capitalismo passou por diferentes estágios evolutivos, sem, contudo, abolir a essência do capital e suas principais contradições, ou seja, a propriedade privada dos meios fundamentais de produção e a apropriação privada da riqueza socialmente produzida. O capitalismo se expressa na busca incessante por lucros mediante a troca de mercadorias e a acumulação de capital com a expansão ininterrupta da produção e do intercâmbio. Esse processo ocorreu por meio da apropriação da mais-valia e da consequente exploração do capital sobre o trabalho, desdobrando-se em variadas expressões da "questão social" enraizadas classicamente na desigualdade social e na pauperização, absoluta ou relativa, da classe trabalhadora.

No desenvolvimento histórico do capitalismo, é a partir de 1870 que se inicia a era dos monopólios, com a fusão e a concentração de capitais. Em paralelo, é gerado o estágio avançado do capitalismo, seu terceiro estágio, denominado *imperialismo*, que tem como uma de suas principais características a formação de monopólios. O imperialismo é, também, um estágio que se remete ao predomínio do capital financeiro sobre as demais formas de capital (industrial, bancário e comercial).

Ao longo do século XX, o capitalismo monopolista incorporou novas formas de gestão do trabalho, o fordismo, que significou a redução do tempo de trabalho necessário e a ampliação do trabalho excedente, produzindo a exploração do capital sobre o trabalho por meio da mais-valia relativa.

Em paralelo, houve também a incorporação pelos Estados capitalistas ocidentais da teoria keynesiana de Estado, com a proposta de equilibrar produção e consumo por meio da intervenção estatal.

O conjunto de medidas keynesianas refletiu na força de trabalho, que passou a demandar serviços e políticas públicas sociais para saúde, educação, transporte, moradia, saneamento, entre outras necessidades básicas que despontaram como direitos trabalhistas e sociais.

Esse processo promoveu a ampliação das funções do Estado, que, na fase monopolista, passou a articular as funções econômicas e políticas como necessidade de sua legitimação sociopolítica diante da progressiva e adensada luta de classes, que começava a se consolidar no bojo das relações do capital monopolista. Coube, então, ao Estado o papel de mediar o consenso de classe.

Em termos econômicos, o período pós-Segunda Guerra representa um momento favorável ao desenvolvimento capitalista, cujos índices de produtividade foram ampliados. No aspecto político, foi nesse período que se desencadeou a Guerra Fria entre os Estados Unidos e a União Soviética, levando a uma polarização entre capitalismo monopolista e "socialismo real". Essas duas potências concorreram freneticamente pelo domínio de países de capitalismo dependente com o objetivo de ampliar sua hegemonia político-econômica em escala mundial.

A economia capitalista mundial pós-guerra se desenvolveu sob a hegemonia americana. De um lado, o imperialismo norte-americano controlava o livre-comércio cada vez mais internacionalizado, com a crença de que teria alcançado a plenitude do sucesso do capital monopolista. Por outro lado, a parte socialista, mesmo os países menos desenvolvidos, também apresentava taxas de crescimento aceleradas, o que mantinha os dois blocos em igualdade de condições político-econômicas para disputar o domínio econômico transnacional.

No mesmo período, o modelo de produção em massa fordista espalhou-se para indústrias de todo o mundo, atingindo processos de produção em vários setores da economia. As propostas keynesianas, por sua vez, consolidaram-se somente em alguns países de capitalismo avançado, com a criação do *Welfare State* (em português, "Estado de bem-estar social"). Os países de economia dependente não contaram com condições objetivas para consolidar o Estado de bem-estar social nos mesmos moldes dos países imperialistas, ainda que algumas políticas de regulação estatal tenham se aproximado das existentes nos países de capitalismo avançado.

Para saber mais

COUTINHO, C. N. **Marxismo e política**: a dualidade de poderes e outros ensaios. São Paulo: Cortez, 1994.

Para a compreensão do pensamento de Antonio Gramsci, indicamos a obra de seu maior intérprete no Brasil, Carlos Nelson Coutinho, sociólogo e professor emérito da Escola de Serviço Social da Universidade Federal do Rio de Janeiro (UFRJ).

MARX, K. **O capital**: crítica da economia política. 21. ed. Rio de Janeiro: Civilização Brasileira, 2003. Livros I e II.

Nessa obra clássica de Karl Marx, você encontrará os fundamentos do capital e do capitalismo com base em explicações minuciosas e detalhadas sobre a crítica à economia política.

NETTO, J. P. **Capitalismo monopolista e serviço social**. São Paulo: Cortez, 2005.

Nesse livro, o autor explica detalhadamente o capitalismo monopolista e as relações do Estado com o Serviço Social.

Questões para revisão

1. Em relação aos estágios evolutivos do capitalismo, assinale a alternativa correta:
    a) São aspectos que demonstram os retrocessos ocorridos no cenário mundial desde a emergência do capital no século XV.
    b) Referem-se à evolução do capital em suas fases constituintes: acumulação primitiva, concorrencial e imperialista/monopolista.
    c) São momentos sócio-históricos que revelam a submissão da classe trabalhadora aos imperativos do capital.
    d) Referem-se ao estágio monopolista do capital e à sua capacidade de submeter todos os países dependentes aos princípios de liberalismo econômico.

2. Relacione as expressões a seguir com as definições correspondentes:
1) Fordismo-keynesianismo
2) Guerra Fria
3) *Walfare State* (Estado de bem-estar social)
4) Estado de capitalismo monopolista
5) Exploração capital/trabalho

( ) Polarização sócio-político-econômica mundial, emergente no pós-Segunda Guerra, protagonizada pelos Estados Unidos e pela União Soviética.
( ) Estratégia de obtenção de lucros com a expropriação do trabalho excedente e a produção de mais-valia.
( ) Projeto econômico de inspiração keynesiana que amplia direitos sociais, políticos e econômicos.
( ) Articulação entre a regulação dos processos de trabalho e a intervenção estatal para ampliação das taxas de lucro no processo produtivo, consolidando a sociedade salarial.
( ) Ampliação das funções do Estado, denominado *coesionador da sociedade*, com vistas ao consenso entre classes sociais.

Agora, assinale a alternativa que apresenta a sequência correta:
a) 2 – 4 – 5 – 3 – 1
b) 1 – 4 – 5 – 2 – 3
c) 2 – 5 – 3 – 1 – 4
d) 4 – 5 – 2 – 3 – 1

3. Assinale a alternativa que corresponde à característica do estágio imperialista do capitalismo sob a ótica de Lênin:
   a) Concentração do capital bancário, em que os grandes bancos absorveram os pequenos, ocorrendo a consequente vinculação aos grandes industriais por meio da concessão de créditos.
   b) Inexistência da criação de livre concorrência de mercado.
   c) Uma fase própria e inferior do capitalismo.
   d) Descaracterização do surgimento dos monopólios.

4. Diante da força dos movimentos da classe operária europeia, no final do século XIX e início do século XX, quais foram os desdobramentos para o campo sociopolítico?

5. Sabemos que o *Welfare State* (Estado de bem-estar social) somente se concretizou plenamente nos países imperialistas. Explique o que configura essa forma de Estado e por que esta não se consolidou nos países dependentes do mesmo modo que nos países europeus.

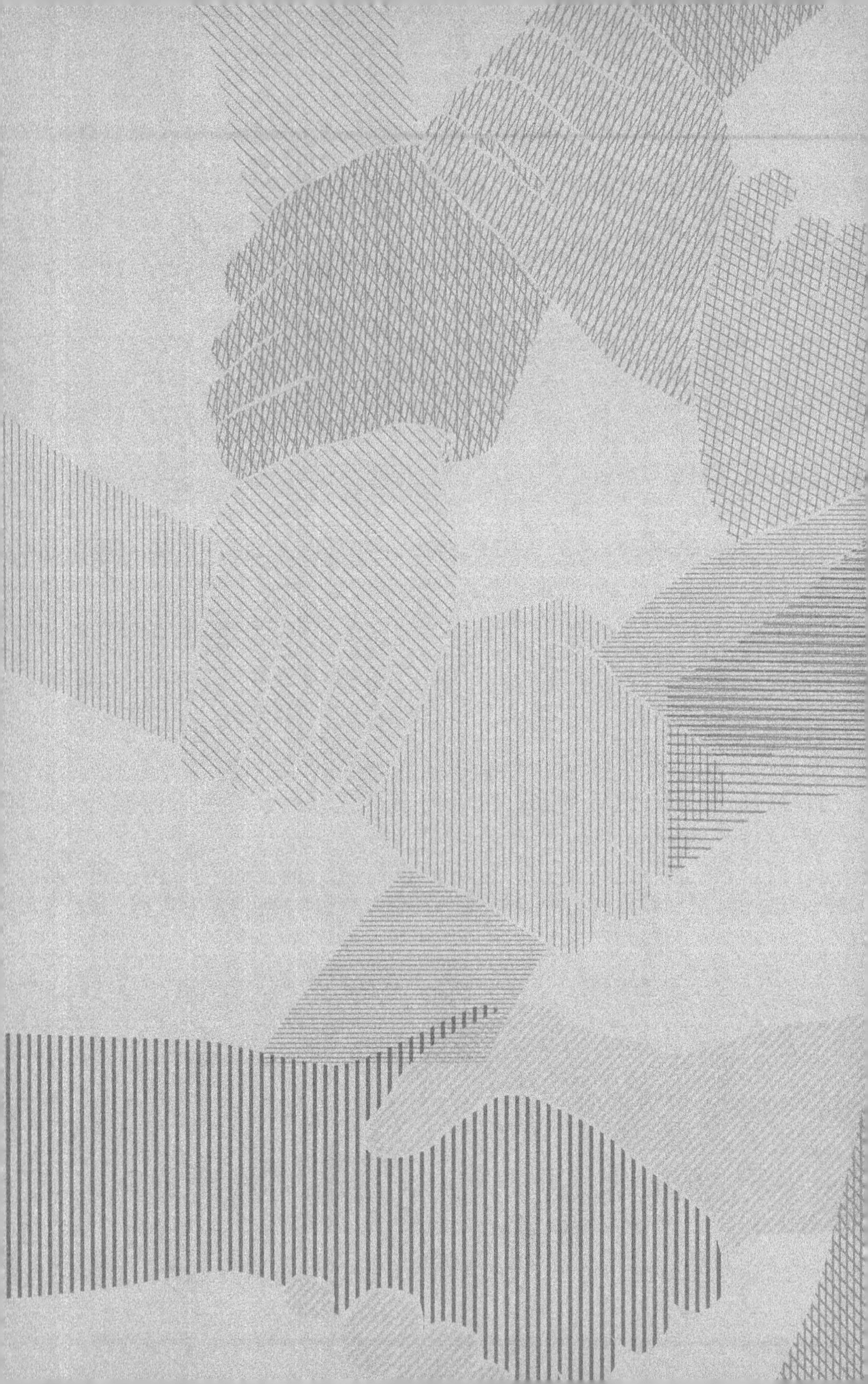

CAPÍTULO 2

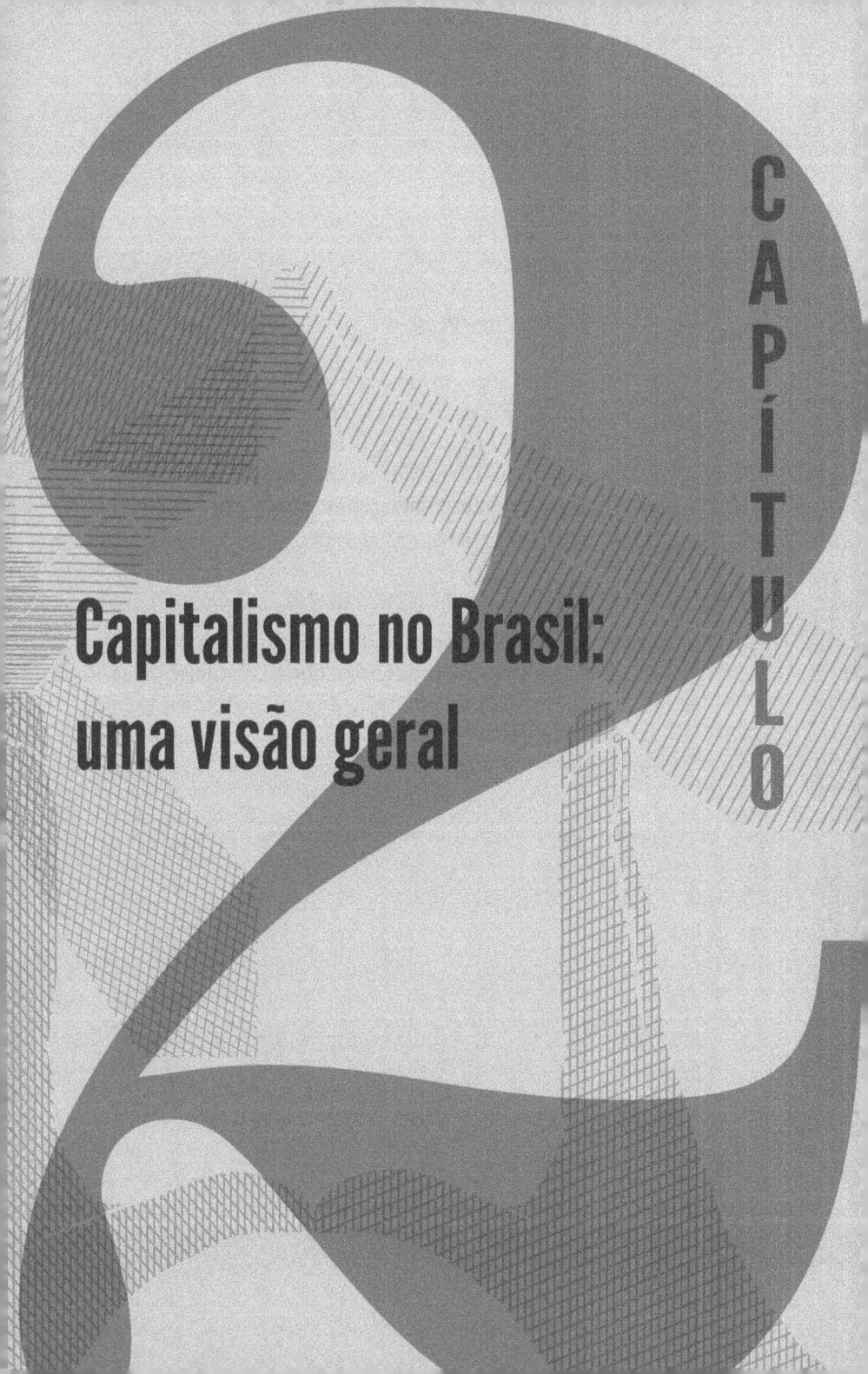

Capitalismo no Brasil: uma visão geral

Conteúdos do capítulo:

- Principais aspectos sócio-históricos do capitalismo brasileiro.
- Elementos introdutórios da historiografia brasileira à luz da discussão sobre a revolução democrático-burguesa no Brasil.
- Consolidação do capitalismo monopolista no Brasil.
- Processo de industrialização no Brasil e perspectiva desenvolvimentista.

Após o estudo deste capítulo, você será capaz de:

1. compreender as características históricas que marcam o capitalismo brasileiro e que particularizam as relações sociais de produção do país até os dias atuais;
2. entender a revolução democrático-burguesa no Brasil;
3. compreender o processo de industrialização no Brasil e o desenvolvimentismo brasileiro.

Apresentaremos, neste capítulo, alguns aspectos fundamentais do capitalismo brasileiro. Inicialmente, examinaremos alguns elementos da formação sócio-histórica do Brasil, tais como o desenvolvimento das relações sociais produtivas que constituíram a época colonial, aspectos do Brasil Império e as relações escravistas que estavam enraizadas nesses períodos.

Na sequência, analisaremos a importância de marcos da historiografia brasileira à luz da discussão sobre a revolução democrático-burguesa, entendida como o momento de consolidação do capitalismo no Brasil, porém um capitalismo que conjuga a ampliação de direitos a partir das lutas sociais. Para explicarmos o processo de desenvolvimento capitalista brasileiro, articularemos uma análise sobre o processo de industrialização retardatária e restringida em nosso país.

2.1 Origens do capitalismo brasileiro

Do período colonial até o advento da República, o processo de desenvolvimento econômico brasileiro foi marcado pela expansão do comércio, pela troca e intercâmbio de mercadorias, inicialmente com Portugal e, depois, em escala mundial.

Como não é nosso objetivo aqui abordar profundamente a complexidade do **processo de colonização no Brasil**, apontaremos somente as três principais características que sintetizam a exploração dos recursos naturais e humanos, a princípio comercial e, mais tarde, propriamente capitalista. Elas podem explicar a formação do modo de produção capitalista no Brasil e incidem nas relações sociais de produção até hoje. Podemos assim defini-las:

1. o fato de ter havido um processo de produção colonial voltado às necessidades de abastecimento externo em detrimento da circulação e do consumo interno de mercadorias;

2. as dificuldades de produção colonial diante da vastidão do território brasileiro;
3. a persistência de relações de trabalho pautadas pela escravidão.

A **primeira característica** diz respeito a um projeto de colonização cujo processo de produção se constituiu, exclusivamente, para o atendimento das necessidades de exploração comercial de outros países, ou seja, voltada para o exterior, deixando a população local à mercê dos mínimos produzidos pela pequena produção. A economia colonial brasileira se caracterizou principalmente pelo fato de produzir e fazer circular suas mercadorias para o exterior, relegando a circulação interna de mercadorias a segundo plano, o que envolvia a subsistência da população local. Conforme Prado Júnior (1990, p. 23),

> na verdade, nos constituímos para fornecer açúcar, tabaco, alguns outros gêneros, mais tarde ouro e diamante; depois algodão, e em seguida café, para o comércio europeu. Nada mais que isto. É com o objetivo voltado para o exterior e, sem atenção a considerações que não fossem o interesse daquele comércio, que se organizarão a sociedade e a economia brasileira.

O autor continua sua análise explicando que essa prioridade à produção para as necessidades externas se manteve predominante na estrutura econômica do país até os dias atuais.

A **segunda característica** da colonização brasileira se refere à grande disponibilidade de terras férteis, que favoreceu a adoção do sistema de capitanias, depois sesmarias, e também do sistema denominado *plantation*, ou seja, grandes latifúndios destinados à agricultura. Esse processo de concentração e centralização caracteriza o monopólio da terra por parte de um único proprietário, diferentemente de qualquer outro sistema que permita a ocupação e a produção por parte de vários pequenos proprietários. Grande parte da economia colonial contava com comunidades que se formavam no entorno do engenho, convivendo senhores, suas famílias e seus escravos como agentes predominantes das relações de produção. Todas as relações sociais giravam em torno da produção (plantação):

> Havia os colonos que detinham, através de doações substabelecidas pelo senhor, posse de lotes de terra e alguma escravaria (de vinte, trinta ou quarenta peças). Havia também os colonos dependentes, que trabalhavam sob meação e em outras condições, com a colaboração de um número menor de escravos. Por fim, havia "oficiais mecânicos" e outros tipos de gente, sem os quais a supervisão do trabalho escravo, o funcionamento do engenho e o transporte da matéria prima seriam impraticáveis. (Fernandes, 2004, p. 394)

A conjugação dessas duas características constituiu um padrão de concentração fundiária – os latifúndios – de difícil superação ulterior no capitalismo brasileiro (pelo menos até os dias atuais) e pode ser considerada a principal expressão da modernização conservadora em nosso país, como veremos adiante. Entendemos, aqui, a modernização conservadora como um processo que privilegia o crescimento econômico em detrimento de um desenvolvimento sócio-político-econômico que vislumbre a participação da classe trabalhadora e a ampliação de direitos de cidadania. Nesse caso, a modernização seria somente econômica e, ainda assim, voltada para os interesses exclusivos das classes dominantes. O crescimento econômico ocorre sem se libertar de aspectos conservadores que caracterizaram as origens "arcaicas", especialmente a preservação dos latifúndios, que configuram o capitalismo brasileiro.

Em outras palavras, desde suas origens, a questão fundiária brasileira e a constituição de latifúndios, inclusive como elemento determinante da divisão de classes, devem ser consideradas particularidades fundamentais na formação sócio-histórica brasileira. No posterior desenvolvimento capitalista, elas se mantiveram em um contexto de modernização conservadora ao atender somente aos interesses de uma oligarquia agroexportadora e, mais tarde, industrial, sem contemplar as necessidades das classes trabalhadoras rural e urbana. Isso não significa a inexistência da ampliação de direitos sociais, políticos ou econômicos, porém, além de restritos, tais direitos foram conquistados por meio de inúmeras formas injustas e desiguais de luta social dos trabalhadores, e não com maior consciência social por parte do Estado e das classes dominantes acerca das necessidades fundamentais de sobrevivência dos trabalhadores.

A **terceira característica** da colonização brasileira se refere ao fato de que a produção de mercadorias no Brasil, desde seu início até fins do período imperial, ocorreu em regime de escravidão.

Não devemos confundir o conceito de modo de produção escravista (predominante na Antiguidade) com o de relações de produção escravistas ou regime de escravidão moderno, vigentes no Brasil no período colonial. Neste último, a "força de trabalho foi utilizada já no contexto do capitalismo de natureza comercial" (Santos, 2012, p. 57). Ou seja, nas relações de produção escravistas ou no regime de escravidão no modo de produção capitalista, o escravo é uma mercadoria vinculada à produção e reprodução do capital em um contexto de superexploração da força de trabalho, na medida em que se trata de um trabalho não remunerado, no qual a expropriação da mais-valia é total. Ressaltamos, a propósito, que o regime ilegal de trabalho escravo persiste no Brasil e no mundo até os dias atuais.

Nas origens da colonização brasileira, com a imensidão de terras férteis despovoadas e, portanto, sem condições objetivas para o estabelecimento de uma organização sócio-político-econômica interna, prevaleceu a transferência compulsória da população negra africana como força de trabalho necessária para a produção nas grandes plantações. O trabalho remunerado existia em situações muito pontuais, por exemplo, para feitores, administradores de engenho e pequenos comerciantes locais.

A princípio, tentaram escravizar a população indígena, sem possibilidade real de qualquer sucesso, levando à abolição da escravidão indígena já em 1757. Da insubordinação indígena deriva a saída encontrada na transplantação de massas escravizadas africanas, "uma vez que o escravismo havia sido já a solução para a ocupação do solo no sul de Portugal, para a produção de açúcar nas ilhas (Açores, Cabo Verde e Madeira) e para outros tipos de exploração, sendo o tráfico negreiro uma das grandes empresas do mercantilismo" (Sodré, 1997, p. 27).

Questões para reflexão (I)

1. Quais são as três principais características das origens do capitalismo no Brasil?

   Dica: lembre-se de uma economia voltada para o exterior, do sistema *plantation* e da escravidão no Brasil.

2. O que você entendeu por *modernização conservadora*?

   Dica: lembre-se da exclusão da classe trabalhadora nas decisões sócio-político-econômicas do país.

2.2 Da revolução democrático-burguesa europeia à revolução democrático-burguesa brasileira

A existência ou não de uma revolução democrático-burguesa no Brasil é tema de uma discussão bastante polêmica, sendo o fato entendido como o momento de consolidação do capitalismo no país, porém um capitalismo que, ao mesmo tempo que se tornaria hegemônico, conjugaria a ampliação de direitos de cidadania e consideraria as necessidades sociais da classe trabalhadora. A seguir, vamos examinar em detalhes como os principais autores da formação sócio-histórica brasileira analisam a revolução democrático-burguesa em nosso país.

2.2.1 Elementos sócio-históricos da revolução burguesa na Europa

A consolidação do capitalismo no Brasil somente pode ser analisada levando-se em conta as particularidades de sua formação sócio-histórica, desvelando-se as principais determinações que consolidaram o modo de produção capitalista no país. Nos limites deste livro, que aborda os fundamentos da profissão de Serviço Social, é importante lembrar que esta emerge em nosso país por volta de 1930, influenciada pelo contexto do capitalismo monopolista, que já estava mais avançado nos países centrais.

Entre os elementos sócio-históricos mais significativos no processo capitalista brasileiro e suas conformações políticas, sobressai o debate sobre qual seria o momento determinante em que ocorreu a revolução burguesa (ou revolução democrático-burguesa) no país, como expressão de uma mudança estrutural que tenha promovido, simultaneamente, a hegemonia de relações sociais de produção propriamente capitalistas e a ampliação de direitos sócio-político-econômicos a uma força de trabalho "livre" (assalariada), liberta de relações pautadas pelo servilismo ou pela escravidão.

Nesse sentido, compreender a formação social brasileira sob a ótica da revolução burguesa implica entender o posicionamento da burguesia brasileira no processo de consolidação do capitalismo no país e os movimentos sociopolíticos que promoveram a ampliação da democracia e de direitos de cidadania para a classe trabalhadora.

É importante relembrar que o Brasil é um país que, no decurso de menos de três décadas (1937-1964), viveu três golpes de Estado e a instalação de ditaduras. O primeiro golpe ocorreu em 1937, com a emergência do Estado Novo; o segundo em 1945, com a deposição de Getúlio Vargas; e o terceiro em 1964, com a deposição de João Goulart e a instalação da ditadura civil-militar no país. Esses três movimentos golpistas foram apoiados pelas classes dominantes, o

> que revela a inexistência de uma classe burguesa brasileira forjada sob princípios democráticos, ao contrário do que se observou nas a revoluções burguesas ocorridas nos países europeus.

A burguesia brasileira, diferentemente de parte das burguesias europeias clássicas, atuou, em 1937 e 1945, por meio de revoluções passivas como expressão de seu domínio.[1] Em 1964, não podemos considerar que houve o que se denomina *revolução passiva*, uma vez que ocorreu um retrocesso no processo democrático. Preferimos, então, a denominação adotada por Fernandes (2006) e Netto (1996) e afirmar que o golpe de 1964 representou uma *contrarrevolução preventiva*, como explicaremos adiante.

Nesse sentido, podemos entender que o desenvolvimento do capitalismo brasileiro ocorreu por uma via "não clássica", ou seja, o processo de desenvolvimento capitalista no Brasil contou com a particularidade de conservar elementos do passado arcaico (herança colonial) com a progressiva e lenta introdução de elementos modernizantes no processo de crescimento econômico, tais como a industrialização e a institucionalização de políticas sociais que assegurassem direitos de cidadania. Somou-se a esse processo lento e tardio o autoritarismo político das classes dominantes, manifestado, sobretudo, pela exclusão das classes populares na participação nas decisões políticas, o que significa impedir o acesso da população aos espaços e às decisões engendradas pelos núcleos do poder político-econômico. E isso em qualquer espaço da esfera pública.

Historicamente no mundo ocidental, a emersão da burguesia marca o surgimento da classe capitalista. As revoluções paradigmáticas que representam a ascensão burguesa foram a Revolução Inglesa,

---

[1] Gramsci chama de *revolução passiva* (ou *revolução pelo alto*, ou *revolução sem revolução*) "um processo de transformação que exclui a participação das forças democráticas e populares, das forças interessadas na completa erradicação dos restos feudais e, como tal, numa revolução agrária que integre os camponeses na economia capitalista moderna e os atraia para a esfera da hegemonia burguesa e democrática" (Gramsci, 1980, p. 380).

de 1648, e a Revolução Francesa, de 1789, que instituíram o modelo de revolução burguesa europeu².
De acordo com Marx (1979, p. 49, grifo do original),

> em ambas as revoluções, a burguesia era a classe que realmente encabeçava o movimento. **O proletariado e as camadas da população urbana que não pertenciam à burguesia** ainda não tinham quaisquer interesses separados dos da burguesia, ou ainda não constituíam classes ou setores de classe com desenvolvimento independente. Por isso, onde enfrentavam a burguesia, como na França, em 1793 e 1794, lutavam apenas pela realização dos interesses da burguesia, embora **não à maneira** burguesa. A revolução francesa caracterizou um **procedimento plebeu** para ajustar as contas com **os inimigos da burguesia**: o absolutismo, o feudalismo e a pequena burguesia reacionária.

Essas revoluções tão emblemáticas viriam a definir um tipo de revolução burguesa europeu. Inicialmente, não representaram a hegemonia da classe burguesa, mas a vitória de um modelo de sociedade sobre o antigo regime político, com a expectativa de que o novo regime se disseminasse para toda a Europa. Marx (1979) afirma que naquelas revoluções triunfou a burguesia, e a vitória da burguesia significava, então,

> o triunfo de um novo regime social, o triunfo da propriedade burguesa sobre a propriedade feudal, da nação sobre o provincialismo, da concorrência sobre as corporações, da partilha sobre o direito de primogenitura, da submissão da terra ao proprietário sobre a submissão do proprietário à terra, da ilustração sobre a superstição, da família sobre a linhagem, da indústria sobre a negligência heroica, do direito burguês sobre os privilégios medievais. (Marx, 1979, p. 49-50)

Ainda de acordo com Marx (1979), nem mesmo na Europa todas as burguesias se estabeleceram conforme as projeções da Revolução

---

2 Houve duas guerras civis na Revolução Inglesa: a de 1642 e a de 1648, esta última denominada *Revolução Gloriosa*. "Em 1648, a burguesia inglesa, aliada à nova nobreza, lutou contra a monarquia, contra a nobreza feudal e contra a Igreja dominante" – nesse caso, a Reforma Protestante – e "em 1789, a burguesia francesa, aliada ao povo, lutou contra a monarquia, contra a nobreza e contra a Igreja dominante" (Marx, 1979, p. 49).

Inglesa e da Revolução Francesa quanto às relações entre classes burguesas e proletárias no mundo ocidental. Ele criticava, por exemplo, o Estado prussiano, que, diferentemente de seus países vizinhos, não contava com uma burguesia forte o suficiente para desencadear uma revolução democrático-burguesa. Nesse caso, foi justamente a debilidade da burguesia prussiana, até por conta de seu diminuto quantitativo e sua baixíssima expressão sociopolítica, que possibilitou a Bismarck, representante dos grandes proprietários fundiários, realizar a **modernização capitalista (revolução de "cima para baixo")**, que acabou por beneficiar uma reduzida burguesia aristocrática, a qual incorporava plenamente o discurso liberal.

Por isso, a revolução ocorrida em março de 1848 na Prússia estava longe de se assemelhar às revoluções burguesas da Inglaterra e da França. Para Marx (1979, p. 50),

> longe de ser uma revolução europeia, não passou de abafada ressonância da revolução europeia num país atrasado. Em lugar de adiantar-se a sua época, atrasou-se em relação a ela de mais de cinquenta anos [...] a revolução de março na Prússia não foi sequer uma revolução nacional, alemã. Desde o primeiro instante foi uma revolução provincial prussiana.

Marx (1979) considerava que a burguesia prussiana não era, como a burguesia francesa de 1789, a classe que representava toda a sociedade moderna diante dos representantes da velha sociedade: a **monarquia** e a **nobreza**.

Nesse contexto, podemos identificar a indignação de Marx perante a incapacidade histórica da débil burguesia prussiana em consolidar uma revolução burguesa original que incorporasse os interesses do proletariado. Naquele período, a Prússia se mostrou incapaz de efetivar sua emancipação sócio-político-econômica em condições iguais às observadas na Inglaterra e na França, sobretudo por não buscar a adesão do proletariado e acabar fazendo uma revolução burguesa de "cima para baixo", sem a aliança necessária entre a burguesia e a classe operária.

Na visão de Marx (1979), a exclusão da massa trabalhadora não permitiu a construção de uma hegemonia capaz de colocar aquele país no processo de expansão capitalista em condições de igualdade com os demais países, mantendo a Prússia em posição de subalternidade política e submissão econômica no contexto europeu.

2.2.2 Elementos sócio-históricos da revolução burguesa no Brasil

A discussão sobre a revolução "de cima para baixo" é muito pertinente à realidade latino-americana. Cueva (1983), ao analisar os processos revolucionários da América Latina, afirma que as revoluções ocorrem de forma distinta em cada organização social, de acordo com as condições objetivas que as contradições de classes produzem para levar a cabo um projeto societário distinto daquele que se encontra em vigor. Por exemplo, na década de 1950, quando as condições econômicas do pós-Segunda Guerra pareciam favorecer todas as economias capitalistas, a falta de autonomia dos países latino-americanos acabou promovendo a manutenção do compromisso das classes populares com tarefas históricas, porém, em sua maioria, sem a adesão da classe burguesa, que se manteve atrelada ao oligopólio financeiro internacional.

Por isso, constatamos que as revoluções burguesas na América Latina foram lentas e tardias. Em geral, são burguesias que, juntamente com o Estado, criam arranjos políticos para solapar as iniciativas que ampliem a democracia, a participação popular e os direitos.

Quanto à particularidade brasileira, a história confirma a postura antidemocrática que configurou a constituição da sociedade e do Estado quando identificamos que a condução dos processos de mudanças sócio-político-econômicas que foram realmente significativos para a história do país – a Independência, a Abolição, a República, a Revolução de 1930 e o golpe de 1964 – ocorreu sob o aniquilamento de tudo o que pudesse desencadear processos mais efetivos de democratização das relações de poder internas e externas do Brasil. Ou seja, os marcos históricos da formação social brasileira não resultaram em uma construção nacional autônoma, por meio da conjunção de forças sociais, e acabaram por expressar revoluções denominadas "de cima para baixo". Essa postura antidemocrática acompanha uma realidade que particulariza todo o continente latino-americano diante dos interesses econômicos que historicamente colocaram os países da região em uma relação de dependência e subalternidade em face dos países imperialistas. No caso brasileiro, Carlos Nelson Coutinho é um dos expoentes que elabora uma construção teórica relacionando o processo de democratização brasileira à "via prussiana", ou "de cima para baixo". Transcrevemos a seguir o trecho de um texto do autor que, apesar de longo, revela bem seu pensamento sobre a formação sócio-histórica brasileira. Em seu clássico *A democracia como valor universal*, Coutinho (1979, p. 41-42) afirma:

> as transformações políticas e a modernização socioeconômica no Brasil foram sempre efetuadas no quadro de uma "via prussiana", ou seja, através da conciliação entre frações das classes dominantes, de medidas aplicadas "de cima para baixo", com a conservação essencial das relações de produção atrasadas (latifúndio) e com a reprodução (ampliada) da dependência ao capitalismo internacional. Essas transformações "pelo alto" tiveram como causa e efeito principais a permanente tentativa de marginalizar as massas populares não só da vida social em geral, mas sobretudo do processo de formação das grandes decisões políticas nacionais. Os exemplos são inúmeros: quem proclamou nossa independência política foi um príncipe português, numa típica manobra "pelo alto"; a classe dominante no Império foi a mesma da época colonial; quem acabou capitalizando os resultados da proclamação da República (também ela proclamada "pelo alto") foi a velha oligarquia agrária; a Revolução de 1930, apesar de tudo, não passou de uma "rearrumação" do velho bloco de poder, que cooptou – e, desse modo, neutralizou e subordinou – alguns setores mais radicais das camadas médias urbanas; a burguesia industrial floresceu sob a proteção de um regime bonapartista, o Estado Novo, que assegurou pela repressão e pela demagogia a neutralização da classe operária, ao mesmo tempo em que conservava quase intocado o poder do latifúndio, etc. Mas esta modalidade da "via prussiana" (Lênin, Lucáks), ou de "revolução-restauração" (Gramsci) encontrou seu ponto mais alto no atual regime militar, que criou as condições políticas para implantação em nosso país de uma modalidade dependente (e conciliada com o latifúndio) de capitalismo monopolista de Estado, radicalizando ao extremo a velha tendência a excluir, tanto dos frutos do progresso quanto das decisões políticas as grandes massas da população nacional.

Para o conjunto das forças populares, coloca-se assim uma tarefa de longo alcance: a luta para inverter essa tendência elitista ou "prussiana" da política brasileira e para eliminar suas consequências nas várias esferas do ser social brasileiro.

Em outras palavras, as classes dominantes, ou os blocos no poder, sempre buscaram impor seus interesses, em geral, de forma exclusiva sobre o conjunto da sociedade, monopolizando o aparelho estatal (Ianni, 2004, p. 232). De acordo com Fernandes (2006, p. 301), "há algo na história brasileira que permite que o poder burguês consiga sempre reiterar e fortalecer as estruturas e funções nacionais de sua dominação de classe".

A constituição da burguesia brasileira, que, em um contexto diferente do europeu, até porque foi comparativamente tardio, somente revela condições de emersão como classe no processo de independência do país, e sua consolidação encontra inúmeras interpretações, como veremos na sequência.

2.2.3 A revolução burguesa no Brasil sob a ótica de autores clássicos da formação sócio--histórica brasileira

Para a análise do processo da revolução burguesa no Brasil, elegemos as interpretações de três autores clássicos da formação sócio-histórica do Brasil: Caio Prado Júnior, Nelson Werneck Sodré e Florestan Fernandes. Como nosso propósito aqui não é polemizar entre ideias antagônicas, optamos por apresentar concepções de autores entre os quais existe certa convergência, objetivando antes maior aprofundamento do que grandes questionamentos. No que se refere à revolução burguesa brasileira, existe, entre esses três estudiosos, uma convergência no fato de conceberem a ideia de que, em nosso país, prevaleceu e prevalece "a anatomia do padrão burguês de dominação e sua capacidade de impedir a emergência do povo na política" (Sampaio; Sampaio Júnior, 2005, p. 10).

Caio Prado Júnior (2004) associa a emergência da burguesia brasileira ao **processo de evolução e organização do capitalismo** no Brasil, à abolição da escravatura, à imigração de braços para a lavoura e à proclamação da república. Para Prado Júnior (2004, p. 107), "a emergência do trabalho 'livre' exigiu a reorganização do aparelho estatal, o qual incorporou as exigências do capital imperialista e consolidou uma economia voltada para a produção extensiva e em larga escala de matérias-primas e gêneros tropicais destinados à exportação". Dessa forma, desenvolveram-se as condições sociais, econômicas, políticas e culturais de produção mercantil, de produção de mais-valia.

Prevalece, assim, nas análises de Prado Júnior (2004), a discussão sobre a ascensão da burguesia composta inicialmente de grandes proprietários, fazendeiros e outros trabalhadores livres do campo. Contudo, esse autor ressalta que essa é "uma burguesia na maior parte dos casos, atrasada, de baixo nível e por isso ineficiente e rotineira. É assim, amoldada e condicionada, inclusive psicologicamente, pelas circunstâncias peculiares em que exerce suas atividades" (Prado Júnior, 2004, p. 108).

É importante salientar que, em seus livros, esse autor dá grande ênfase ao fato de que a origem colonial brasileira imprimiu, de forma extremamente acentuada, a dependência e a subordinação da estrutura socioeconômica à política agrária, que, no conjunto, reflete na sociedade brasileira contemporânea. Aqui, vale lembrar que as atividades agrícolas, atualmente vinculadas ao agronegócio, representam grande parte da exportação brasileira e, portanto, do Produto Interno Bruto (PIB) nacional até os dias atuais.

Os resquícios daquela formação agrária voltada às necessidades do comércio externo, cujo modo de produção escravista foi prolongado, teria sido, no âmbito da formação de classes sociais, o efeito mais visível da constituição de uma burguesia, seja esta agrária, seja urbana, dependente dos interesses do capital internacional e com eles articulada. Sublinhamos que Prado Júnior (2004) não aponta para a constituição de "duas burguesias", uma agrária e outra urbana. Para ele, existe somente uma burguesia, para a qual a necessidade de exploração capital/trabalho é a mesma, e, portanto, apesar de haver interesses nem sempre convergentes, estes são de fácil negociação, por serem unidades interessadas na acumulação capitalista. Por isso, para Prado Júnior (2004), a burguesia brasileira é reconhecida como a classe dos proprietários, quaisquer que sejam as atividades que realize para a acumulação capitalista. Ou seja, não há distinção contrastante entre a burguesia dos latifúndios e a burguesia urbana, ambas

> aplicam seus recursos e iniciativas tanto em empreendimentos agropecuários como em outros setores, ao sabor unicamente das oportunidades ensejadas e da lucratividade esperada. Se há alguns decênios se podia ainda, a rigor, falar de uma categoria de proprietários rurais, os fazendeiros, estritamente situados no setor agropecuário, isso era porque realmente o único negócio de vulto e expressão na economia brasileira era tão somente esse. (Prado Júnior, 2004, p. 109)

Assim, a contraposição entre uma burguesia latifundiária, que seria reacionária e vinculada aos interesses do capitalismo imperialista, e outra burguesia, mais urbanizada, que seria vinculada aos "interesses nacionais", o que economicamente é visualizado no empreendedor moderno como, nas palavras de Fernandes (2006), "capacidade de inovação", "gênio empresarial" e "talento organizador", para Prado Júnior (2004), não existe – para ele, as possíveis distinções são de ordem pessoal, e não de classe.

Ainda para esse historiador, os primeiros representantes da burguesia brasileira

> são, sobretudo, comerciantes portugueses aqui radicados – o comércio sempre foi na colônia, via de regra, monopolizado por nativos do Reino –, que depois da Independência foram, progressivamente, nacionalizando-se e integrando-se na população brasileira. A eles se vieram juntar, com a Abertura dos Portos e a liberdade comercial, outras nacionalidades, sobretudo ingleses, franceses, alemães, que logo se identificaram com o país, e cuja descendência se fez brasileira. (Prado Júnior, 2004, p. 114)

Portanto, trata-se de uma burguesia heterogênea na nacionalidade, mas homogênea em termos de interesses econômicos. De acordo com o autor, o Brasil não conta com uma burguesia nacional no sentido clássico, ou seja, "como força essencialmente anti-imperialista e por isso progressista" (Prado Júnior, 2004, p. 120). Ele alerta para o fato de que esse pensamento pode ser um equívoco que pretende associar a burguesia a um tipo de capitalismo progressista que contaria com o apoio de forças populares e de esquerda. As forças de esquerda, aliás, devem representar, para o historiador, o protagonismo da revolução brasileira; para ele, essas são as únicas forças capazes de mobilizar as forças populares e estabelecer a democracia no país[3].

Nelson Werneck Sodré (1997) é referenciado pela historiografia brasileira como um estudioso que defende a existência de **regressões feudais** em alguns períodos da colonização brasileira. Equivocadamente, alguns historiadores brasileiros o criticam por entenderem que ele defende a existência de relações feudais no Brasil nos mesmos moldes das relações feudais europeias e, nesse caso, acreditam que Sodré teria vinculado a ascensão da classe burguesa no país à emergência do capitalismo comercial no período do Brasil Colônia. É preciso aprofundar as análises de Sodré para não reproduzir tais exageros, pois sua interpretação marxista da historiografia brasileira faz com seja um estudioso indispensável para a compreensão da formação social do país.

Aqui, é preciso fazer um adendo para mencionar o alerta de José Paulo Netto (citado por Meirelles, 2014) ao considerar que devemos cuidar para não proceder a uma avaliação superficial sobre Werneck Sodré, entendendo que esse estudioso da formação social brasileira jamais afirmou a existência de relações feudais no Brasil nos moldes europeus, como destacam alguns de seus críticos. Para Netto (citado por Meirelles, 2014), esse estudioso colocou em evidência que, nas origens do Brasil Colônia, o capitalismo era comercial e,

---

3 Prado Júnior escreveu sobre a revolução brasileira em 1966, em plena ditadura militar no país. Para ele, o golpe militar contou com o apoio de alguns setores da esquerda brasileira e, portanto, cabe à própria esquerda, em conjunto com as forças populares, resgatar a democracia no país, tendo em vista que a burguesia não cumpriu seu papel histórico de promover o desenvolvimento nacional com a participação da classe trabalhadora em um programa verdadeiramente nacional. Ele afirma que a principal vantagem obtida pela burguesia – principal idealizadora e preparadora do golpe de 1964 – foi "o emudecer das reivindicações trabalhistas reduzidas a um mínimo; emudecer também das forças populares em geral e das correntes políticas de esquerda que as representavam e sustentavam" (Prado Júnior, 2000, p. 259).

posteriormente, no século XVII, teríamos passado por uma espécie de regressão feudal, que iniciou no sul do Estado do Maranhão. Ou seja, nessa perspectiva, Sodré se refere a momentos da história em que se articulam diferentes modos de produção, entre os quais aparecem relações de trabalho servil.

Figueiredo (2004, p. 636) corrobora essa ideia afirmando que "o reconhecimento de trabalho servil não implica reconhecimento de um caráter feudal da sociedade". Portanto, Nelson Werneck Sodré tem o grande mérito de ter sido o primeiro estudioso a evidenciar a articulação de diferentes modos de produção na formação social brasileira, apontando de forma criativa a coexistência do trabalho servil e do trabalho escravo em alguns períodos sócio-históricos da formação social brasileira.

Os estudos de Sodré (1997) apontam para a emergência de uma classe burguesa no **processo de emancipação política**, ou seja, no processo de independência:

> No século XIX, o quinto após a colonização e da vigência de uma perturbadora coexistência de modos de produção e de suas decorrências na cultura, apareceram aqui condições para o surgimento das relações capitalistas e de uma estrutura social em que a burguesia passou a ser classe dominante e a controlar o aparelho de Estado. (Sodré, 1997, p. 67)

Entretanto, para ele, a independência somente criou as condições objetivas de **emergência** da classe burguesa. A **ascensão** burguesa, por sua vez, apresenta-se com a crise do poder monárquico e o consequente advento da República. O autor explica que

> as características principais (da revolução burguesa brasileira) foram as seguintes: existência de massa camponesa numericamente preponderante e principal como produtora de bens econômicos; de numerosa pequena burguesia, com função política destacada; de proletariado pouco numeroso, mas crescente, com formas de organização em desenvolvimento, mas ainda fracas; de burguesia recente, ascensional, com amplas perspectivas nacionais e fracas perspectivas internacionais. (Sodré, 1997, p. 73)

Ainda de acordo com esse autor, antes da República, havia burgueses isolados, "como indivíduos, ilhados pelo predomínio absoluto do latifúndio e numa sociedade em que eram minoria reduzida" (Sodré, 1997, p. 74). Com a passagem para a República e as reformas ocorridas, especialmente com relação ao trabalho "livre" e às alterações no mercado de trabalho, a burguesia passou a se delinear como classe. A Primeira Grande Guerra promoveu uma estagnação no intercâmbio internacional, dificultando ou suspendendo as importações, o que incidiu na economia brasileira. Segundo Sodré (1997, p. 75),

> sem receber do exterior, ou recebendo em volume menor e abaixo de suas necessidades as mercadorias que antes recebíamos, fomos compelidos a produzi-las aqui. Essa redução nas importações e simultâneo avanço na produção nacional substitutiva gerou, além da modificação na balança do comércio exterior, um parque industrial [...]. Assim, capitais antes consumidos nas importações, transferidos agora à indústria, criavam um quadro novo. Favorecido pela conjuntura, o esforço da burguesia deve então desenvolver-se para tornar o conjuntural em estrutural.

Nesse contexto, a constituição da burguesia brasileira como classe hegemônica pode ser visualizada com os avanços no processo de industrialização brasileiro iniciado no final do século XIX, quando a produção agrícola e a economia de exportação "já não são suficientes [...] o Brasil é um outro país, com novas relações políticas e de classes sociais" (Sodré, 1997, p. 75).

Para Sodré (1997), a crise de 1929 representa outro momento importante para o capitalismo brasileiro e para os avanços da classe burguesa no Brasil. Essa crise do capital, que abalou a economia mundial, levou à queda das importações, à semelhança do que havia acontecido com a Primeira Guerra (porém em condições ainda mais significativas). Ocorre que, nesse momento da economia brasileira, o café representava um percentual decisivo da balança comercial e a estagnação da exportação, em virtude da crise, deslocou investimentos para outras mercadorias, além de levar o país a incrementar sua produção interna.

Sodré (1997) também aborda a contradição do crescimento econômico desigual entre as regiões brasileiras e a constituição de uma burguesia que não realizou, efetivamente, sua tarefa histórica. Suas palavras elucidam essa contradição:

> A existência sempre, consideravelmente agravada com a abolição, de massa muito numerosa de pessoas que haviam perdido suas fontes habituais de subsistência, mais o deslocamento territorial da riqueza geram a coexistência de diversas formas econômicas mistas, combinando elementos das relações de produção velhas e novas, a convivência do impulso renovador com as estruturas arcaicas resistentes à mudança, criaram, na realidade, grandes dificuldades para a compreensão desse complexo processo que foi a gestação das relações capitalistas aqui. [...] E, com isso, da geração e do desenvolvimento da burguesia de um lado e do proletariado, de outro lado [...] seu início, quando as mudanças começam a tornar-se claras, pode ser marcado pela etapa preliminar dos fins do século XIX, mas principalmente pelo movimento de 1930. A partir deste, a revolução burguesa está definida e continuará avançando [...] Aceita, pois, a resistência do Brasil arcaico e hesita romper com ele. É uma classe que realiza a sua revolução deixando incompletas as suas tarefas específicas. (Sodré, 1997, p. 86-87)

Portanto, segundo Sodré (1997), a hegemonia burguesa no Brasil se consolidou definitivamente com a Revolução de 1930, e os contornos que a caracterizam se estabeleceram na opção pela ditadura de 1937. Isso significa, ainda na visão desse teórico, que, com a instalação do Estado Novo, a burguesia brasileira estava "inserida na larga tendência ascensional das formas agudas – fascismo, nazismo, militarismo – com que [...], em escala mundial, definia o pânico a que fora levada pela crise e pela ameaça do socialismo triunfante na Rússia anos antes" (Sodré, 1997, p. 78). Essa opção político-ideológica consolidou o avanço de uma burguesia composta com o latifúndio e o imperialismo, confrontando, ao mesmo tempo, os avanços e as reivindicações da classe trabalhadora.

Depois desse período, o estatuto do desenvolvimentismo passou a se revelar como estratégia da burguesia, que, ancorada na predisposição da figura de Getúlio Vargas, intensificou o processo de industrialização brasileiro articulado com o imperialismo internacional e promoveu reformas políticas e institucionais relevantes para a modernização do país, desdobrando-se na consolidação da hegemonia burguesa, aliançada com a maior intervenção do Estado no processo de acumulação capitalista.

Sodré (1997) discorre, ainda, sobre a aliança da burguesia brasileira com o golpe militar de 1964, indicando a necessidade de reação das forças populares, as únicas forças que poderiam propor reformas que permitissem "o acabamento da revolução burguesa aqui" (Sodré, 1997, p. 144).

Florestan Fernandes, por sua vez, entende que a revolução burguesa denota "um conjunto de transformações econômicas, tecnológicas, sociais, psicoculturais e políticas que só se realizam quando o desenvolvimento capitalista atinge o clímax de sua evolução industrial" (Fernandes, 2006, p. 239). O autor afirma que, no fim do Império e começo da República, a sociedade brasileira continha somente os germes desses processos de transformação – para ele, esse **processo se realizou com o golpe militar de 1964**.

Fernandes (2006) explica que o caráter colonial brasileiro, ao promover o poder sócio-político-econômico de uma classe senhorial que se utilizava do escravismo como regime de produção, sob a coordenação de uma metrópole que definia o modo de produção interno e controlava o processo de exportação dos produtos, favoreceu a organização do poder oligárquico. Para Fernandes (2006), não podemos relacionar a revolução burguesa brasileira, inaugurada no processo de transição entre o Império e a República, com aquilo que alguns autores chamam de *crise do poder oligárquico*. Segundo Fernandes (2006, p. 239),

> o que muitos autores chamam, com impropriedade, de crise do poder oligárquico não é propriamente um 'colapso', mas o início de uma transição que inaugurava, ainda sob a hegemonia da oligarquia, uma recomposição das estruturas do poder, pela qual se configurariam, historicamente, o poder burguês e a dominação burguesa.

Esse sociólogo marxista analisa duas vertentes de pensamento sobre o surgimento do burguês brasileiro e assim as descreve:

> para alguns, o burguês ou a burguesia teriam surgido e florescido com a implantação e a expansão da grande lavoura exportadora, como se o senhor de engenho pudesse preencher, de fato, os papéis e as funções

socioeconômicas dos agentes que controlavam, a partir da organização econômica da Metrópole e da economia mercantil europeia, o fluxo de suas atividades socioeconômicas. Para outros, ambos não teriam jamais existido no Brasil, como se depreende de uma paisagem em que não aparece nem o Castelo, nem o Burgo, evidências que sugeririam, de imediato, ter nascido o Brasil (como os Estados Unidos e outras nações da América) fora ou acima dos marcos histórico-culturais do mundo social europeu. (Fernandes, 2006, p. 32)

Contudo, o autor entende que os dois procedimentos não são os mais apropriados. Explicando melhor, podemos dizer que, referindo-se à existência ou não de uma revolução burguesa no Brasil, Fernandes (2006) enfatiza que essa busca consiste em determinar como se processou a incorporação de um padrão de organização econômica, social e cultural, o que pode ter tido como ponto de partida a universalização do trabalho assalariado e a expansão da acumulação capitalista.

> Falar em Revolução Burguesa, nesse sentido, consiste em procurar os agentes humanos das grandes transformações histórico-sociais que estão por trás da desagregação do regime escravocrata-senhorial e da formação de uma sociedade de classes no Brasil
> [...] Em suma, a "Revolução Burguesa" não constitui um episódio histórico. Mas, um fenômeno estrutural, que se pode reproduzir de modo relativamente variável, dadas certas condições ou circunstâncias, desde que certa sociedade nacional possa absorver o padrão de civilização que a converte numa necessidade histórico-social. (Fernandes, 2006, p. 37-38)

Os agentes humanos a quem o autor se refere, os quais acredita serem os protagonistas do processo embrionário de uma revolução burguesa no Brasil, seriam as figuras do fazendeiro de café e do imigrante, no sentido de que ambos compartilhavam (conscientemente ou não) dos mesmos sonhos e ambições capitalistas, tendo como empecilho o passado escravocrata e os resíduos coloniais, por exemplo, os resíduos da cultura oligárquica. Nesse sentido, o processo da revolução burguesa

> em sua variante brasileira se tornou demasiado lento, muito descontínuo e só nas áreas urbanizadas de industrialização intensa ele chegou a atingir quase todas as esferas da vida social organizada [...] O grosso da sociedade brasileira continuou variavelmente mergulhado nas idades

> históricas anteriores, e o povo não se configurou plenamente como realidade histórica. Em consequência, a Primeira República aparece como uma fase de transição com o "antigo regime" e não contribui, de fato, para a consolidação do estilo democrático de vida. Doutro lado, de 1875 a 1930 os interesses da revolução burguesa ficaram sob o mais completo controle social dos setores rurais e da dominação tradicionalista [...] tanto da chamada "revolução de 1930" quanto a "revolução constitucionalista", de 1932, respondem à necessidade de implantar novas formas de organização do poder na sociedade brasileira, capazes de expandir e de acelerar as transformações requeridas pela revolução burguesa. (Fernandes, 2004, p. 231)

Dessa forma, o poder oligárquico não deixou de imprimir seus interesses particulares no processo de modernização do país, que patenteou tal poder diante das necessidades econômicas imediatistas e com a exclusão da massa trabalhadora. Além disso, Fernandes (2004) afirma que a constituição da burguesia não consolidou um bloco de interesses comuns, necessitando do poder oligárquico para se legitimar e exercer o domínio junto ao poder estatal. Como consequência disso, a burguesia brasileira, que, por natureza, é conservadora, optou por se aliar aos interesses do capital internacional.

Em suas análises, Fernandes (2004) é sempre bastante contundente ao apontar a incapacidade de burguesias dependentes levarem a revolução democrática e a revolução nacional às últimas consequências, o que, historicamente, acabou resultando no confronto entre dois projetos revolucionários com horizontes distintos:

1. um vinculado ao projeto burguês, que se configura como uma contrarrevolução; e
2. outro entendido como um projeto revolucionário pertinente aos interesses da classe trabalhadora, o qual prevê a maior igualdade social por meio da socialização dos meios de produção.

Nesse sentido, Fernandes (2004) vislumbra as classes sociais como promotoras das grandes transformações sociais que caracterizam a civilização ocidental e a necessidade de uma estratégia de luta de classes que impeça o aburguesamento da classe operária. Para ele, cabe à classe trabalhadora realizar a revolução democrática no país, dando-lhe um caráter de classe, ou seja, imprimindo-lhe as necessidades e os interesses dos trabalhadores.

As próprias palavras de Fernandes (2006, p. 240-241, grifo do original) sobre a burguesia brasileira revelam o vigor de seu pensamento:

> Ao contrário de outras burguesias, que forjaram instituições próprias de poder especificamente social e só usaram o Estado para arranjos mais complicados e específicos, a nossa burguesia converge para o Estado e faz sua unificação no plano político [...].
>
> O efeito mais direto dessa situação é que a burguesia mantém múltiplas polarizações com as estruturas econômicas, sociais e políticas. Ela não assume o papel de **paladina da civilização** ou de **instrumento da modernidade**, pelo menos de forma universal e como decorrência imperiosa de seus interesses de classe. Ela se comprometeu, por igual, com tudo que lhe fosse vantajoso: e para ela era vantajoso tirar proveito dos tempos desiguais e da heterogeneidade da sociedade brasileira, mobilizando as vantagens que decorriam tanto do "atraso" quanto do "adiantamento" das populações. [...] A própria burguesia como um todo (incluindo-se nela as oligarquias) se ajustara à situação segundo uma linha de múltiplos interesses e de adequações ambíguas, preferindo a mudança gradual e a composição a uma modernização impetuosa, intransigente e avassaladora.

Portanto, a ideia central é a de que a burguesia brasileira tem pouco a oferecer, cede ao medo e consegue, apenas, atingir o que se chama de *modernização conservadora*. Isso se desdobra na ideia de que o tempo de revolução burguesa se esgotou, cabendo ao proletariado – classe trabalhadora – promover a revolução democrático-socialista em nosso país.

Diante do exposto, podemos concluir que Prado Júnior, Sodré e Fernandes convergem no que se refere à existência de inúmeras limitações na revolução burguesa brasileira, sobretudo aquelas que envolvem as heranças de um passado colonial escravista. Isso significa que o regime escravista, como particularidade histórica da formação social brasileira, assume um significado enorme quando falamos em democratização, desigualdades sociais e pobreza no país. Veremos adiante como a instituição dessa relação social de produção foi determinante para a incapacidade da burguesia brasileira em promover o desenvolvimento econômico de forma articulada ao complexo de luta de classes que se configurou no país.

> Enquanto Prado Júnior enfatiza a subordinação da burguesia brasileira ao capital imperialista e ao descaso diante das necessidades da população nativa, Sodré ressalta as difíceis relações de trabalho de uma economia dependente em um país com extremas desigualdades regionais. Nesse mesmo contexto, para Fernandes, a burguesia se unificou com o Estado e promoveu, lentamente, uma modernização conservadora.

Esses três estudiosos buscaram compreender por que a classe burguesa brasileira – que deveria incorporar os interesses da classe trabalhadora para a conquista de um poder político hegemônico, que instituísse a soberania nacional pautada pelos interesses e pelas necessidades da(s) maioria(s) – deslocou sua função histórica para a convergência absoluta com os interesses do capital externo, conservando o país em posição de subserviência político-ideológico-econômica ao capital imperialista. Por outro lado, eles procuraram entender também por que as classes desfavorecidas não conseguiram ir além das revoltas e insurreições para realizar a revolução, ainda que o país tenha contado com inúmeras contestações populares, inclusive por parte de indígenas e negros escravizados e, posteriormente, pela esquerda nacional.

Sobre os enfrentamentos de trabalhadores, os mesmos autores apresentam as várias experiências revolucionárias que ocorreram no país até a emergência da República, contradizendo a ideia reinante de que o povo brasileiro é, desde suas origens, passivo e submisso diante do poder estatal ou oligárquico. Fernandes (2004, p. 399) afirma que os conflitos de classes

> colocavam a ordem societária sobre um vulcão. A força bruta, em sua expressão mais selvagem, coexistia com a violência organizada institucionalmente e legitimada pelo "caráter sagrado" das tradições, da moral católica, do código legal e da "razão de Estado", espaços estes, onde se definia a figura legal do escravo, simultaneamente, como "um inimigo doméstico" e "um inimigo público".

Prado Júnior (1990, p. 49) escreve:

> não se julgue a normal e aparente quietação dos escravos (perturbada, aliás, pelas fugas, formação de quilombos, insurreições mesmo por vezes) fosse expressão de um conformismo total. É uma revolta constante que lavra surdamente entre eles, e que não se manifesta mais porque comprime todo o peso e força organizada da ordem estabelecida.

Entre as revoltas mais significativas naquele período, podemos citar a Revolta dos Cabanos, no Pará, que começou em 1833 e se estendeu até 1836 (entre 1822 e 1835, haviam ocorrido agitações que levaram a mesma denominação no sertão de Pernambuco e Alagoas); a Guerra dos Farrapos, no Rio Grande do Sul; e, na Bahia, as povoações de Caitité, Nazaré e Santo Amaro foram "teatro de um levante de escravos, que, se não teve grande repercussão, sendo logo debelado, ficou contudo bem vivo como exemplo de um perigo que por vezes era esquecido: o latente espírito de revolta da grande massa escrava" (Prado Júnior, 1999, p. 77).

Também foram registrados acontecimentos em Pernambuco e, em 1836, ocorreram novos levantes populares em Laranjeiras, no Sergipe. De 1833 a 1841, ocorreu a Revolta dos Balaios no Maranhão, uma série de levantes periódicos cujas causas foram as mesmas das demais insurreições da época, "a luta das classes médias, especialmente urbana, contra a política aristocrática e oligárquica das classes abastadas, grandes proprietários rurais, senhores de engenho e fazendeiros, que se implantara no país" (Prado Júnior, 1999, p. 79).

Em dezembro de 1847, assistiu-se a uma sucessão de atitudes violentas da população contra os comerciantes portugueses de Recife, o que ficou conhecido como *agitação praieira*, por ter sua sede na Rua da Praia, em Recife. A reivindicação era a nacionalização do comércio, que se mantinha nas mãos de portugueses, ou seja, a luta era pelo fim do monopólio comercial de portugueses instalados no Brasil. Nelson Werneck Sodré (1987) coloca a ênfase na Inconfidência Mineira, cuja figura de José Joaquim da Silva Xavier, Tiradentes, passou a representar possibilidades reais de resistência popular à grande exploração econômica e ao domínio político de Portugal (Sodré, 1987, p. 161-164).

Fica claro, portanto, que o processo de democratização em nosso país foi precário e tardio e que os frutos do desenvolvimento econômico ocorreram somente para parcelas minoritárias da população. Disso podemos concluir que a persistente desigualdade sócio-político-econômica tem suas origens na estrutura social (de classes) e na determinação histórica por parte do Estado e da burguesia brasileira em promover cada vez mais a concentração de renda e propriedade nas mãos da classe capitalista do país.

> **Questões para reflexão (II)**
>
> 1. O que você entendeu por *revolução "de cima para baixo"*, mencionada por Carlos Nelson Coutinho?
> **Dica**: lembre-se da pouca participação da classe trabalhadora.
> 2. Qual dos três autores que discutem a revolução democrático-burguesa no Brasil você achou mais interessante? Explique.
> **Dica**: lembre-se da subordinação ao imperialismo e do capitalismo dependente.

2.3 Industrialização retardatária e restringida no Brasil

O período que inaugurou a República no Brasil assumiu um caráter singular no tocante ao conjunto de mudanças necessárias ao desenvolvimento capitalista em decorrência do esgotamento do regime imperial no país. O capitalismo, acompanhado do fortalecimento da classe burguesa, adquiriu maior expressão com o advento da República, em razão do desenvolvimento das forças produtivas internas e diante, especialmente, da abolição da escravidão e da implantação do trabalho "livre", ou seja, da constituição de uma classe trabalhadora no país. Nesse sentido, Santos (2012) explica que a República teve seu início no Brasil quando se inseriu na Constituição de 1891 a estrutura de divisão dos poderes e se instituiu o presidencialismo como forma de governo. Santos (2012) reforça também a atitude de separação entre Estado e Igreja, o que significou, entre outras medidas, a transferência para o Estado de atribuições historicamente assumidas pela Igreja.

Um dos avanços promovidos com o Estado laico foi o fato de conceder-se mais liberdade a diferentes manifestações religiosas, devendo-se ressaltar que a liberdade de culto religioso privilegiou o caráter eurocêntrico, visto que os cultos afro não contaram com a mesma liberdade de expressão dos cultos trazidos pelos imigrantes europeus.

Historicamente, o período republicano apresenta a consolidação do regime de assalariamento e o "verdadeiro" início do processo de industrialização no Brasil, que até então era bastante precário[4]. Muitos dos antigos engenhos de açúcar existentes no Nordeste, por exemplo, foram transformados em usinas com a utilização de novas máquinas e a adoção de uma nova divisão do trabalho. A indústria manufatureira também passou por mudanças significativas, especialmente na área têxtil, muito embora se tratasse de um processo de industrialização induzido pela expansão das exportações, não constituindo, portanto, uma autossustentação interna, que, evidentemente, faz uma enorme diferença em termos de se considerar um país dependente economicamente ou não.

Sobre aquela conjuntura, Mello (2009) afirma que devemos primeiramente considerar as dificuldades impostas pela estreiteza dos mercados internos, "tomando em conta que a tecnologia importada impõe escalas de produção ajustadas aos mercados dos países desenvolvidos. Ademais, a importação de tecnologia, concebida naturalmente para as economias líderes, e não adequada à disponibilidade fatorial dos países latino-americanos, traria graves problemas" (Mello, 2009, p. 77).

---

4 "Em 1889, o quadro brasileiro pode ser traçado em umas poucas coordenadas: o país dispõe de 14 milhões de habitantes, distribuídos em 916 municípios, com 348 cidades; conta com apenas dois portos aparelhados e apenas uma usina elétrica; com 8.000 escolas, 533 jornais, 360 quilômetros de rodovias, 10.000 quilômetros de ferrovias e 18.000 de linhas telegráficas; sua produção agrícola e industrial ascende em moeda nacional" (Sodré, 1997, p. 293).

O processo de industrialização no Brasil ocorreu quase exclusivamente com capital internacional. Os empréstimos eram solicitados não somente pelo governo federal, mas também por estados e municípios. Aqui, é preciso lembrar que os períodos de guerra configuraram um capítulo excepcional na economia dos países, especialmente em função do deslocamento de investimentos internos para produtos bélicos.

Assim, o Brasil teve uma aceleração do crescimento econômico significativa no período da Primeira Guerra Mundial, com a expansão das exportações aos países beligerantes. Isso representou grande impulso à indústria brasileira, ampliada pelo surgimento de técnicas vinculadas ao setor da pecuária, por exemplo, que passou a processar o congelamento de carne de modo a atender às necessidades alimentares daqueles países por ocasião da guerra[5].

Nessas condições, passado o período de euforia pós-Primeira Guerra, de 1924 a 1929, que incorpora a crise econômica de 1929, o país viveu uma fase de estagnação econômica, a qual, acompanhada da crise geral do capital naquele momento, favoreceu a entrada de empresas estrangeiras no país. Trata-se das primeiras multinacionais que aqui se instalaram, com o objetivo de acumulação capitalista, utilizando força de trabalho mais barata, fugindo das tarifas alfandegárias e eliminando os custos de transporte. Os países imperialistas montaram indústrias subsidiárias que, em geral, mas não obrigatoriamente, produziam as mercadorias na matriz, no país de onde era originárias, e realizavam o acabamento final na filial, aqui instalada.

|||||||||||||||||||||||||||||

5 Conforme censo realizado em 1907, o país contava com 3.258 estabelecimentos industriais – sendo 40% no Estado de São Paulo –, empregando 150.841 operários (Sodré, 1997). "Em 1890 tínhamos apenas duas usinas elétricas, entre 1891 e 1900 foram fundadas oito; entre 1900 e 1910, foram fundadas setenta e sete, entre 1910 e 1915, foram fundadas cento e quatro e entre 1915 e 1925, surgiram cento e cinquenta e duas. Os dados fixam um processo de industrialização importante, embora com acentuadas deficiências: é um parque disperso, atendendo áreas consumidoras próximas, servido por fontes de energia também dispersas em pequenas usinas; o peso da manufatura e até do artesanato é grande nele; a contribuição dos bens de consumo é esmagadora: em 1920, corresponde a 85 ou 90% do valor total da produção e define considerável debilidade" (Sodré, 1987, p. 75).

Contudo, há variações no tipo de multinacionais. Prado Júnior (1990, p. 267) cita alguns exemplos:

> a *General Motors* e a *Ford Motor Company* instalaram em São Paulo oficinas para montagem de veículos motores com peças importadas de suas fábricas norte-americanas; aos poucos, algumas dessas peças ou parte dos veículos foram sendo fabricadas nessas oficinas. Na fabricação de pneumáticos, a borracha era toda elaborada no Brasil, mas as lonas se importavam. Um caso extremo era da indústria de cimento, em que a matéria-prima e sua elaboração é toda nacional; mas ainda o combustível (o óleo que entra com 70% no valor do produto) se importa. As primeiras indústrias subsidiárias já datam no Brasil de antes da I Guerra. Entre outras, pode-se citar a *Pullman Standart Car Export Corporation*, a primeira de vulto, que se instalou no Rio de Janeiro, em 1913, com oficinas de montagem de material ferroviário. Depois, frigoríficos, que não visam o mercado brasileiro, mas apenas o aproveitamento da matéria-prima abundante no país, e exportação de carne para a Europa. São eles: *Wilson & Company, Armour, Swift, Continental, Anglo*. Toda a indústria brasileira de carnes congeladas foi sempre e ainda é na maior parte constituída de filiais de grandes empresas estrangeiras, norte-americanas em particular.

Mesmo no caso da indústria do ferro, cujas reservas existentes no país eram imensas e de qualidade, o controle pertencia a grupos financeiros internacionais, isto é, o monopólio internacional.

> Desde antes da I Guerra, vários desses grupos tinham adquirido a maior parte das vastas áreas do estado de Minas Gerais onde se encontram as ocorrências do minério. Dentre elas se destaca a *Itabira Iron Ore Co.*, ligada às casas *Rothschild, BaringBros.* e *E. Sassel*, e que fez suas aquisições em 1911. Mas o objetivo de tais grupos era apenas obter o controle das reservas brasileiras e impedir seu acesso a concorrentes; não se interessavam em explorá-las, e por isso permanecerão inativos, apesar dos contratos e obrigações em contrário existentes. (Prado Jr., 1990, p. 269)

Um grande entrave ao processo de industrialização brasileira no início do século XX se refere ao fato de que o país não produzia máquinas, ou seja, não havia a iniciativa para a industrialização pesada, como aço, eletricidade, materiais químicos e outros. Além de ampliar a dependência dos países produtores, isso mantinha a indústria nacional em um patamar muito inferior quando comparada aos países de capitalismo mais avançado. Além do mais, é preciso considerar que aquele processo de inserção do Brasil no mercado mundial, com o consequente redimensionamento da divisão social do trabalho, mantinha em paralelo a hegemonia do caráter agroexportador de nossa economia.

Nesse contexto, o processo de industrialização se apresentou como um projeto de expansão do capitalismo nacional por meio da **substituição de importações**[6], projeto mediado pelo Estado no sentido de garantir maior investimento no crescimento industrial, articulando o necessário apoio da oligarquia agroexportadora, da burguesia urbano-industrial e das classes trabalhadoras.

Com base nisso, destacamos aqui, brevemente, a discussão sobre a **industrialização retardatária e restringida** como característica do capitalismo tardio no Brasil. Mello (2009) se refere à industrialização retardatária em todos os países latino-americanos, em função da impossibilidade de um processo avançado de industrialização, nos mesmos moldes dos países imperialistas – estes haviam superado o capitalismo concorrencial e a exploração capitalista tinha assumido sua configuração monopolista.

É também um processo de industrialização restringido porque manteve a acumulação capitalista industrial por muito tempo no âmbito da exportação de produtos primários (primarização da economia). A industrialização pesada nos países latino-americanos somente se concretizou em meados da década de 1950, mantendo-os dependentes da exportação, sobretudo, de produtos para a indústria de transformação até esse período.

Em seu estudo sobre o capitalismo latino-americano e, particularmente, o brasileiro, Mello (2009) articula o desenvolvimento capitalista nos países latino-americanos com o progresso das forças produtivas com base no estabelecimento de uma periodização evolutiva. Esses países, cada um com suas singularidades, teriam iniciado seus processos capitalistas com uma **economia colonial**, constituindo,

---

6 O termo *substituição de importações* é entendido aqui desta forma: "o processo de substituição de importações implica passar a produzir internamente aquilo que era importado, constituindo dessa forma um mercado interno de trabalho, de meios de produção e de consumo" (Behring; Boschetti, 2008, p. 110).

posteriormente, uma **economia mercantil-escravista nacional** e, por fim, uma **economia exportadora capitalista-retardatária**, em suas três fases: nascimento e consolidação da grande indústria; industrialização restringida; e industrialização pesada. Esse último período viria a consolidar a acumulação propriamente capitalista nos países dependentes latino-americanos.

A internalização da economia brasileira, para Mello (2009), ou seja, a constituição de uma economia nacional de caráter industrial (muito incipiente, nesse caso), foi possível por conta do surgimento da economia cafeeira e sua simultaneidade com a Revolução Industrial, somando-se a isso a precocidade do desenvolvimento do capital mercantil nacional e da formação do Estado Nacional e, ainda, a existência de recursos produtivos que possibilitaram o controle nacional pelo processo de industrialização. Para Mello (2009, p. 49),

> fica claro que o momento do início da crise econômica colonial é, também, o momento da constituição da economia mercantil-escravista cafeeira nacional. É certo que se revitalizaram a escravidão e a produção mercantil, que, no entanto, não é mais colonial; porém esta revitalização se dá nos quadros de uma economia nacional.

Por isso, o processo contraditório de substituição de importações caracteriza o momento em que o país alcançou uma economia propriamente capitalista, ainda que precária e dependente e, por isso, definida como *retardatária*. Segundo Mello (2009), esse processo não foi acompanhado, diretamente, pelo desenvolvimento das forças produtivas nacionais e, assim, "a reprodução ampliada do capital não está assegurada endogenamente, isto é, de dentro das economias latino-americanas, face à ausência das bases materiais de produção de bens de capital e outros meios de produção" (Mello, 2009, p. 50).

Ainda de acordo com esse o autor, a industrialização restringida ocorreu entre os anos de 1933 e 1955, quando a acumulação capitalista no Brasil assumiu um novo padrão de acumulação. Nas palavras de Mello (2009, p. 90),

> passa a haver industrialização porque a dinâmica da acumulação passa a se assentar na expansão industrial, ou melhor, porque existe um movimento endógeno de acumulação, em que se reproduzem, conjuntamente, a força

de trabalho e a parte crescente do capital constante industriais; mas a industrialização se encontra restringida porque as bases técnicas e financeiras da acumulação são insuficientes para que se implante, num golpe, o núcleo fundamental da indústria de bens de produção, que permitiria à capacidade produtiva crescer adiante da demanda, autodeterminando o processo de desenvolvimento industrial.

> **Questão para reflexão (III)**
>
> 1. Por que Cardoso de Mello denomina o processo de industrialização brasileiro de *retardatário* e *restringido*?
>
> **Dica**: lembre-se da superação do capitalismo concorrencial nos países de capitalismo avançado e da primarização da economia, respectivamente.

Síntese

Neste capítulo, vimos que, no Brasil, do período colonial até o advento da República, o processo de desenvolvimento foi marcado pela expansão do comércio, pela troca e intercâmbio de mercadorias, inicialmente com a metrópole e, depois, em escala mundial.

Apresentamos três características das origens do capitalismo brasileiro que ficaram impressas nas particularidades das relações sociais de produção no país e que incidem nas relações de classes até os dias atuais.

A primeira característica se refere a um projeto de colonização cujo processo de produção se constituiu, exclusivamente, para o atendimento das necessidades de exploração comercial de outros países, ou seja, voltada para o exterior, deixando a população local à mercê dos mínimos produzidos pela pequena produção.

A segunda característica da colonização brasileira se refere à grande disponibilidade de terras férteis, que favoreceu a adoção do sistema de capitanias, depois sesmarias, e também do sistema denominado *plantation*, ou seja, grandes latifúndios destinados à agricultura. Esse processo de concentração e centralização caracteriza o monopólio da terra por parte de um único proprietário, diferentemente de qualquer outro sistema que permita a ocupação e a produção por parte de vários pequenos proprietários.

A terceira característica da colonização brasileira se refere ao fato de que a produção de mercadorias no Brasil, desde o início do período colonial até fins do período imperial, ocorreu em regime de escravidão.

Vimos também aspectos da revolução democrático-burguesa, com o pensamento de autores clássicos da formação sócio-histórica do Brasil, concluindo que Caio Prado Júnior, Nelson Werneck Sodré e Florestan Fernandes convergem no que se refere à existência de inúmeras limitações na revolução burguesa brasileira, sobretudo aquelas que envolvem as heranças de um passado colonial escravista. Isso significa que o regime escravista, como particularidade histórica da formação social brasileira, assume um significado enorme quando falamos em democratização, desigualdades sociais e pobreza no país.

Prado Júnior enfatiza a subordinação da burguesia brasileira ao capital imperialista e ao descaso diante das necessidades da população nativa; Sodré ressalta as difíceis relações de trabalho de uma economia dependente em um país com extremas desigualdades regionais; e Fernandes defende que a burguesia se unificou com o Estado e promoveu, lentamente, uma modernização conservadora.

O projeto de modernização brasileiro previa uma perspectiva nacional-desenvolvimentista, com a valorização da economia nacional e a articulação entre os crescimentos econômico, político e social. Porém, na condição de um país dependente economicamente, o resultado disso foi a abertura progressiva para o capital internacional, o qual possibilitou a consolidação da industrialização pesada no país.

Por isso, Mello (2009) se refere à existência de um processo de industrialização retardatária e restringida – *retardatária* no sentido de ter sido um processo muito lento em relação aos países imperialistas e *restringida* porque manteve a acumulação capitalista industrial por muito tempo no âmbito da exportação de produtos primários, tendo em vista que a industrialização pesada nos países latino-americanos somente se concretizou em meados da década de 1950, mantendo-os dependentes da exportação, sobretudo, de produtos para a indústria de transformação até esse período.

Para saber mais

BEHRING, E. R.; BOSCHETTI, I. **Política social**: fundamentos e história. 5. ed. São Paulo: Cortez, 2008. (Biblioteca Básica de Serviço Social, v. 2).

Indicamos esse livro para que você compreenda melhor a construção de políticas sociais no Brasil sob a perspectiva crítico-dialética, entendendo-a, por um lado, como conquista da classe trabalhadora e, por outro, como uma mediação necessária nas relações sociais de produção capitalistas.

CARDOSO, A. **A construção da sociedade do trabalho no Brasil**: uma investigação sobre a persistência secular das desigualdades. Rio de Janeiro: FGV/Faperj, 2010.

Nesse livro, o autor faz uma reflexão sobre as desigualdades sociais no Brasil à luz do processo de construção da classe trabalhadora brasileira e das políticas públicas e sociais que acompanharam as relações sócio-político-econômicas da historiografia de nosso país.

SANTOS, J. S. **"Questão social"**: particularidades no Brasil. São Paulo: Cortez, 2012. (Coleção Biblioteca Básica do Serviço Social, v. 6).

Nessa obra, são apresentados os fundamentos da "questão social" brasileira, destacando-se aspectos da historiografia que configuraram as contradições das relações de classe em nosso país. A autora esclarece as particularidades do capitalismo brasileiro sob a ótica de autores clássicos da formação sócio-histórica e articula o Serviço Social com a "questão social" em suas expressões de desigualdade social e de pobreza.

Questões para revisão

1. Assinale a alternativa que se refere ao desenvolvimento do capitalismo brasileiro pela via "não clássica":
   a) Conservação de elementos da herança colonial com a progressiva e lenta introdução de elementos modernizantes no processo de crescimento econômico.
   b) Institucionalização de políticas sociais de garantia dos direitos de cidadania.
   c) Abertura democrática por parte das classes dominantes, manifestada, sobretudo, pela inclusão da classe trabalhadora na participação nas decisões políticas.
   d) O embate entre constituição do capitalismo brasileiro e a velha ordem agroexportadora, voltada à satisfação de necessidades externas ao país.

2. Assinale a alternativa que está associada à emergência da burguesia no processo de evolução e organização do capitalismo no Brasil sob a ótica de Caio Prado Júnior:
   a) Consolidação de uma economia voltada para a extração de matérias-primas e gêneros tropicais destinados à exportação.
   b) Abolição da escravatura, imigração de braços para a lavoura e proclamação da república.
   c) Aumento do Produto Interno Bruto (PIB) nacional.
   d) Constituição de "duas burguesias", uma agrária e outra urbana.

3. Assinale a alternativa que corresponde ao autor que elaborou uma construção teórica relacionando o processo de democratização brasileira à "via prussiana", ou "de cima para baixo":
   a) Carlos Nelson Coutinho.
   b) Nelson Werneck Sodré.
   c) Florestan Fernandes.
   d) Caio Prado Júnior.

4. Para Florestan Fernandes, o que significou a revolução burguesa?

5. Por que alguns historiadores brasileiros criticam as ideias de Nelson Werneck Sodré sobre a formação social brasileira? Justifique o motivo da necessidade de aprofundar as análises desenvolvidas acerca desse autor.

Alguns aspectos do capitalismo brasileiro: 1951-1970

CAPÍTULO 3

Conteúdos do capítulo:

- Principais características do capitalismo contemporâneo no período de 1951 ao início da década de 1970.
- Golpe civil-militar de 1964.
- Principais expedientes utilizados pelos militares para ampliar os lucros da oligarquia capitalista nacional e internacional.
- O fordismo periférico brasileiro.

Após o estudo deste capítulo, você será capaz de:

1. entender como o capitalismo se desenvolveu no Brasil;
2. reconhecer a contradição entre o nacional-desenvolvimentismo e a dependência econômica do Brasil em relação aos países imperialistas;
3. compreender alguns aspectos sociais, econômicos e políticos do período de 1951 a 1970;
4. entender a política de governo dos presidentes militares até 1974;
5. identificar as características do fordismo periférico brasileiro.

Neste capítulo, analisaremos algumas características do capitalismo contemporâneo referentes ao período de 1951 até o início da década de 1970, o que contempla os aspectos introdutórios do golpe civil-militar de 1964 e os principais expedientes utilizados pelos militares para ampliar os lucros da oligarquia capitalista nacional e internacional.

Apresentaremos, ainda, a interpretação do fordismo periférico brasileiro, entendido como um processo de modernização conservadora, tendo em vista o fato de não ter conseguido incorporar a participação da classe trabalhadora nas decisões político-econômicas que determinaram as relações sociais de produção capitalista no país.

3.1 Desenvolvimento do capitalismo no Brasil

Até este ponto do livro, vimos até o momento que o processo de acumulação capitalista no Brasil, desde suas origens, foi marcado:

- pela produção voltada ao comércio exterior;
- pela constituição de latifúndios;
- pela exploração inicial da força de trabalho escrava;
- por uma lenta transição para o trabalho "livre" de caráter fortemente discriminatório e excludente da força de trabalho "nativa", isto é, aquela que havia produzido toda a riqueza nacional até então;
- por um processo de industrialização tardia, ou seja, retardatária e restringida.

Nesse contexto, ocorreram várias formas de enfrentamento por parte da classe trabalhadora por meio de protestos e lutas, desde o período colonial e, posteriormente, com a emergência dos sindicatos e as reivindicações por direitos sociais e trabalhistas. Todos esses elementos que particularizam a formação sócio-histórica brasileira aconteceram em um contexto no qual a burguesia brasileira não logrou, em qualquer momento, incorporar a classe trabalhadora em conquistas conjuntas que pudessem universalizar direitos políticos, civis ou sociais. É preciso acrescentar a esse aspecto o descaso persistente com o acirramento das desigualdades sociais e o empobrecimento permanente da população, que, em sua maioria, subsistia na pauperização absoluta – algumas parcelas que alcançavam a pauperização relativa ou flutuavam entre uma e outra forma de pauperização de acordo com os níveis de exploração capital/trabalho.

Soma-se a tudo isso o fato de que o desenvolvimento do capitalismo no Brasil, desde suas origens, foi marcado pelo investimento e pela instalação de **capital estrangeiro** no país. Assim, os trustes, o monopólio internacional e o capital financeiro determinariam o desenvolvimento econômico do Brasil desde o início desse processo, desequilibrando a balança comercial e as finanças do país, em relação de dependência econômica inexorável. Em um aspecto mais geral, Prado Júnior (2004) afirma que, desde o princípio, é possível observar a ligação do imperialismo com nosso sistema colonial, fundado na exportação de produtos primários, pois essa exportação oferece os recursos de que o capital imperialista necessita para obter lucros, razão de sua existência.

Segundo Prado Júnior (2004), esse padrão de dependência e submissão ao capital imperialista tornou-se o modelo econômico vigente no país, embora de maneira cada vez mais complexa. Como explica esse historiador,

> de fato, o lucro auferido pelos empreendimentos imperialistas no Brasil somente se podem liquidar (e somente então constituirão para eles verdadeiros lucros) com os saldos do nosso comércio exterior, uma vez que é da exportação que provêm nossos recursos normais em moeda internacional. Descontada a parte desses recursos que se destina a pagar as importações, é do saldo restante, e somente deles, que poderá sair o lucro dos empreendimentos aqui instalados pelos trustes. Na base do previsível para esse saldo, portanto, fixarão os trustes o limite de suas atividades; e, portanto, em consequência, o do desenvolvimento brasileiro que no sistema vigente é por eles enquadrado. (Prado Júnior, 2004, p. 89)

Assim, desde as origens do capitalismo imperialista e a progressiva expansão do imperialismo europeu e, depois, americano, houve a superexploração e a utilização de matérias-primas e mercadorias aqui produzidas por parte daqueles países, providenciando-se, até mesmo, recursos para o transporte da produção (estradas de ferro, aparelhamento portuário, navegação marítima).

Nesses setores, especialmente, realizaram-se a penetração e a intervenção do capitalismo estrangeiro na economia brasileira, motivando o comércio externo do país, o que constitui a trave mestra da economia brasileira. Por outro lado, como esclarece Prado Júnior (2004, p. 87):

> Simultaneamente, fica à sua mercê o mercado interno do país, graças ao fato da especialização da produção brasileira em artigos de exportação. [...] é isso aliado às imposições financeiras do imperialismo (remuneração dos capitais aqui aplicados e atividades aqui exercidas por empresas estrangeiras, o que também é fruto das mesmas circunstâncias) que determina o crônico e crescente desequilíbrio de nossas contas externas e graves dificuldades no atendimento dos compromissos financeiros no exterior com o que nos provinha da venda de nossos produtos no estrangeiro – única fonte de recursos internacionais com que contávamos. Será essa situação a principal responsável da constante depreciação da moeda e outras graves consequências, inclusive a desordem financeira crônica, que vêm desde sempre, podemos assim dizer, afligindo o país.

Netto (1996), fundamentando-se no processo de formação sócio-histórico brasileiro, indica três ordens de fenômenos distintos, porém conectados, que configuram o que ele considera as principais particularidades do capitalismo brasileiro. Segundo esse autor:

> Em primeiro lugar, [...] no Brasil, o desenvolvimento capitalista não se operou **contra** o "atraso", mas mediante a sua contínua **reposição** em patamares mais complexos, funcionais e integrados.
> Em segundo lugar, uma recorrente exclusão das forças populares dos processos de decisão política [...] [ou seja,] a exclusão da massa do povo no direcionamento da vida social.
> Em terceiro lugar, e funcionando mesmo como espaço, como *topus* social, de convergência destes dois processos, o específico desempenho do Estado na sociedade brasileira – trata-se de sua particular relação com as agências da sociedade civil. (Netto, 1996, p. 18-19, grifo do original)

Na avaliação de Netto (1996), e confirmando as principais discussões realizadas anteriormente, o desenvolvimento capitalista brasileiro não procurou superar as contradições sócio-econômico-políticas com base em mudanças estruturais ou, pelo menos, em reformas que alterassem o padrão de acumulação em favor da maioria da população. Ao contrário, tratou de "refuncionalizar e integrar" aquelas distorções à dinâmica capitalista preexistente, em que, para esse autor, o latifúndio é referência exemplar sendo, de fato, um fenômeno que persiste até nossos dias e se apresenta como gerador de concentração de renda e das extremas desigualdades sociais e regionais no país.

Com relação à exclusão das massas, Netto (1996) enfatiza que a burguesia brasileira sempre encontrou meios de impedir a maior participação política das forças populares nos centros decisórios, das forças comprometidas com as classes subalternas, o que implica, por extensão, o não acesso das próprias classes subalternas. Por isso, ele afirma que "a socialização da política, na vida brasileira, sempre foi um processo inconcluso – e, quando em seus momentos mais quentes, colocava a possibilidade de um grau mínimo de socialização do **poder político,** os setores de ponta da classe dominante lograram neutralizá-lo" (Netto, 1996, p. 19, grifo do original).

Referindo-se às relações do Estado com a sociedade civil brasileira, Netto (1996) alerta para o fato de que não se trata de uma sobreposição ou de um impedimento do desenvolvimento da sociedade civil, até porque ele não acredita na tese, muitas vezes difundida nos meios acadêmicos, de que, no Brasil, contaríamos com uma sociedade civil "frágil" diante do Estado. Netto (1996, p. 19, grifo do original) explica que o Estado tem conseguido, historicamente,

> atuar com sucesso como um vetor de desestruturação, seja pela incorporação desfiguradora, seja pela repressão, das agências da sociedade **que expressam os interesses das classes subalternas**. O que é pertinente, no caso brasileiro, não é um Estado que se descola de uma sociedade civil "gelatinosa", amorfa, submetendo-a a uma opressão contínua; é um Estado que historicamente serviu de eficiente instrumento contra a emersão, na sociedade civil, de agências portadoras de vontades coletivas e projetos societários alternativos.

Em uma dimensão mais econômica e inserida no padrão nacional-desenvolvimentista adotado depois de 1930, uma particularidade que não podemos deixar de mencionar sobre o desenvolvimento capitalista brasileiro se refere ao **pouco investimento em inovações tecnológicas**, que poderia ter ocorrido pelo menos a partir de 1956, quando o país assumiu um padrão de acumulação mais vinculado à industrialização pesada.

Nesse sentido, Santos (2012, p. 101) analisa:

> evidencia-se que o desenvolvimento capitalista brasileiro, operado no quadro do capitalismo dos monopólios, continuou limitado por mecanismos protecionistas de acesso à tecnologia por parte dos países cêntricos, o que não permitiu qualquer alteração no lugar ocupado pelo Brasil na divisão internacional do trabalho [...] Esse quadro deve ainda ser complementado pela ausência, no Brasil, de um núcleo endógeno de inovação tecnológica. Isso ocorreu porque os benefícios concedidos pelo Estado intervencionista à burguesia nacional não eram acompanhados de exigências mínimas de investimento em Pesquisa & Desenvolvimento (P&D) – que deveriam funcionar como uma espécie de contrapartida, no sentido de consolidar alguns aportes que possibilitassem autonomia tecnológica em médio-longo prazos.

Diante do exposto, entre as inúmeras particularidades do capitalismo brasileiro, as quais não podemos mencionar em sua totalidade aqui em razão dos objetivos e dos limites deste livro, voltaremos nossa atenção, agora, para a passividade do Estado brasileiro em relação à entrada de capital imperialista no país.

Questão para reflexão (I)

1. Quais são as particularidades do capitalismo brasileiro segundo Netto (1996)?

    Dica: lembre-se de que a classe trabalhadora sempre esteve à margem das decisões políticas em nosso país.

3.2 Entrada de capital imperialista no Brasil

No período pós-Segunda Guerra, quando, no cenário internacional, começavam a predominar as ideias fordistas-keynesianas, no Brasil, o Estado centralizador gerava o denominado *Estado desenvolvimentista*. Nos países de capitalismo avançado, as ideias fordistas-keynesianas funcionavam não só como estratégia de regulação da economia e das relações de trabalho, mas também como forma de combater a ascensão do comunismo.

No caso brasileiro, também havia um receio enorme em face da ascensão do comunismo, mas o que realmente estava em jogo para as decisões intervencionistas do Estado desenvolvimentista eram os interesses econômicos e a correlação de forças entre as classes sociais envolvidas, sobretudo no processo de industrialização. A luta de classes foi um elemento de grande expressão nas decisões sócio-político-econômicas no segundo governo de Getúlio Vargas (1951-1954).

Vale lembrar que a deposição de Getúlio Vargas, em 1945, abriu um novo momento para a política econômica e para os aspectos sociais e culturais do Brasil. No aspecto político, foi aberto espaço para um período de redemocratização no país, muito em função da vitória das forças aliadas sobre o nazifascismo. Ou seja, a democracia representativa, sob a hegemonia norte-americana, passava a orientar as relações políticas dos países de capitalismo dependente. Nesse aspecto, a Constituição de 1937 foi substituída por uma Constituição democrática elaborada em 1946, em assembleia constituinte.

No aspecto econômico, passou a prevalecer uma política de associação entre grupos econômicos brasileiros e estrangeiros. O desenvolvimentismo, até então de caráter mais nacionalista, passou a vislumbrar a interdependência com o capital imperialista, sobretudo o norte-americano, para alcançar o desenvolvimento industrial e econômico almejado desde a revolução de 1930.

Assim, passamos de uma política de desenvolvimento econômico e intervenção estatal na economia para uma política de redução das funções econômicas do Estado na regulação social, relações estas mais típicas do liberalismo econômico. Por isso, quando Vargas retornou ao poder, em 1951, permanecendo até 1954, a política econômica brasileira tinha enfraquecido o caráter intervencionista que caracterizou seus governos anteriores. Desse modo, Vargas encontrou uma política econômica "destinada, principalmente, a garantir as condições de funcionamento e prosperidade do setor privado, nacional e estrangeiro" (Ianni, 2009, p. 113), o que fragilizava a perspectiva de um desenvolvimento nacional autônomo, emancipado do domínio internacional.

Em um contexto de inflação, de necessidade de importar máquinas e equipamentos, de insuficiência de energia e transportes, de insuficiência de gêneros alimentícios, entre outras demandas, Vargas retomou a perspectiva intervencionista, abandonando as diretrizes de caráter liberal que foram gestadas no governo de Gaspar Dutra (1946-1951). Isso não significa que cessou a interferência norte-americana na política econômica brasileira. Ao contrário, os empréstimos brasileiros e a dependência do país nesse período apresentavam forte vinculação ao domínio norte-americano, o qual pressionava a cúpula do governo brasileiro para estabelecer a ampliação de abertura econômica e o alinhamento majoritário com o capital daquele país.

O estímulo à industrialização continuou como diretriz marcante no segundo governo Vargas e, no âmbito estatal, foram implantadas novas instituições que impulsionariam a indústria nacional, destacando-se, em 1952, a criação do Banco Nacional de Desenvolvimento Econômico (BNDE), pela Lei n. 1.628, de 20 de junho de 1952 (Brasil, 1952). O BNDE foi transformado, em 1982, no atual Banco Nacional de Desenvolvimento Econômico e Social (BNDES). Em 1953, sob a Lei n. 2.004, de 3 de outubro de 1953[1] (Brasil, 1953b), foi criada a Petróleo Brasileiro S. A. (Petrobras) e, em 1954, foi proposta a criação da empresa Centrais Elétricas Brasileiras S.A. (Eletrobras), aprovada no Congresso Nacional somente mais tarde, em 1961, no governo João Goulart.

A implantação de empresas nacionais cumpriu um projeto de desenvolvimento nacional pautado pelo princípio de crescimento econômico e por uma expectativa de emancipação progressiva do país em relação ao capital internacional.

Contudo, nesse contexto de inúmeras contradições sócio-político-econômicas, incluindo aí a ingerência econômica do capital imperialista, Vargas foi deposto e morreu em agosto de 1954. É preciso ter claro que, embora a vitória de Vargas em 1951 tenha sido conquistada com apoio das forças industriais, trabalhistas e populares, ele teve de enfrentar grandes instabilidades ao longo de seu último mandato. Por um lado, Vargas combateu as pressões econômicas internas e externas diante das medidas nacionalistas e intervencionistas que adotara e, por outro, confrontou pressões políticas derivadas da correlação de forças que se instalou entre as diversas frações de classe.

Nesse sentido, Ianni (2009) faz uma caracterização sobre a conformação das classes urbanas no Brasil no contexto da morte de Getúlio Vargas, em 1954, quando a economia brasileira se deparava com contradições nas relações entre frações de classe muito mais expressivas do que no início da década de 1930. Nesse período, vigorava o capital monopolista no país e vislumbravam-se interesses diversos de um proletariado industrial amadurecido, de uma classe média, de uma burguesia industrial, de uma burguesia comercial, dos grupos financeiros, da burguesia agrária, dos assalariados agrícolas e da classe média rural.

||||||||||||||||||||||||
1   A Lei n. 2.004/1953, que dispunha sobre a Política Nacional do Petróleo e definia as atribuições do Conselho Nacional do Petróleo, entre outros temas, foi revogada pela Lei n. 9.478, de 6 de agosto de 1997 (Brasil, 1997), que dispõe sobre a política energética nacional e as atividades relativas ao monopólio do petróleo, institui o Conselho Nacional de Política Energética e a Agência Nacional do Petróleo e dá outras providências.

Para Ianni (2009), podemos considerar a existência de uma pequena **burguesia industrial**, ligada à produção de bens de consumo tradicional e totalmente dependente dos mercados locais ou regionais. Havia também a grande burguesia industrial, vinculada à produção de bens de consumo tradicionais, porém mais modernos. "Esta burguesia também era favorável a toda espécie de protecionismo e aceitava o intervencionismo estatal. A verdade é que esta era a classe que mais se beneficiara com a industrialização de tipo monopolístico que estava ocorrendo no país" (Ianni, 2009, p. 134).

Esse autor identifica, ainda, a grande burguesia industrial internacional que estava vinculada não só aos setores de serviços, mas também à produção de bens de consumo duráveis e "encontrava-se bastante interessada no setor de produção de bens de produção que estava em vias de instalar-se" (Ianni, 2009, p. 134).

Nesse momento, o **proletariado** tinha formação recente e sua composição era muito heterogênea, pois contava com pessoas e famílias provenientes de regiões distintas do país. Apesar da heterogeneidade, "em boa medida, era favorável à industrialização, ao protecionismo econômico governamental e às soluções nacionalistas. Convém lembrar que as principais lideranças políticas do proletariado sempre estiveram ligadas ao trabalhismo getulista ou ao PCB" (Ianni, 2009, p. 135).

Por fim, havia a **classe média**, que também era social e culturalmente heterogênea, "o que afetava as suas possibilidades de politização como classe social. Entretanto, na medida em que se politizava (nos principais centros urbanos), inclinava-se por soluções do tipo nacionalista e também aceitava o intervencionismo desenvolvimentista do poder público" (Ianni, 2009, p. 135).

Naquele contexto, havia três fortes concepções de planejamento da economia. A primeira vislumbrava a **expansão da economia** do país, associada ao capital imperialista internacional; a segunda caracterizava-se como **socialista** e reunia adeptos da socialização dos meios de produção; e a terceira apoiava o desenvolvimento de um **capitalismo nacional**.

Na correlação de forças, obviamente venceu o capital imperialista, pois de longa data a burguesia brasileira já havia feito essa opção político-econômica. Na continuidade, a política de favorecimento ao grande capital foi crescente, atendendo aos interesses tanto das empresas nacionais quanto das multinacionais[2] e do governo dos Estados Unidos.

O Brasil, desde a colonização, permitiu a participação do capital financeiro internacional em todas as atividades econômicas internas, muitas vezes sem garantir uma margem de lucro proporcional aos benefícios ofertados ao capital externo, e "abriu mercados para a indústria nacional respectiva, permitindo sua expansão sem prejuízo da exploração da mais-valia interna e, em terceiro lugar, colocou à disposição dessa indústria as matérias primas de que necessitava, e cuja produção se espalha fora de suas fronteiras nacionais" (Prado Júnior, 1990, p. 273).

Inicialmente, uma das principais formas de participação imperialista na economia brasileira ocorreu com a sucessão de empréstimos públicos. Por exemplo, a produção cafeeira somente pôde expandir-se por meio de empréstimos realizados por parte dos países imperialistas.

Outro campo de expansão do capital imperialista no Brasil aconteceu via empréstimos realizados para serviços públicos, como estradas de ferro, serviços e melhoramentos urbanos, instalações portuárias, fornecimento de energia elétrica[3], de acordo, obviamente, com os interesses das multinacionais que se instalavam no país. Uma

---

[2] Vale lembrar que as empresas multinacionais investem em países dependentes em razão da possibilidade de ampliação das taxas de lucros diante da maior exploração capital/trabalho, ou seja, maior exploração da mais-valia. Depois, remetem os lucros para as matrizes instaladas nos países de origem, e tais lucros são muito superiores ao investimento realizado para a instalação da empresa estrangeira.

[3] "É particularmente notável o caso do maior truste que opera ainda hoje no setor: a *Brazilian Traction Light & Power Co. Ltda*. Organizou-se em 1904 no Canadá, com capitais internacionais, sobretudo ingleses. Foi-se estendendo aos poucos, e através de várias empresas filiadas e subsidiárias concentrou em suas mãos a maior parte dos serviços públicos do Rio de Janeiro, de São Paulo e de toda a região circunvizinha: luz e energia elétrica, transportes coletivos urbanos, telefone, gás, esgotos e água. Com a *Light & Power* vieram concorrer, em 1927, as Empresas Elétricas Brasileiras, filial da *American & Foreign Power* (que por seu turno é filial da *Eletric Bond & Share*, o maior truste mundial de produção e distribuição de energia elétrica), que assegurarão o fornecimento de energia elétrica e serviços conexos no Nordeste, na Bahia, interior do Estado de São Paulo, parte de Minas Gerais, Paraná, Santa Catarina e Rio Grande do Sul" (Prado Júnior, 1990, p. 274).

terceira forma de invasão internacional ocorreu na indústria manufatureira, de bens de consumo e mineração.

Notamos que os anos de guerra não impediram a instalação de multinacionais no Brasil. Entretanto, foi depois da Segunda Guerra que a instalação de subsidiárias multinacionais teve enorme expansão. A interdependência com o imperialismo americano se tornou praticamente oficial, criando-se uma série de instituições que reduziam os riscos de investimento do capital americano. O período nacional-desenvolvimentista do último governo de Vargas acompanhava, de alguma forma, os "anos gloriosos" da economia internacional, mas isso somente foi possível à custa de uma abertura sem paralelo para entrada do capital imperialista.

No aspecto social, nesse período, não houve a implantação de serviços sociais de maior relevância, mantendo-se aqueles já implantados nos períodos anteriores. Com relação à legislação trabalhista, no período de 1946 a 1964, ocorreram as alterações previstas na Consolidação das Leis do Trabalho (CLT), com destaque para os seguintes pontos:

- a obrigatoriedade de o salário mínimo atender às necessidades básicas do trabalhador e sua família;
- a participação obrigatória e direta dos trabalhadores nos lucros da empresa;
- o repouso semanal remunerado;
- a estabilidade, não só nas empresas urbanas como também na exploração rural;
- a assistência aos desempregados; e
- o direito de greve.

Questão para reflexão (II)

1. Quais foram as perspectivas nos campos político e econômico com a deposição de Getúlio Vargas em 1945?
   Dica: lembre-se de que havia um grande receio em face da ascensão do comunismo no Brasil.

3.3 Elementos sociopolíticos do Brasil em sua fase de democratização

No aspecto sociopolítico, o período de democratização apresentou alterações significativas, pois foram vivenciadas diversas fases de mobilização sindical crescente. Os "anos gloriosos" do capitalismo depois da Segunda Guerra foram acompanhados de extensiva participação sindical nas decisões nacionais, sobretudo na década de 1960. Entretanto, a estrutura dos sindicatos em nenhum momento foi alterada, permanecendo atrelada ao Estado, o que lhes impedia de ter qualquer autonomia.

Em relação às reivindicações salariais, em função da redução de reajustes no período Dutra, em 1951, o salário mínimo atingiu o menor patamar desde sua criação, em 1940. Em 1954, **Getúlio Vargas** recuperou o valor do salário mínimo, e isso foi um dos estopins para sua deposição, pois reforçou o desagrado das oligarquias político-econômicas, nacional e internacional, que vinham se gestando desde o início de seu último mandato.

Por outro lado, a estrutura partidária brasileira nunca foi tão expansiva como no período de 1947 até 1964. Houve partidos que se consolidaram em âmbito nacional, como o Partido Social Democrático (PSD), a União Democrática Nacional (UDN), o Partido Trabalhista Brasileiro (PTB) e o Partido Comunista Brasileiro (PCB). Outros, como o Partido Libertador (PL) e o Partido Social Progressista (PSP), ficaram marcados pelos interesses de alguns grupos liberais gaúchos e paulistas emergentes à época.

Os partidos que se afirmaram como nacionais, a despeito das diversas conotações regionais que assumiram, foram PSD, UDN e PTB. O PCB, apesar de ter tido uma vida legal de pouca duração (1946 a 1947), continuou a ser uma realidade na vida política nacional entre 1946 e 1964.

Não obstante as diferenças regionais, o PSD era um partido que reunia representantes das oligarquias agrárias, das burguesias rurais, das burguesias de base industrial, de grande parte da burocracia pública federal e estadual e de outros setores.

O PTB, que em diferentes ocasiões se associou ao PSD, tinha uma base principalmente operária, urbana. É bom lembrar que o PTB foi criado por Vargas para organizar e mobilizar os trabalhadores assalariados urbanos, de forma independente e opositora ao PCB.

A UDN, em geral, reuniu setores burgueses e liberais de base urbana, mas também teve bases rurais. Entre todos os partidos, foi a UDN que manteve contato mais constante e aliança mais ampla com setores imperialistas. Foi esse partido, aliás, que mais insistentemente trabalhou contra a democracia vigente no Brasil de 1946 a 1964 (Ianni, 2004).

Entre 1954 e 1955, **Café Filho** assumiu a presidência do país e, em seu breve governo, não conseguiu reduzir a inflação, tampouco equilibrar a balança comercial, problemas enfrentados por Getúlio.

O governo de **Juscelino Kubitschek** (1956-1960) foi marcado por mudanças significativas na área econômica, com maiores subsídios estatais para setores estratégicos da economia e abertura ampliada para os investimentos estrangeiros em alguns setores. Conforme Mattos (2009, p. 90),

> o setor energético, por exemplo, teve um aumento de 50% na produção de energia elétrica entre os anos de seu governo e o aumento na produção de petróleo teve um aumento de 2 milhões de barris/ano em 1955 para 30 milhões em 1960. O capital estrangeiro resultou em um incremento da produção de bens de consumo duráveis, com destaque para o setor automobilístico. Em 1955, praticamente não se produziam automóveis no Brasil. Em 1960, foram produzidos mais de 130 mil veículos, em 11 fábricas (todas ligadas a empresas estrangeiras), que empregavam cerca de 130 mil operários[4].

----

4 "Entre 1920 e 1960, o número de operários industriais saltou de 275 mil para cerca de 3 milhões. Os trabalhadores industriais passaram a representar, em 1960, cerca de 13% da População Economicamente Ativa (PEA) do país. Embora a agricultura ainda empregasse mais da metade dessa população, seu percentual de participação na renda interna (22,6%) já era inferior ao setor industrial (25,2%)" (Mattos, 2009, p. 90).

Juscelino Kubitschek implantou o Plano de Metas, que, muito sinteticamente, consistiu na abertura do mercado para o investimento de capital imperialista, incluindo a ampliação de multinacionais e de infraestrutura e dando continuidade a uma planificação desenvolvimentista de Estado, porém um desenvolvimentismo não tão nacionalista como se discutia na Era Vargas. Tratava-se, agora, de um desenvolvimentismo nacionalista, mas com franca aliança com o grande capital monopolista, conciliando **nacionalismo, desenvolvimento econômico** e **internacionalização da economia interna** do país.

A execução do Plano de Metas aprofundou bastante as relações entre o Estado e a economia, tanto a interna quanto a externa. Nesse período, o Brasil entrou no cenário de mundialização do capital, não mais somente pelas necessidades decorrentes da expansão capitalista dos países imperialistas, mas também pela necessidade de sua própria expansão interna e no cenário internacional. Nesse momento, o país estava mais bem preparado para associar planejamento e desenvolvimento econômico na esfera governamental, bem como por parte de empresários e técnicos, fortemente influenciados pelas ideias norte-americanas.

A progressiva conexão com o imperialismo estadunidense devia-se muito ao discurso de democratização e ao apoio técnico-científico ao desenvolvimento industrial dos países dependentes. Nesse período, muitos profissionais brasileiros, inclusive assistentes sociais, foram aos Estados Unidos participar de cursos para especializações técnicas. Voltaremos a esse assunto no próximo capítulo.

O valor do salário mínimo oscilava de acordo com o poder de barganha dos trabalhadores, e os sindicatos ainda se mantinham atrelados ao Estado. Nesse cenário, o salário mínimo, que nos primeiros anos do governo JK tinha atingido o maior valor de sua história, em 1959, entrou em declínio, acarretando um nível gigantesco de perdas salariais para os trabalhadores e intensificando a pobreza para todos os segmentos da classe trabalhadora. É necessário observar que **crescimento econômico** e **redução de desigualdades sociais** não são sinônimos, pois, "em 1960, os 70% mais pobres da população brasileira detinham 20% da renda nacional, contra os 40% apropriados pelos 6% mais ricos" (Mattos, 2009, p. 92).

No aspecto político-econômico internacional, os Estados Unidos queriam se estabelecer hegemonicamente em todos os países que pudessem incorporar sua estratégia de dominação político-econômica mundial. Entretanto, no âmbito mundial, existia um cenário instável, no qual mais da metade da população vivia em condições próximas da pobreza absoluta, com índices elevados de desnutrição e epidemias constantes, representando uma ameaça ao modo de produção capitalista com intenções progressivas de mundialização. Além disso, havia disputas políticas polarizadas entre os países capitalistas e os países comunistas, o que, como já visto, caracterizou a Guerra Fria.

Netto (2014, p. 39) explica o processo de estabelecimento da Guerra Fria. A citação é longa, mas explica os detalhes da origem do conflito:

> a derrota militar do nazifascismo em 1945 abriu uma conjuntura política que parecia garantir o entendimento entre as potências vitoriosas (especialmente os Estados Unidos e a União Soviética) que, durante a Segunda Guerra Mundial, articularam a resistência ao horror e ao genocídio próprios do "eixo" Berlim-Roma-Tóquio – a criação mesma da Organização das Nações Unidas/ONU em outubro de 1945 apontava nesse direção. Mas o clima internacional de entendimento e unidade democrática não durou muito. Em 1945, W. Churchill, que dirigira a Inglaterra no período da guerra, apontou a União Soviética e os países da Europa Central que se orientavam para o socialismo como um perigo para a democracia e para o Ocidente. Churchill denominou de "cortina de ferro" a divisória que os "países comunistas" teriam erguido entre eles e os países "democráticos e ocidentais" (capitalistas). A partir de então, os "países comunistas" passaram a ser identificados como inimigos da "democracia ocidental", atribuindo aos Estados Unidos a defesa da democracia e do Ocidente junto a todos os países que se dispusessem a permanecer no "mundo livre", ou seja, dóceis à liderança dos Estados Unidos. Nascia ali a chamada Guerra Fria. A Guerra Fria perdurou até a implosão da União Soviética, em 1991.

Diante dessa polarização sócio-político-econômica, as contradições logo se fizeram sentir. Emergiram muitos movimentos por libertação nacional e, além disso, o poder norte-americano vinha se deteriorando, porque, como afirma Netto (2014, p. 35), "para garantir a sua hegemonia política, eles passaram a sustentar ditaduras odiosas por todo o globo e respaldar regimes sórdidos (como o do *apartheid*, estabelecido oficialmente na África do Sul em 1948) e a jogar duro para liquidar governos democráticos e nacionalistas".

Além disso, crescia a simpatia ao socialismo, tanto pelo apoio que a União Soviética dedicava aos países que lutavam pela libertação nacional quanto pelos potenciais tecnológico e econômico que lhe imprimiam um caráter de potência em igualdade de condições político-econômicas com os Estados Unidos, ameaçando a supremacia norte-americana.

Aqui, é importante trazer à luz o contexto brasileiro de 1960, bastante diferente das décadas anteriores. As políticas desenvolvimentistas alteraram significativamente as condições de vida da população. As pesquisas de Netto (2014, p. 25) indicam que

> em 1960 ainda predominava a população rural (53,7%) e nenhuma grande cidade (exceto São Paulo e Rio de Janeiro) tinha mais de 1 milhão de habitantes. À época, transportes e comunicação valiam-se muito da rede ferroviária (então de 38.287 km), mas a malha rodoviária já se expandia rapidamente, somando cerca de 24.000 km. A força de trabalho ainda se ocupava mais em atividades agropecuárias (53,97%); a indústria empregava dela uma parte bem menor (17,61%), assim como o comércio (6,57%), os transportes e comunicações (4,60%), os bancos e as atividades financeiras (4,60%), a administração pública (5,66%) e outros serviços (10,69%). O regime democrático, vigente desde 1945, permitia apenas uma restrita participação eleitoral (não votavam os analfabetos, que somavam 40% da população, soldados e marinheiros) – por isso, o número de eleitores pouco ultrapassava os 12,5 milhões numa população total de 70.119.071 homens e mulheres.

Nessa conjuntura, nos anos de 1961 a 1964, a economia brasileira enfrentou uma crise que se manifestou fundamentalmente pela redução da entrada de capital externo no país. Com isso, reduziram os níveis de investimentos, caíram as taxas de lucro e, sobretudo, aumentaram os índices de inflação. Eram resíduos herdados da política econômica do governo JK, que **Jânio Quadros** e **João Goulart** não tiveram condições de resolver.

Depois do brevíssimo governo de Jânio Quadros (de 31 de janeiro a 25 de agosto de 1961), que obviamente não conseguiu fazer qualquer alteração na política econômica do país, tampouco reduzir a inflação, João Goulart, mais conhecido como Jango, assumiu o governo, permanecendo até o golpe militar de 1º de abril de 1964, quando foi instalada a ditadura civil-militar no país.

O governo João Goulart formulou o Plano Trienal, cujas medidas, em síntese, visavam à: manutenção da taxa de crescimento do Produto Interno Bruto (PIB); redução da inflação; implantação das Reformas de Base, que propunham melhor distribuição social e redução das desigualdades regionais. Salientamos que, nesse período, Jango retomava uma posição mais nacionalista em relação à política econômica interna e isso não agradava ao governo norte-americano, que passou a restringir os empréstimos necessários para a execução do Plano Trienal, sobretudo das Reformas de Base.

Jango passou a sofrer fortes pressões internas com as restrições de crédito aos investimentos industriais impostos pelos Estados Unidos, as políticas de controle salarial e os protestos nacionais e internacionais ao capital imperialista (os movimentos sociopolíticos da década de 1960 começavam a se espraiar pelo mundo). Esses foram alguns elementos que levaram ao enfraquecimento progressivo das propostas do Plano Trienal.

Havia também fortes questionamentos sobre as Reformas de Base, que, apesar de nunca terem sido efetivadas, eram entendidas como reformas de natureza comunista. A burguesia brasileira e o governo norte-americano temiam as mudanças previstas nessas reformas em relação às questões agrária, bancária, fiscal e administrativa, que certamente acabariam por se estender a outras questões nevrálgicas, tais como a eleitoral, o ensino universitário e a crítica ao imperialismo. Aqui, é preciso termos clareza de que estas não eram mudanças radicais, mas propostas vinculadas à "questão social" brasileira, as quais previam a redução das desigualdades sociais – o que, evidentemente, assustava a burguesia brasileira e o capital imperialista.

Jango enfrentava não somente o receio da burguesia e as pressões externas, mas também forças políticas internas que pressionavam por demandas de ordem sócio-político-econômica, como a redução da inflação e a retomada do crescimento econômico. Por outro lado, a participação sindical e as ameaças de greves com reivindicações por aumento de salários cresciam. Havia, ainda, a questão agrária, com a ampliação das Ligas Camponesas, e os conflitos recorrentes com alguns setores militares.

Estava vigente um problema de ordem política que agravava a situação do presidente: a progressiva falta de apoio parlamentar ao governo. Esses conflitos se originavam em divergências político-ideológicas vinculadas às alternativas existentes quanto à dependência econômica do país em relação ao imperialismo, sobretudo o norte-americano, e também nas ressonâncias disso para a política interna do país.

A saída política de Jango foi articular-se com as forças populares mais favoráveis às Reformas de Base e ao fortalecimento do intervencionismo estatal. As forças populares vinculavam-se aos partidos de esquerda e, portanto, mais progressistas, como o PTB e o PCB, e este, mesmo na ilegalidade, atuava de forma extraparlamentar. Além dos partidos, essas forças também estavam vinculadas ao Comando Geral dos Trabalhadores (CGT), à União Nacional dos Estudantes (UNE), às Ligas Camponesas e a outros movimentos sociais.

À medida que as forças democráticas e populares ampliavam suas bases de organização e participação popular, as forças reacionárias do país, em associação ao imperialismo, movimentavam-se no sentido de bloquear o processo político mais progressista. Ianni (2004) explica que tanto a burguesia urbana como a rural – quando não eram uma categoria social unificada – mobilizaram-se para deter a ascensão política das forças populares.

Era amplo e intenso o processo político de base popular desenvolvido nos sindicatos, nos partidos, nas eleições, nas greves, nos comícios, nos debates e em muitas outras atividades. Exatamente nos anos em que mais avançaram as lutas democráticas, de 1961 a 1964, as forças reacionárias se organizaram para colocar em prática o golpe de Estado (Ianni, 2004, p. 81-83).

Nesse cenário de crescente luta de classes e pressões político-econômicas, no tocante ao enfrentamento da "questão social", não houve nenhum avanço mais significativo desde a emblemática Era Vargas. Sobressaem somente três ações que mais atingiriam a classe trabalhadora na qualidade de política pública social.

A primeira delas foi a aprovação da **Lei Orgânica da Previdência Social** (**Lops**) – Lei n. 3.807, de 26 de agosto de 1960 (Brasil, 1960), "que uniformizou, sem unificar, os serviços e benefícios prestados pelo sistema previdenciário brasileiro" (Santos, 1979, p. 79) – examinaremos melhor esse tema adiante, quando tratarmos do governo do presidente Castelo Branco. Entretanto, a medida não significou a intenção de universalização da previdência social no país, caracterizando um processo "restrito e incompleto, em comparação com a experiência fordista-keynesianista no capitalismo central" (Behring; Boschetti, 2008, p. 107).

O Congresso aprovou também, em 1963, o **salário-família** e o **Estatuto do Trabalhador Rural**, que "evidencia apenas o uso simbólico da política social na exata medida em que, por trás dos objetivos solenes do Estatuto, nada se esclarecia quanto às formas de financiamento do programa pretendido" (Santos, 1979, p. 81).

Em termos de desigualdades sociais e pauperização da classe trabalhadora, muitos poderiam ser os exemplos a citar, pois, no Brasil, a desigualdade entre regiões, ocupações, etnias, sexos e classes sociais é imanente ao processo de formação social do país. Disso se desdobrou um perfil de desigualdades em todas as esferas da vida social e, a título de exemplo, podemos observar o grau das discrepâncias salariais existentes entre o campo e a cidade, ou seja, o grau de exploração de mais-valia que atingia as massas urbanas e rurais entre 1945 e 1964.

Lembremos que estamos nos referindo à fase considerada a mais democrática na história do país até então e na qual, mesmo assim, a heterogeneidade industrial persistia como um dos principais fatores da desigualdade de renda e da consequente disparidade salarial dos trabalhadores não qualificados (agrícolas e não agrícolas), o que indicava um desenvolvimento desigual entre os estados brasileiros e deu a dimensão de uma estrutura salarial completamente divergente em termos de exploração capital/trabalho. De acordo com Santos (1979), o salário agrícola do Rio Grande do Sul era, em 1959, a preços de 1968, mais de duas vezes e meia o salário agrícola do Ceará, enquanto o salário não agrícola de São Paulo, o maior à mesma época, era cerca de 23 vezes maior do que o do Ceará, ainda uma vez o menor (Santos, 1979, p. 85).

Para sintetizar a conjuntura do governo Jango, podemos considerar que, no início dos anos de 1960, o capitalismo brasileiro supunha um redimensionamento nas formas de acumulação do capital, o que incidia no financiamento e na convivência com o espectro de uma crise econômica. O declínio se revelava como plano de desenvolvimento econômico e, nas palavras de Netto (1996, p. 21), o enfraquecimento de Jango foi um

> rearranjo nas relações entre o Estado, o capital privado nacional e a grande empresa transnacional, entregando-se a esta uma invejável parcela de privilégios. Entretanto, o suporte político deste rearranjo, que parecera estável nos últimos anos da década de cinquenta, passa a sofrer forte erosão entre 1961 e 1964.

Nesse caso, processos políticos e econômicos se desdobravam em contradições. Por exemplo, enquanto ocorria um retrocesso no plano econômico, no âmbito da participação das classes trabalhadoras era vivenciado um período de ampla movimentação democrática, com expressiva participação dos sindicatos, inclusive na esfera de decisões de políticas públicas sociais. No tocante à organização sindical, Mattos (2009, p. 61) informa:

> entre meados da década de 1950 e o golpe de 1964, observa-se uma fase de ascensão do movimento sindical. Vários são os índices dela: crescimento do número de greves; visibilidade dos sindicatos na opinião pública; participação destes na formulação de pautas políticas para o país e constituição de organismos intersindicais, são alguns exemplos.[5]

---

5 "Tomando por base o ano de 1960, o percentual de trabalhadores sindicalizados era de 6,11% da PEA [população economicamente ativa] no Brasil como um todo, índice sem dúvida muito baixo. Concentravam-se os sindicalizados na região centro-sul do país. Em São Paulo, essa mesma proporção subia para 9,77%. Considerando-se a inexistência de sindicatos rurais na época, podemos reduzir o universo contingente da PEA ligado a atividades urbanas. Em relação a este, o percentual de sindicalizados paulistas sobe para 14,45%. Próximo aos 30% (27,99%), o índice de trabalhadores filiados no antigo Distrito Federal – já então a Guanabara – destacava-se entre os das demais regiões do país. As exceções estavam no sindicato dos bancários (75%), dos ferroviários (85%), e dos metalúrgicos (50%), todos do Rio de Janeiro, em 1961" (Mattos, 2009, p. 61).

Contudo, não havia igualdade de condições entre o movimento sindical urbano e o rural. Sobre os marcos da ebulição política que conduzia o país naquele momento – associada às revoltas e revoluções que ocorriam em diversos outros países dependentes, sobretudo latino-americanos – e um período de desenvolvimento econômico acelerado sob a égide do imperialismo capitalista, Netto (1996, p. 21) analisa que "as requisições contra a exploração imperialista e latifundista, acrescidas das reivindicações de participação social ampliadas, indicavam uma mudança no padrão de desenvolvimento econômico e de democracia da sociedade e do Estado brasileiro". Conforme indicamos, esse autor lembra que as mudanças propostas não colocavam em xeque a ordem capitalista, mas representavam:

> a possibilidade concreta de [...] um novo **bloco de forças político-sociais** [...] engendrar-se e soldar-se, assumindo e redimensionando o Estado na construção de uma **nova hegemonia** e na implementação de políticas democráticas e populares nos planos econômico e social. A consequência, a médio prazo, do que estava em jogo – não capitalismo ou socialismo, mas reprodução do desenvolvimento associado, dependente e excludente ou um processo profundo de reformas democráticas e nacionais, anti-imperialistas e antilatifundistas – poderia ser a **reversão** completa daquela particularidade da formação social brasileira; o significado dessa reversão, numa perspectiva de revolução social, é óbvia. (Netto, 1996, p. 23-24, grifo do original)

O desfecho desse processo, denominado pelo autor de *contrarrevolução preventiva*, desdobrou-se no golpe militar de 1º de abril de 1964, cuja conjuntura apresentaremos a seguir. É importante que haja a clareza de que esse conceito se refere à antecipação das oligarquias nacional e internacional, aliadas aos militares, no sentido de "prevenir" os movimentos e a efetivação das reformas que colocavam em ebulição os movimentos populares e que viriam a beneficiar a classe trabalhadora na ampliação de direitos de cidadania. De forma mais simples, podemos identificar uma **prevenção à ampliação da democracia** no país.

> **Questões para reflexão (III)**
>
> 1. No que consistiu o Plano Trienal do governo de João Goulart?
>   **Dica**: lembre-se das alterações da política econômica do país.
> 2. Qual foi um dos maiores problemas de ordem política enfrentado por Jango?
>   **Dica**: lembre-se de que esses conflitos são divergências de ordem político-ideológica.

3.4 Período da ditadura militar

O golpe de 1964 representou a tradição contrarrevolucionária da burguesia brasileira, que, aliançada ao imperialismo capitalista mundial e, sobretudo, norte-americano, manteve as bases da modernização conservadora, que, historicamente, conduziu o processo de desenvolvimento capitalista em nosso país.

O golpe militar de 1º de abril de 1964 assumiu, nesse contexto, um dos marcos mais significativos para a classe trabalhadora brasileira em função das amplas tentativas do Estado, aliado às burguesias nacional e internacional, de desconstruir uma série de conquistas históricas que, como vimos, remontam à fase colonial do país. Essas conquistas processuais envolveram direitos sociais, trabalhistas, civis, políticos e de organização, bem como inúmeras lutas pela soberania nacional, as quais ficaram impressas nas lutas de classes e particularizam a "questão social" brasileira. E tudo isso vai incidir fortemente no Serviço Social brasileiro, como veremos mais adiante.

Com relação à dependência ao capital imperialista, os militares trataram de assegurar a manutenção das relações históricas de subordinação e subserviência ao capital estrangeiro, ou até mesmo de ampliá-las no que se refere à acumulação capitalista, aos monopólios imperialistas e à oligarquia financeira nacional.

Por isso, podemos considerar que a vitória do golpe militar representou um processo de contrarrevolução preventiva, no sentido fundamental de impedir os avanços democráticos que germinavam no país, ou seja, o golpe evidenciou o temor das classes dominantes, nacional e estrangeira, diante das mudanças que se gestavam com a intensificação da luta de classes. Nesse sentido, Ianni (2004, p. 288) analisa a **ditadura militar** sob três aspectos:

1. Em primeiro lugar, esse foi um período que procurou bloquear os avanços políticos da classe operária, do campesinato, de empregados, funcionários, estudantes, intelectuais e algumas outras categorias sociais da cidade e do campo – a grande burguesia brasileira e internacional preferiu incentivar a destruição dos partidos, dos sindicatos, das Ligas Camponesas, da liberdade de imprensa, de ensino e pesquisas e de muitas outras conquistas democráticas.
2. Em segundo lugar, a ditadura adotou políticas, em todas as áreas – econômica, política, social, educacional, cultural, ambiental e outras –, que acabaram por transformar o país em uma vasta fábrica de produção de lucro, renda e juro, ou mais-valia – o capitalismo desenvolveu-se bastante, em termos intensivos e extensivos, na cidade e no campo.
3. Em terceiro lugar, a história brasileira também demonstra que a ditadura militar é, essencialmente, a representação de um bloco oligárquico de poder (a burguesia brasileira e a burguesia imperialista), que, para conservar o padrão de acumulação do capital, necessitava se manter no controle do Estado. Certamente, esse bloco conservador se sentia ameaçado pelo avanço das forças proletárias, sobretudo operária e campesina, colocando o aparelho estatal totalmente a serviço dos interesses da grande burguesia.

Vale lembrar que, estruturalmente, a magnitude do desenvolvimento capitalista nos setores urbano e agrário é bastante desigual. Santos (2012, p. 100) afirma que "por mais que o desenvolvimento capitalista operado no país tenha possibilitado o ingresso na fase da industrialização pesada, o mesmo não implicou qualquer alteração significativa em relação à estrutura fundiária". Isso significa a manutenção dos latifúndios e nenhum avanço em relação à reforma agrária.

Nesse processo de manutenção das desigualdades sociais e pauperização do trabalhador do campo, "em 1970, apesar do intenso processo de industrialização pelo qual o país havia passado nas duas décadas anteriores, a agricultura era responsável por 74,1% das exportações nacionais" (Santos, 2012, p. 100).

Economicamente, os governos de 1964 até 1985, que englobam os governos militares de Castelo Branco, Costa e Silva, Garrastazu Médici, Ernesto Geisel e João Figueiredo, adotaram políticas econômicas com pequenas variações. Observamos que foram políticas do mesmo gênero e com objetivos que se orientaram na mesma direção, tais como:

> reduzir a taxa de inflação; incentivar a exportação de produtos agrícolas, minerais e manufaturados; racionalizar o sistema tributário e fiscal; estimular, sob controle governamental, o mercado de capitais; criar condições e estímulos novos à entrada de capital e tecnologia estrangeiros; conter os níveis salariais em todos os setores da produção; estimular a modernização das estruturas urbanas; executar o plano habitacional; criar a indústria petroquímica; estabelecer novos objetivos e criar meios na política de ocupação e dinamização da economia da Amazônia; ampliar os limites do "mar territorial"; defender e estimular a indústria do café solúvel; formular uma política brasileira de energia nuclear; modernizar as estruturas universitárias; retomar os estudos sobre a reforma agrária; propor o plano de "integração nacional". (Ianni, 2009, p. 123)

No conjunto, a ditadura prometia uma modernização capitalista à custa de maior exploração dos trabalhadores e da militarização das relações de classes, ou seja, a repressão militar tomaria conta de todos os espaços da vida social, do chão de fábrica às escolas, às famílias, aos partidos. Todas as atividades humanas seriam, então, mediadas pela possibilidade de confronto com a violência "legítima" do Estado. Esse controle estatal representava uma modernização conservadora e voltava-se aos interesses dos monopólios, além de estar comprometido com a entrada do capital internacional e com a grande burguesia industrial do país, em detrimento da ampliação de direitos sócio-político-econômicos do conjunto da população.

Some-se a isso o fato de que as bases do "milagre econômico" estavam assentadas no histórico endividamento externo com a remessa de lucros para o pagamento da dívida externa. A sucessão histórica de dívidas, acrescida aos novos endividamentos, manteve o "milagre" somente por alguns anos. Como afirma Mattos (2009, p. 95),

> Em 1964, a ditadura iniciou-se com uma dívida de cerca de 5 bilhões de dólares. Em 1975, com o milagre já demonstrando vieses de esgotamento, a dívida externa havia multiplicado por cinco, batendo a casa dos 20 bilhões de dólares. Dez anos depois, com a alta dos juros e os novos empréstimos, seu valor já chegava bem perto dos 100 bilhões de dólares.

Um detalhe importante sobre o golpe militar de abril de 1964 se refere ao fato de que este ocorreu com o apoio de forças bastante heterogêneas (grandes e médios burgueses, banqueiros, latifundiários e representantes de interesses imperialistas), ou seja, "os governos da ditadura conjugaram sempre o protagonismo dos militares com a ação dos especialistas civis – largo e diferenciado corpo de tecnocratas – que se encarregaram de planejar e implementar as políticas públicas a serviço do grande capital" (Netto, 2014, p. 84).

Outro aspecto importante do contexto ditatorial é o entendimento da Doutrina de Segurança Nacional, implantada ao longo dos 21 anos de vigência da ditadura no país. Trata-se da conjugação de uma rede de informações que perseguia os sujeitos considerados subversivos e perigosos para o regime, articulada com "uma política de desenvolvimento econômico, eficiente e assentada no planejamento para assegurar a força militar do Estado" (Netto, 2014, p. 87).

A Doutrina de Segurança Nacional, portanto, não pode ser relacionada somente com sua dimensão repressiva, pois representa também um modelo de economia com duas características: "de uma parte, opta expressamente por um sistema capitalista sob forte intervenção estatal, de outra, o crescimento econômico não tem por objetivo o atendimento das necessidades básicas da população (este pode ser resultado secundário do crescimento), mas o fortalecimento e a consolidação militar do Estado" (Netto, 2014, p. 87).

3.4.1 Governo Castelo Branco

Logo após o golpe, o General Humberto de Alencar Castelo Branco (1964-1967) assumiu o governo com um discurso de defesa da democracia e com a promessa de que aquele seria um governo temporário – prometeu realizar eleições em outubro de 1965 –, o que não aconteceu e ele permaneceu no cargo até março de 1967.

Apresentamos algumas características comuns ao processo da ditadura brasileira, mas podemos ainda particularizar o governo de Castelo Branco por aspectos como:

- desconstrução das instituições democráticas existentes até então;
- implantação dos inquéritos policial-militares (IPMs) para apuração dos casos de subversão dentro do país;
- criação do Serviço Nacional de Informações (SNI), que atuava como um serviço de espionagem política no exterior e dava apoio incondicional ao imperialismo norte-americano – um exemplo deste último aspecto são os famosos acordos (firmados em 1966) entre o Ministério da educação e o United States Agency for International Development (MEC-Usaid) para reestruturar a educação brasileira conforme com as imposições norte-americanas.

Com relação à política econômica, foi implantado o Plano de Ação Econômica do Governo (Paeg), com vistas à recuperação econômica do Brasil, em crise desde 1961. Os militares consideravam que um dos elementos mais prejudiciais ao crescimento econômico era o aumento salarial. Assim, o Paeg instituiu uma política nefasta, que trouxe inúmeros prejuízos materiais para a classe trabalhadora, percorrendo todo o período ditatorial: o **arrocho salarial**.

Isso significou que, ao longo de todo o período de ditadura militar, o salário mínimo nunca foi reajustado de acordo com os índices de inflação ou de produtividade. O resultado dessa medida foi a superexploração da força de trabalho e uma queda progressiva do poder de compra dos trabalhadores, empobrecendo-os.

> Para termos uma ideia da precarização imposta aos trabalhadores, em 1967, o salário mínimo teve uma perda em seu valor real em cerca de 20% em relação a 1964.

Certamente, para efetivar a política de arrocho, o governo precisava coibir a militância sindical e, para tanto, instaurou a Lei Antigreve – Lei n. 4.330, de 1º de junho de 1964[6] (Brasil, 1964). Com isso, o governo desenhou novos contornos para a atuação sindical, o que predominou até finais da década de 1970. Esse novo formato era pautado pelo deslocamento das práticas combativas dos sindicatos para práticas assistencialistas, as quais seriam subsidiadas pelo governo. A ditadura militar fragilizou ao máximo a resistência operária mediante um processo intensivo de reprodução das desigualdades sociais e de pauperização, mantendo a submissão dos sindicatos ao controle do Ministério do Trabalho. Isso significa que as negociações dos trabalhadores com as empresas foram praticamente eliminadas, reduzindo a pouca autonomia conquistada no período democrático.

Outra perda muito significativa para a classe trabalhadora foi a extinção da estabilidade no emprego. Até 1966, o funcionário que permanecesse por mais de dez anos na empresa adquiria estabilidade. Isso favorecia a permanência do trabalhador em um mesmo local de trabalho, o que reduzia a rotatividade. É notório que qualquer empresa somente investe no processo de qualificação profissional de trabalhadores estáveis, o que acarreta progressão de direitos e vantagens para o trabalhador. Contudo, em 1966, o governo Castelo Branco criou o Fundo de Garantia do Tempo de Serviço (FGTS), que extinguia a estabilidade no emprego depois de dez anos. Apesar de possibilitar o resgate de certa quantia monetária por ocasião do cancelamento do contrato de trabalho, o FGTS acabou com

---

6 A Lei n. 4.330/1964, que regia o direito de greve, foi revogada pela Lei n. 7.783, de 28 de junho de 1989 (Brasil, 1989), que dispõe sobre o exercício do direito de greve, define as atividades essenciais, regula o atendimento das necessidades inadiáveis da comunidade e dá outras providências.

a estabilidade no setor privado e ampliou a rotatividade, gerando insegurança social para toda a classe trabalhadora.

Além disso, a criação do FGTS foi acompanhada de mudanças no sistema previdenciário. Os Institutos de Aposentadorias e Pensões (IAPs), originários de 1930, foram unificados no Instituto Nacional de Previdência Social (INPS), criado em 1966.

Netto (2014, p. 95) explica que, se na "gestão dos IAPs a participação dos trabalhadores estava assegurada legalmente, uma das 'inovações' trazidas com a criação do INPS foi a exclusão deles de qualquer esfera decisória". O INPS favoreceu a ampliação da medicina privada, pois "abandonou as suas ações executivas no plano da assistência médica, optando pela contratação de serviços de terceiros – e, assim, abriu caminho para a extensão do mercado aos serviços de saúde, naturalmente privado e submetido à lei da máxima lucratividade" (Netto, 2014, p. 95).

Há também a explicação de Escorsim (2010), estudiosa da questão da saúde articulada ao Serviço Social brasileiro. Ela entende que a criação do INPS foi um dos fatos mais contundentes da consagração do poder estatal-militar, por representar a lógica da unificação e uniformização dos planos de benefícios e serviços e assegurar acesso à cobertura assistencial da previdência aos trabalhadores urbanos e rurais, algo até então não conquistado nos governos anteriores.

Para Escorsim (2010), a ampliação dos direitos previdenciários e médico-assistenciais foi uma estratégia do Estado autoritário, pois já haviam sido incorporados à condição de cidadania das classes trabalhadoras e não havia como retroceder; ao contrário, as políticas de saúde e previdência foram funcionais ao sistema na amortização das insatisfações e insurgências populares que poderiam emergir em um contexto de supressão das liberdades e da participação política, atrelada ao arrocho salarial induzido pelo modelo econômico.

O novo instituto incrementou a prestação da assistência médica no país, cuja característica é o da medicina previdenciária. Em sua gestão, a orientação em voga foi a compra dos serviços da rede privada, e não a ampliação dos serviços médico-assistenciais próprios, fortalecendo o ideário de que estes são mercadorias e, por isso, passíveis de compra e venda no mercado. Escorsim (2010, p. 57) afirma ainda:

o modelo de saúde adotado pelo Estado brasileiro atrelava-o à medicina previdenciária, que crescera substancialmente no período, em número de segurados e modernização do aparato governamental, cujo enfoque direcionava-se para a individualização das práticas médicas às doenças, tendo como pano de fundo o ato médico como a interface entre o consumo de medicamentos e de equipamentos médico-hospitalares, atendendo aos interesses do capital internacional.

O capital internacional veio ao encontro do modelo político e econômico, para o qual a acumulação do grande capital prevaleceu na inserção das grandes corporações médicas – indústrias internacionais, em solo brasileiro, de caráter monopolista, cuja finalidade era a produção de equipamentos médicos e farmacêuticos de alto custo, os quais alimentaram o modelo de atendimento à saúde de característica individual, curativista, hospitalocêntrica e especializada. Assim, no modelo de medicina previdenciária adotado pelo INPS, passou-se a comprar serviços de saúde do mercado privado, bem como a custear esses insumos farmacológicos e médico-hospitalares. Por isso, é possível afirmar que o fundo público passou a financiar o setor privado em seu crescimento

Na sequência, em março de 1967, Castelo Branco, depois de consolidar a ditadura no país com inúmeras arbitrariedades, incluindo o fechamento do Congresso Nacional e a instauração de três atos institucionais que restringiam direitos e determinavam a "caça aos subversivos", foi substituído pelo General Costa e Silva, que aprofundou os "anos de chumbo" com perseguição, tortura e morte de milhares de cidadãos brasileiros.

3.4.2 Governo Costa e Silva

No governo do General Artur da Costa e Silva (1967-1969), ocorreu um acirramento na perseguição sociopolítica, o que levou milhares de pessoas a recorrer ao exílio político. Foi um período de expansão econômica e melhorias das condições de vida para alguns segmentos da classe trabalhadora, mas à custa de grande sofrimento e pauperização da imensa maioria da população brasileira.

No âmbito econômico, houve a ampliação dos Investimentos Diretos Externos (IDEs) e, com isso, melhorias que levariam à crença de que o país iniciava um momento de "milagre econômico" – o que, de fato, mesmo que se admita tratar-se de um período de crescimento econômico significativo, foi resultado de uma sucessão de empréstimos responsável por levar o país a um endividamento que repercutiu profundamente na década de 1980.

Além disso, foram mantidos o arrocho salarial e a tutela sobre os sindicatos, o que dilapidava cada vez mais as condições de vida dos trabalhadores. Em 1968, teve início a reforma universitária da ditadura, caracterizada pela privatização do ensino superior. Na saúde, ocorreu um processo semelhante, avançando a privatização do atendimento à saúde, com a mesma perspectiva de Castelo Branco, como analisado anteriormente.

> O que de fato marcou Costa e Silva na história de nosso país foram a criação do Ato Institucional n. 5 (AI-5) e a crueldade da perseguição política que se instalou no Brasil. Isso não significa que no período de Castelo Branco não ocorressem perseguições, prisões e torturas, mas a edição do AI-5, realizada em 13 de dezembro de 1968, aprofundou brutalmente todas as formas de repressão que se possa imaginar.

Aqui, é preciso lembrar que, em 1968, os militares e, no contexto mundial, todo o poder imperialista estavam temerosos em face dos movimentos de contestação que se espraiavam pelo mundo e que questionavam a ordem política polarizada entre o capitalismo e o "socialismo real". Na verdade, desde o início dos anos de 1960, o ambiente da Guerra Fria, somado ao reaquecimento econômico dos países capitalistas e às reformas educacionais e sociais embasadas no fordismo-keynesianismo, provocou uma mudança na cultura ocidental que fomentou grande parte dos conflitos político-ideológicos que emergiram naquela década. A Revolução Cubana, a Guerra do Vietnã e o Maio de 1968, na França, são apenas os exemplos mais emblemáticos do que representou um anticapitalismo voltado para a ampliação das liberdades, especialmente para a liberdade política.

O **Maio de 1968**, na França, apresentou-se, inicialmente, como uma contestação juvenil mais isolada e, na sequência, foram se aglutinando forças políticas com reivindicações de caráter social e trabalhista mais revolucionário. Em 1961, **Cuba** saiu da sua revolução como país independente e socialista, libertando-se do imperialismo americano e criando o ícone revolucionário Che Guevara, que disseminou propostas marxistas e libertárias em todo o globo. A **Guerra do Vietnã** abalava o mundo inteiro, especialmente pela crueldade dos meios utilizados para impedir a escalada socialista daquele país, ou seja, um império militarizado como o dos Estados Unidos atuava contra uma população de maioria camponesa, que nunca tinha manuseado armas de fogo. Essa guerra custou a vida de quase 2 milhões de vietnamitas, configurando um extermínio de proporções escandalosas que causava repulsa aos jovens e à maioria da população de todos os países, inclusive imperialistas como Alemanha e França. Isso gerou insatisfação em todos os cantos do mundo, e as insurreições proliferavam entre a própria população norte-americana, pois a maioria dos enviados americanos para combater no Vietnã era de jovens e, entre estes, de jovens negros.[7]

Muitos dos movimentos de caráter revolucionário daquele período foram protagonizados por jovens e articulados com a classe operária, a qual se encontrava oprimida com a pressão sobre os sindicatos, que reivindicavam aumento de salários, redução da jornada de trabalho e melhores condições de trabalho. Em maio de 1968, na França, os acontecimentos não eram protestos isolados. Conforme Zappa e Soto (2008, p. 116),

> Faziam parte de um movimento maior de contestação que ocorria em vários países do Ocidente, como Alemanha, Itália, Bélgica, Dinamarca, Espanha, Reino Unido, Polônia, México, Argentina, Chile e Brasil. Jovens e trabalhadores protestavam contra a situação do pós-guerra, os conflitos e as ocupações imperialistas.

---

[7] Na Guerra do Vietnã, morreram 55 mil americanos e cerca de 100 mil ficaram feridos. "Os negros representavam 11% do total da população dos Estados Unidos, mas compunham 23% do efetivo militar em ação no Vietnã" (Zappa; Soto, 2008, p. 78).

Nesse contexto, há também o fato de que diversas correntes partidárias de esquerda apoiaram os movimentos que eclodiram no período, potencializando a dimensão política das manifestações. Em meio a isso, os Estados Unidos lançaram o programa **Aliança para o Progresso** como estratégia para minar os movimentos revolucionários latino-americanos e caribenhos que emergiram no pós-guerra, apoiando, simultaneamente, uma série de golpes militares, como os acontecidos na República Dominicana, em 1962; no Brasil, em 1964; na Bolívia, em 1964; e na Argentina, em 1966 – com o objetivo de eliminar as forças revolucionárias emergentes, desmontar a perspectiva de reformas nacionalistas populistas e isolar Cuba.

No **Brasil de 1968**, o cenário também era de protestos de jovens e trabalhadores que agregaram outras camadas profissionais e políticas, adensando os movimentos de contestação. A revolução cultural incluiu jovens estudantes, trabalhadores, profissionais liberais, artistas, jornalistas, sindicatos, partidos políticos e intelectuais. Somava-se a isso um período ditatorial que reduzia ainda mais as liberdades que vinham sendo reivindicadas pelos movimentos de contracultura, o que ampliava as lutas sociais por parte dos segmentos mais combativos, como sindicatos e partidos da esquerda. Os partidos que estavam na clandestinidade, por exemplo, reorganizavam-se na luta contra a ditadura[8], e a própria Igreja Católica, que, em 1964, não se manifestou abertamente contrária ao golpe, organizava-se em defesa da democracia, instalando suas Comunidades Eclesiais de Base (CEBs), especialmente a Juventude Universitária Católica (JUC) e a Juventude Estudantil Católica (JEC), que se expandiram na década de 1970.

Entre os vários acontecimentos, no decorrer de 1968, no Brasil, teve destaque a morte de um estudante secundarista no Rio de Janeiro e de outro estudante em Goiânia. A indignação popular culminou com a passeata conhecida como *Passeata dos Cem Mil*, em 26 de

---

8 Destaca-se, no período, o desdobramento de várias facções políticas de caráter socialista que defendiam a luta armada, como a Aliança Libertadora Nacional (ALN) e o Partido Comunista Brasileiro Revolucionário (PCBR), ambos em 1968. Para aprofundamento do estudo sobre o tema, consulte Netto (2014).

junho de 1968, no Rio de Janeiro, com protestos explícitos contra a ditadura militar.

Quanto à classe operária propriamente dita, em 1968, ocorreram duas greves que marcaram a resistência da classe trabalhadora. Tratava-se de uma resistência à ditadura militar e à repressão aos partidos de esquerda, sobretudo ao PCB, bem como de uma oposição ao que havia se instalado em relação aos sindicatos e à consequente ampliação da exploração capital/trabalho com a redução dos salários.

Antunes (2011, p. 116) relata que, em abril de 1968, setores sindicais à esquerda do PCB lideraram uma greve, em Contagem (Minas Gerais), que teve resultado positivo, uma vez que a ditadura militar,

> ao ser surpreendida pelo ressurgimento do movimento operário, silenciado e reprimido desde o golpe, acabou fazendo concessões frente às reivindicações trabalhistas. Foi, então, a primeira vitória de uma greve operária depois de 1964. Organizados em Contagem e em Osasco (SP), articularam-se novos núcleos de esquerda, principalmente vinculados ao movimento operário católico de esquerda e a militantes e simpatizantes de organizações políticas mais radicalizadas e críticas, à esquerda do PCB. Em julho de 1968, em Osasco, os operários fizeram uma greve legendária. O resultado, entretanto, foi diferente de Contagem. Preparada para o confronto, a ditadura militar reprimiu duramente a paralisação, uma vez que estava decidida a não fazer mais nenhuma concessão. Os dirigentes sindicais mais combativos exilaram-se do país ou passaram a atuar na clandestinidade, aderindo mais tarde às distintas organizações de esquerda que participaram da luta armada contra a ditadura.

Houve a intenção de continuidade do movimento e de realização de novas greves em Osasco e Contagem, além de em outras regiões do país, mas estas foram greves duramente reprimidas pela ditadura.

Observamos, portanto, que o período que antecedeu o AI-5 foi de grande efervescência sociopolítica e aparentava aglutinar forças suficientes para enfraquecer o regime ditatorial, o que representava uma ameaça ao imperialismo norte-americano e à oligarquia civil-militar que comandava o país.

Por isso, temendo-se um retorno à democracia, a saída autoritária do regime militar foi a instauração do AI-5, que deu plenos poderes ao Poder Executivo nacional. Entre os poderes do presidente da

República, constava o fechamento do Congresso Nacional e das Assembleias Legislativas quando entendesse tratar-se de segurança nacional. O presidente também poderia cassar mandatos eleitorais, suspender direitos políticos, demitir funcionários públicos federais, demitir juízes, declarar estado de sítio, confiscar bens como punição por corrupção, suspender o *habeas corpus* em todos os crimes contra a segurança nacional, entre outras.

Notamos, aqui, a total falta de opções sociais e políticas a que se submeteu a população brasileira ao ter sido impedida a participação popular nas mínimas decisões da vida nacional. Para muitos estudiosos, as três ditaduras brasileiras do século XX, especialmente a ditadura civil-militar, instalada em 1964, que impôs 21 anos de exclusão sociopolítica e insegurança social para o conjunto da sociedade brasileira, causaram grandes prejuízos para a história posterior da política nacional.

> Os "anos de chumbo" reverberam na vida social dos brasileiros até os dias atuais, sobretudo no que se refere às concepções de participação sociopolítica e ao controle social da sociedade civil.

Para termos uma ideia da arbitrariedade prevista na política nacional, o AI-5, que esteve vigente por 10 anos e 18 dias (sendo revogado somente no final dos anos de 1970), foi usado para cassar mandatos de 113 deputados federais e senadores, 190 deputados estaduais, 38 vereadores e 30 prefeitos. Isso sem contar a punição de milhares de servidores públicos civis e militares, profissionais liberais, professores e membros do Judiciário e a censura de mais de 500 filmes, 450 peças teatrais, 200 livros e mais de 500 músicas (Netto, 2014, p. 134), todas realizadas sob o amparo daquele ato.

Por problemas de saúde, o Presidente Costa e Silva não terminou seu mandato e, em outubro de 1969, foi substituído por Garrastazu Médici (1969-1974).

3.4.3 Governo Garrastazu Médici

O General Emílio Garrastazu Médici (1960-1974) ficou mais conhecido por conjugar crescimento econômico e repressão política, consolidando um período que ficou marcado como "milagre econômico". Na verdade, o dito "milagre" correspondeu a uma política econômica pautada no I Plano Nacional de Desenvolvimento (PND), que, de acordo com Netto (2014, p. 151),

> previa forte investimento do Estado em setores não lucrativos ou de baixa lucratividade inicial, mas imprescindíveis ao crescimento (energia, estradas, siderurgia, telecomunicações) e garantidores de alta lucratividade para o grande capital, assim como a maior abertura do país ao capital estrangeiro (com a inevitável desnacionalização da economia).

É importante relembrar que tais investimentos eram realizados com base no endividamento externo, diante de inúmeros empréstimos que o país realizava, sobretudo junto aos Estados Unidos. Por isso, "a dívida externa, que era de 3,7 bilhões de dólares em 1968, ascendeu a 12,5 bilhões de dólares em 1973. Quanto à dívida interna, saltou de 5.881 milhões de cruzeiros em 1969 para 38.394 milhões em 1973, passando de 3,6% do PIB em 1969 para 7,9% em 1973" (Netto, 2014, p. 152).

Em suma, a política econômica da ditadura militar resultou em perdas progressivas para a classe trabalhadora, pois somente alguns setores foram realmente beneficiados com a expansão creditícia, com a centralização de capitais, com a concentração de renda e propriedade, com a intervenção estatal para a garantia de lucros aos grandes monopólios e com aumentos salariais (concedidos apenas a algumas camadas privilegiadas de trabalhadores).

Para tanto, Médici ampliou o investimento de capital estrangeiro no país, aprofundou o endividamento, ampliou o arrocho salarial para a imensa maioria dos trabalhadores e assegurou a acumulação capitalista para empresas estatais e para o grande capital privado, estrangeiro e nacional. Nesse sentido, é oportuno registrar que "entre 1970 e 1975 cerca de um terço das famílias brasileiras permaneciam abaixo da linha de pobreza absoluta" (Netto, 2014, p. 156).

O capital imperialista também avançou na área rural, articulando o capital industrial com o capital agropecuário e dando início aos processos do que hoje conhecemos como *agronegócio*. Nesse caso, a reforma agrária foi assumida pelo recém-criado Instituto Nacional de Colonização e Reforma Agrária (Incra), obviamente para manter a questão agrária sob controle do Estado, tanto que o Incra permanece no esquecimento até os dias atuais.

A questão fundiária nunca foi objeto de melhor distribuição em nosso país, sendo direcionada para o atendimento de interesses privados das oligarquias financeiras nacional e internacional. Contudo, diante do intenso êxodo rural que vinha ocorrendo desde a década de 1960, no período do governo Médici, destaca-se a criação do Programa de Assistência ao Trabalhador Rural (Pró-Rural), a ser administrado pelo Fundo de Assistência ao Trabalhador Rural (Funrural), que estendia direitos previdenciários para trabalhadores rurais.

Em 1972, a previdência social foi estendida para as empregadas domésticas e, em 1974, foi criado um programa de transferência de renda (PTR) denominado *Renda Mensal Vitalícia* (RMV), embrião dos programas de transferência existentes atualmente. Esse programa visava garantir uma transferência de renda de meio salário mínimo a idosos e portadores de deficiência em famílias de baixa renda. Como explica Rocha (2013, p. 2),

> Tratava-se, no entanto, de uma clientela-alvo bem específica: idosos e portadores de deficiência que, anteriormente como trabalhadores, tivessem contribuído para o sistema de previdência, mas por um período insuficiente para se qualificarem para receber o benefício previdenciário *stricto sensu*. Nesse sentido, a RMV era um mecanismo assistencial definido num quadro geral da Previdência Social contributiva.

Além de ter um caráter contributivo, a RMV pode ser considerada uma estratégia do período da ditadura militar para justificar os altos índices de crescimento econômico promovido pelo "milagre econômico" com os ainda mais elevados índices de desigualdade social promovidos pela concentração de renda. Em 1960, o Índice de Gini, que mede a desigualdade social, era de 0,504 e, em 1970, alcançava 0,561, revelando que, em paralelo ao crescimento econômico, o "milagre" ampliava as desigualdades. De acordo com Rocha (2013, p. 3),

> o assunto ganhou visibilidade com as declarações do então presidente do Banco Mundial, Robert Macnara, que chamou a atenção sobre a questão crescente da desigualdade de renda que ocorria paralelamente ao fantástico crescimento econômico do Brasil, o que causou comoção e mal-estar político junto ao governo brasileiro. [...] Como as estatísticas oficiais colocavam em xeque a propaganda ufanista da ditadura, podia-se pensar que a criação da RMV no Governo Geisel tivesse sido uma resposta às evidências empíricas irrefutáveis sobre a gravidade da questão distributiva, que se tornaram disponíveis no início da década de 1970.

Com relação aos trabalhadores urbanos, salientamos a criação, em 1970, do Programa de Integração Social (PIS) e do Programa de Formação do Patrimônio do Servidor Público (Pasep), benefícios residuais que regulam uma ínfima participação da força de trabalho no lucro das empresas.

Netto (2014) indica que, em 1970, o Brasil tinha passado por mudanças significativas em relação ao início da década de 1960 ou mesmo em relação ao golpe de 1964. A população contava com 93 milhões de habitantes e havia ocorrido um deslocamento considerável da população rural para os centros urbanos (55,9% dos brasileiros viviam nas cidades e 44,1%, na área rural). O inchaço dos grandes centros promoveu a formação de aglomerados urbanos desprovidos de serviços essenciais, como água potável e saneamento básico. Considerando-se todo o país, em 1970, somente 48,6% dos domicílios tinham energia elétrica, 33% tinham água encanada e apenas 17% contavam com saneamento básico.

Ainda de acordo com Netto (2014), entre 1960 e 1970, a economia recuperou-se da crise de 1963-1964, com uma taxa de crescimento anual de aproximadamente 6%. Entretanto, a massa da população não foi beneficiada diante do expressivo aumento da concentração de renda, quando, em 1970, o Índice de Gini passou a 0,56 e a parte da renda nacional apropriada pelos 40% mais pobres caiu para 13,3%.

> O arrocho salarial marcou todo o período de 1964 a 1970, e o Estatuto da Terra não travou o processo de concentração fundiária. A redução da taxa de analfabetismo foi mínima: em 1970, 33,6% dos brasileiros com mais de 15 anos eram analfabetos.

No mesmo período também estava se consolidando o processo de mundialização da economia e destacava-se a financeirização do capital, gestada desde o período pós-Segunda Guerra. Assim, a financeirização da economia mundializada abriu caminho para consolidar o deslocamento dos fundos públicos destinados às políticas sociais para o pagamento da dívida pública, sobretudo a dívida externa (isso ocorria explicitamente desde o período Vargas, mas não com a mesma intensidade).

> O enfrentamento da "questão social", no que se refere às políticas de saúde pública, educação, saneamento, habitação, nutrição, não adquiriu maior visibilidade social e, com isso, não foram alterados os fundamentos das desigualdades sociais geradas pelo processo acumulativo desde o período Vargas.

Explicando melhor, devemos observar que, nas décadas de 1930 e 1940, quando os IAPs tinham sido criados há pouco tempo e a industrialização era um fenômeno recente, existiam poucos trabalhadores em condições de se aposentar e, dessa forma, o montante dos recursos arrecadados era superior aos gastos da previdência. Naquela situação favorável, o saldo financeiro dos IAPs foi largamente utilizado pelo governo na aplicação de investimentos diretos – em geral, na infraestrutura e na construção de empresas públicas produtoras de matéria-prima essencial para a indústria.

Batich (2010) afirma que a amplitude desse uso foi tão intensa que podemos considerar que a previdência foi o principal sócio do Estado no financiamento do processo de industrialização do país. Além disso, os IAPs foram obrigados a subscrever ações preferenciais da Companhia Siderúrgica Nacional, Companhia Hidroelétrica do São Francisco, Companhia Nacional de Álcalis, Fabrica Nacional de Motores, todas elas empresas estatais. Para completar, o decreto de criação do Banco Nacional de Desenvolvimento Econômico (Decreto-Lei nº 1.628/52), que atualmente chama-se Banco Nacional para o Desenvolvimento Econômico e Social (BNDES), em seu art. 7º, determinava que as instituições previdenciárias concedessem empréstimos em montantes fixados pelo Ministério da Fazenda. (Batich, 2010, p. 247)

Com a criação do INPS, o saldo financeiro do Regime Geral do Previdência Social (RGPS) continuou sendo utilizado para o financiamento de empresas estatais, como no caso da construção da Usina Hidroelétrica de Itaipu, da ponte Rio-Niterói, da rodovia Transamazônica e das usinas nucleares de Angra dos Reis. Como aconteceu com os recursos utilizados na época dos IAPs, "o governo não só não pagou os juros devidos como não devolveu os recursos empregados para a realização de tais obras" (Batich, 2010, p. 247).

Outro aspecto importante é que a ditadura militar ampliou o número de empresas estatais, o que preservava um suposto espírito nacionalista em suas propostas socioeconômicas. Fiori (1993) esclarece que, a partir de 1968, ocorreu uma expansão vertiginosa do setor público da economia – devemos ter em mente que o crescimento econômico brasileiro ocorreu em associação com o capital estrangeiro. O autor destaca que, "se o governo João Goulart (1961-1964) havia criado 33 novas empresas estatais, o regime militar implantou 302" (Fiori, 1993, p. 25).

Concluímos, portanto, que, com Médici, o capitalismo consolidou-se em nosso país, ainda que de forma tardia e periférica. Porém, a modernização capitalista promovida pelo Estado brasileiro caracteriza-se como uma modernização conservadora, pois manteve a exclusão de grande parte da classe trabalhadora do usufruto dos bens produzidos socialmente, privilegiando apenas algumas frações de trabalhadores no processo de distribuição da riqueza social.

Além disso, a repressão política durante o período Garrastazu Médici pode ser considerada a mais cruel e sangrenta do período militar, configurando uma verdadeira militarização da vida social, na medida em que qualquer manifestação de indignação ou questionamento era vista como suspeita e, portanto, passível de prisão, tortura e morte.

Com relação aos partidos políticos, oficialmente havia uma polarização partidária de forma a facilitar o controle político. De um lado, existia o partido da Aliança Renovadora Nacional (Arena), criado em 1966, como partido de sustentação do governo militar. De outro, havia uma oposição tolerada pelo governo militar, que era mantida para aparentar um processo democrático e aglutinava, no partido do Movimento Democrático Brasileiro (MDB), políticos de variadas correntes partidárias que tinham sido colocadas na ilegalidade.

Os demais partidos, sobretudo os partidos comunistas e suas facções, eram clandestinos, o que significa que enfrentavam a ditadura militar praticamente sem recursos. Algumas facções se propunham à luta armada, porém sem qualquer possibilidade de derrubar a ditadura. Nesse contexto, eram perseguidos e prendidos professores, artistas, operários, estudantes, intelectuais, políticos, jornalistas, religiosos. Enfim, qualquer pessoa suspeita que parecesse ameaçar o regime era alvo, o que promoveu um vazio político-cultural que deixou marcas profundas na história ulterior da democracia brasileira.

3.5 Fordismo periférico e "questão social" no Brasil

Considerando tudo o que foi exposto até o momento, basta examinarmos a evolução histórica do capitalismo no Brasil depois do segundo pós-guerra para concluirmos que o projeto fordista-keynesianista teve aqui um desenvolvimento bastante limitado e contraditório. Contudo, tais limitações não devem ser vinculadas a uma falta de dinamismo na economia, pois a economia brasileira entre 1940 e 1980 foi bastante acelerada (exceção para 1980), com uma taxa média de 7% no crescimento anual (Braga, 2012, p. 96). O desempenho da economia brasileira nos "anos gloriosos" superou as principais economias da América Latina, como Argentina, Chile e Uruguai, passando a ocupar a oitava posição entre as economias industrializadas. Ou seja, mais uma vez, a história confirma que **o crescimento econômico não está necessariamente vinculado à redução da desigualdade social e da pobreza**.

As limitações que particularizam o fordismo-keynesianismo brasileiro, inscritas na própria "questão social", quando o trabalho é mantido como centralidade da vida social, podem ser visualizadas no processo histórico da constituição de relações sociais de produção propriamente capitalistas, desde sua origem colonial. Disso se desdobra a formação de uma classe trabalhadora bastante peculiar, resultado do processo antidemocrático e excludente promovido pela modernização conservadora, que inclui o processo de industrialização restringida e retardatária.

Para sintetizarmos o fordismo-keynesianismo brasileiro, partimos do processo de industrialização apresentado anteriormente, considerando que é com base nos aspectos de subordinação e dependência do capitalismo brasileiro que podemos traçar as linhas gerais das diferenças entre o fordismo periférico brasileiro e os países imperialistas que adotaram o modelo fordista-keynesianista.

Em primeiro lugar, vale ressaltar brevemente os efeitos da migração interna, que perpassa as origens da classe trabalhadora no Brasil, e suas relações com o movimento sindical, que remontam à própria constituição do sindicalismo brasileiro, com seu caráter populista, corporativista e bastante dependente da esfera estatal. Uma das teses de Braga (2012) indica que o fordismo periférico em nosso país é resultado, entre outras variáveis, "da combinação de nossa herança rural com a superexploração do trabalho, sendo que a precariedade é inerente ao modelo de desenvolvimento fordista periférico" (Braga, 2012, p. 116).

Ao analisarmos a revolução democrático-burguesa no Brasil, podemos afirmar que o **processo de exploração** foi um dos principais determinantes para a constituição do mercado de trabalho brasileiro e das relações de trabalho que se estabeleceram para consolidar as relações de classe no Brasil. Por extensão, esse é um processo inscrito nas mais variadas expressões da "questão social" ao revelar a vulnerabilidade da luta de classes no país, sob a mediação corporativista do aparelho estatal.

Na esteira desse desenvolvimento desigual e combinado, desdobra-se a desigualdade entre as diferentes regiões do país. O inchaço das grandes cidades observado na década de 1970 foi pautado pela concentração de capital em determinadas localidades, o que acirrou o processo de pobreza urbana. Com isso, podemos entender que a grande diferenciação econômica e social entre as regiões brasileiras se associou a diferentes situações de pobreza, inclusive nas áreas metropolitanas.

Nessa mesma direção, Santos (2012, p. 153) indica o influxo da produção agropecuária no Brasil, a partir de 1964,

> com a formação de complexos agroindustriais sem que tenha sido revertida a concentração de propriedade. A modernização da agricultura ocorre, entretanto, de maneira seletiva entre as regiões, especialmente no setor de "exportáveis". [...] mesmo de modo seletivo, a modernização da agricultura faz crescer o desemprego em diversas regiões em que a dependência da atividade agrícola impôs uma reestruturação das ocupações [...]. Além disso, vale observar as elevadas taxas de mortalidade infantil e o rápido crescimento vegetativo da população rural.

Essa autora destaca também a Região Nordeste como a área mais afetada em termos de desigualdade regional, pois, a despeito da Superintendência do Desenvolvimento do Nordeste (Sudene), "a região continuou tendo seu desenvolvimento impactado pela ausência de reformas estruturais, destacadamente, da reforma agrária, já que sua economia se apoiava basicamente em atividades agrícolas de subsistência" (Santos, 2012, p. 53).

Vimos que o processo de industrialização, sobretudo da industrialização pesada, ocorreu com a entrada de inúmeras empresas multinacionais e transnacionais no país, condição para a dinamização da economia e para a consolidação do mercado produtivo brasileiro, ainda que de forma subordinada ao capital imperialista.

Ocorre que, no Brasil, esse crescimento industrial não resultou em maior desenvolvimento socioeconômico para toda a população. O caráter segmentado, excludente e ultraconcentrador da acumulação capitalista no país não permitiu uma regularização para o consumo de massa, tampouco a construção de um *Welfare State*, ou Estado de bem-estar social, como nos países que adotaram o modelo fordista-keynesianista como política expansionista, isto é, seguindo uma norma salarial consistente e mediada pela participação ativa do movimento sindical.

Nos países fordistas de capitalismo avançado, os salários eram reajustados de acordo com a inflação e com o índice de produtividade do país. No Brasil, isso nunca ocorreu, assim como não acontece até os dias atuais, o que significa que o reajuste salarial em nosso país ocorre abaixo dos índices de inflação e sem levar em consideração a real produtividade nacional, incidindo grave e negativamente nas condições materiais de existência da classe trabalhadora ao favorecer a concentração de lucros nas mãos dos grandes capitalistas brasileiros e estrangeiros.

Essa realidade promoveu intensa concentração de renda e centralização de capitais, desdobrando-se em um padrão de desenvolvimento capitalista distinto do padrão de acumulação fordista-keynesianista imperialista, no qual ocorreu um processo distributivo mais coerente com as necessidades de reprodução social das famílias com base na consolidação do consumo de massa como estratégia de regulação social.

Os retrocessos antidemocráticos da ditadura de 1964 se apresentam como elemento de potencialização do fordismo periférico no país, sobretudo no que se refere ao rebaixamento do salário mínimo e à política de arrocho salarial, bem como à intensa repressão ao movimento sindical. A relação entre o governo ditatorial de 1964 e as organizações de trabalhadores se caracterizou pela repressão por parte do aparato militar estatal e de uma oligarquia empresarial vinculada ao grande capital nacional e imperialista, ambos apoiados pelos latifundiários, que estavam amedrontados com as Ligas Camponesas organizadas no início daquela década. Esse controle dos sindicatos tinha a intenção fundamental de promover o arrocho salarial como estratégia de contenção da crise econômica instalada desde o final do governo JK.

Ainda que durante o período ditatorial tenha ocorrido uma relativa ampliação de direitos nas áreas de maior interesse econômico para os governos, no tocante à legislação trabalhista, foram criados diversos dispositivos para reduzir os direitos e o poder de luta dos trabalhadores e dos sindicatos. Entre as chamadas *leis do arrocho* estavam:

> a proibição do direito de greve; o controle dos índices de reajuste salarial (unificados em torno de um único percentual anual relativo à média da inflação divulgada para os dois anos anteriores); o fim da estabilidade aos dez anos de serviço (trocada pelo FGTS) e o desmonte do sistema previdenciário baseado nos Institutos de Aposentadorias e Pensões (IAPs), substituídos pelo Instituto Nacional de Previdência Social (INPS). (Mattos, 2009, p. 106)

Nesse contexto, um dos principais agravantes relacionados ao mercado de trabalho brasileiro depois do golpe foi o aumento nos índices de rotatividade no trabalho – o qual dobrou no espaço de uma década, entre 1960 e 1970 (Ferreira, 1993, p. 26). A rotatividade da força de trabalho, fenômeno marcante no padrão fordista brasileiro, também intensificou a precarização das relações de trabalho. Além de permitir a superexploração do trabalhador, sempre inseguro nessas relações, a rotatividade dificultou a filiação sindical e os processos de qualificação profissional.

Como resultado de todos os processos mencionados, tivemos a ampliação do contingente de trabalhadores lançados no mercado informal de trabalho, como necessidade de sobrevivência. Com relação ao mercado formal ou informal de trabalho, vale lembrar que a disseminação do fordismo-keynesianismo nos países de capitalismo avançado efetivou-se somente no segundo pós-guerra, quando, por meio da adoção de políticas keynesianas, se buscou alcançar o pleno emprego. E, na lógica da acumulação capitalista,

> a política do pleno emprego se explica pela elevação da produtividade, que impunha o crescimento, nas mesmas proporções, do mercado consumidor, para o qual era essencial, por sua vez, o crescimento do nível de emprego e do assalariamento. Diante dessa necessidade de massificação do consumo como consequência da produção em massa, foi possível um expressivo fortalecimento do papel dos sindicatos, através das negociações coletivas, obtendo ganhos históricos substantivos para

a classe trabalhadora, como foi o caso dos aumentos salariais associados à elevação da produtividade. Em linhas gerais, tal era a "norma salarial fordista", complementada essencialmente pela ampliação da proteção social, nas suas diferenciadas formas de financiamento, sob o chamado "Estado Social". (Santos, 2012, p. 160)

Se no padrão fordista-keynesiano dos países imperialistas foi possível alcançar "o crescimento econômico associado à institucionalização de diretos sociais" (Braga, 2012, p. 52-53), no Brasil, isso não ocorreu, mantendo-se a estabilidade de emprego somente para os servidores públicos. No setor privado, o processo foi de **ampliação da rotatividade, precarização** e **informalização das relações de trabalho**. O salário mínimo é outro forte diferencial que particulariza a realidade do processo de trabalho e das relações de trabalho no padrão periférico do fordismo brasileiro. Aqui, referimo-nos à instituição do salário mínimo e ao fato de ele ter sido concebido como o "mínimo necessário" para a subsistência de um ser humano que vende sua força de trabalho. Nesse sentido, a relação salarial no Brasil não possibilitou aumentos salariais que promovessem maior bem-estar para os trabalhadores, o qual englobasse direitos compatíveis com patamares mais elevados de condições de vida. Isso, além de revelar um padrão de desenvolvimento capitalista extremamente concentrador, que amplia as desigualdades socioeconômicas, impediu a construção de um padrão de consumo de massas, pelo menos em níveis razoáveis de bem-estar, como ocorreu em alguns países de capitalismo avançado.

> É fundamental notar a importância de todos os aspectos do fordismo periférico aqui relatados para a "questão social", tendo em vista a superexploração do capital/trabalho embutida nessas relações e também a regressão do estatuto de direitos que se desdobra desse fenômeno.

A partir dos anos de 1970, algumas mudanças começaram a emergir no sistema de organização do trabalho em escala mundial, o que certamente incidiu nas relações sociais de produção de nosso país.

No plano econômico, a crise mundial de meados da década de 1970 desencadeou a desaceleração do crescimento. Nesse cenário, durante a década de 1980, o Brasil experimentou uma sucessão de crises econômicas tão profundas que esse período ficou conhecido como "a década perdida". Por outro lado, o mundo ampliava suas pesquisas em inovações tecnológicas e processos de automação nas empresas, o que inspirou os processos de mundialização do capital e reestruturação produtiva, bem como a emergência da perspectiva econômica neoliberal.

Questão para reflexão (IV)

1. O que podemos entender por "leis do arrocho", criadas no período da ditadura militar?

   Dica: lembre-se que, além do arrocho salarial, a política geral do arrocho implantada pela ditadura militar subtraiu alguns direitos sociais e trabalhistas que fizeram parte das "leis do arrocho".

Síntese

Neste capítulo, apresentamos as principais características do capitalismo brasileiro no período de 1951 a 1970. Trouxemos à luz os aspectos gerais do capitalismo em suas dimensões sociais, políticas e econômicas, que podem ser sintetizadas da seguinte forma:

- Dependência do Brasil em relação aos países imperialistas e endividamento com esses países para colocar em prática o projeto de modernização do país (uma modernização conservadora).
- Forte associação do capital imperialista ao capital nacional e implantação de multinacionais no país – o desenvolvimento do capitalismo no Brasil, desde suas origens, foi marcado pelo investimento e pela instalação de capital estrangeiro no país; assim, foram os trustes, o monopólio internacional e o capital financeiro que determinaram o desenvolvimento econômico do Brasil desde o início do processo, desequilibrando a balança comercial e as finanças do país, em uma relação de dependência econômica inexorável.

- Criação de instituições públicas necessárias à modernização conservadora no país – o estímulo à industrialização continuou como diretriz marcante no segundo governo Vargas e, no âmbito estatal, foram implantadas novas instituições que vieram a impulsionar a indústria nacional, destacando-se, em 1952, a criação do Banco Nacional de Desenvolvimento Econômico (BNDE), pela Lei n. 1.628/1952, transformado, em 1982, no atual Banco Nacional de Desenvolvimento Econômico e Social (BNDES). Em 1953, sob a Lei n. 2.004/1953, foi criada a Petróleo Brasileiro S.A. (Petrobras) e, em 1954, foi proposta a criação da empresa Centrais Elétricas Brasileiras S.A. (Eletrobras), aprovada no Congresso Nacional somente mais tarde, em 1961, no governo João Goulart.
- Período da redemocratização com a Constituição de 1946 – no aspecto social, no período de 1951 a 1970, não houve a implantação de novos serviços sociais de maior relevância, mantendo-se os já implantados nos períodos anteriores; com relação à legislação trabalhista, no período de 1946 a 1964, ocorreram as alterações previstas na Consolidação das Leis do Trabalho (CLT), com destaque para: a obrigatoriedade de o salário mínimo atender às necessidades básicas do trabalhador e de sua família; a participação obrigatória e direta dos trabalhadores nos lucros da empresa; o repouso semanal remunerado; a estabilidade, não só nas empresas urbanas como também na exploração rural; a assistência aos desempregados; e o direito de greve.
- Receio dos países capitalistas em face da ascensão do comunismo e do acirramento da Guerra Fria – no aspecto político-econômico internacional, os Estados Unidos queriam se estabelecer hegemonicamente em todos os países que pudessem incorporar sua estratégia de dominação político-econômica mundial. Entretanto, no âmbito mundial, havia um cenário instável, no qual mais da metade da população vivia em condições próximas da pobreza absoluta, com índices elevados de desnutrição e epidemias constantes, representando uma ameaça ao modo de produção capitalista com intenções progressivas de mundialização. Além disso, havia disputas políticas polarizadas entre os países capitalistas e os países comunistas, o que caracterizou a Guerra Fria.

- Ampliação de partidos políticos e fortalecimento dos partidos de esquerda – a estrutura partidária brasileira nunca foi tão expansiva como no período de 1947 a 1964: houve partidos que se consolidaram em âmbito nacional, como o Partido Social Democrático (PSD), a União Democrática Nacional (UDN), o Partido Trabalhista Brasileiro (PTB) e o Partido Comunista Brasileiro (PCB); outros, como o Partido Libertador (PL) e o Partido Social Progressista (PSP), ficaram marcados pelos interesses de alguns grupos liberais gaúchos e paulistas emergentes à época.
- Fortalecimento dos sindicatos, ainda que sob a tutela do Estado – os "anos gloriosos" do capitalismo pós-Segunda Guerra foram acompanhados de extensiva participação sindical nas decisões nacionais, sobretudo na década de 1960; mas a estrutura dos sindicatos em nenhum momento foi alterada, permanecendo atrelada ao Estado, o que lhes impedia de ter qualquer tipo de autonomia.
- Retorno da ditadura com o golpe militar de 1º de abril de 1964, como um movimento de "contrarrevolução preventiva", que pode ser entendida como a antecipação das oligarquias nacional e internacional, aliada aos militares, para, por meio do golpe militar, "prevenir" os movimentos e a efetivação das reformas que colocavam em ebulição os movimentos populares e que viriam a beneficiar a classe trabalhadora, trazendo ampliação de direitos de cidadania.
- Aspectos gerais dos governos militares até o início da década de 1970 – governos de Castelo Branco, Costa e Silva e Garrastazu Médici.
- Instituições criadas pela ditadura militar até início da década de 1970.
- Características do capitalismo/fordismo periférico no Brasil – o projeto fordista-keynesianista (articulação entre a vigência do capitalismo e a ampliação de direitos de cidadania) teve um desenvolvimento bastante limitado e contraditório em nosso país.

Para saber mais

ESCORSIM, S. M. **O sistema de proteção social dos servidores públicos federais no Brasil**: as políticas de previdência e saúde e a trajetória do serviço social, desde a assistência patronal até a GEAP. 351 f. Tese (Doutorado em Serviço Social) – Pontifícia Universidade Católica de São Paulo, São Paulo, 2010. Disponível em: <http://www.dominiopublico.gov.br/pesquisa/DetalheObraForm.do?select_action=&co_obra=186812>. Acesso em: 4 jan. 2016.

O estudo apresentado na tese dessa autora resgata a constituição e o percurso sócio-histórico das políticas protetivas no Brasil, com destaque à saúde e à previdência social, em particular às direcionadas aos servidores públicos federais.

IANNI, O. **Estado e planejamento econômico no Brasil**. Rio de Janeiro: Ed. da UFRJ, 2009.

O livro apresenta a história do capitalismo brasileiro, articulando os elementos políticos e sociais indispensáveis para a compreensão da organização e intervenção do Estado e suas relações com a sociedade civil e as classes sociais.

NETTO, J. P. **Pequena história da ditadura brasileira (1964-1985)**. São Paulo: Cortez, 2014.

O livro articula detalhadamente as dimensões social, política, econômica e cultural da realidade brasileira, do período que antecede o golpe militar de 1º de abril de 1964 e vai até o final da ditadura militar em 1985. A análise, ampla e crítica, apresentada por esse autor possibilita a compreensão aprofundada da "contrarrevolução preventiva" no âmbito das relações sociais de produção do país.

Questões para revisão

1. Getúlio Vargas foi um dos presidentes mais importantes da história do Brasil. Assinale a alternativa **incorreta** no que diz respeito às características do governo de Vargas:
   a) Estímulo à industrialização.
   b) Criação de novas instituições, como o Banco Nacional do Desenvolvimento Econômico e Social (BNDES) e a Petrobras.
   c) Continuidade das diretrizes do governo anterior, de Gaspar Dutra, de caráter liberal.
   d) Projeto pautado pelo princípio do crescimento econômico.

2. Sobre a ditadura militar, assinale a alternativa correta:
   a) O golpe militar de 1º de abril de 1964 significou a desconstrução e o rompimento de conquistas históricas de direitos sociais, civis e políticos.
   b) O capitalismo parou de desenvolver-se nesse período, assim como o poder do capital sobre a classe trabalhadora.
   c) A história brasileira demonstrou que esse período foi essencialmente a representação da classe trabalhadora no controle do Estado.
   d) Os governos militares se preocupavam com a redução da taxa de inflação e incentivavam a importação de produtos agrícolas, minerais e manufaturados.

3. O governo militar que instituiu o Ato Institucional n. 5 (AI-5) foi o de:
   a) Castelo Branco.
   b) Costa e Silva.
   c) Garrastazu Médici.
   d) Getúlio Vargas.

4. Qual era a proposta de governo do ditador militar Garrastazu Médici no período que ficou conhecido como "milagre econômico"?

5. Durante a ditadura militar, que poderes o Executivo nacional obteve por meio da instauração do AI-5?

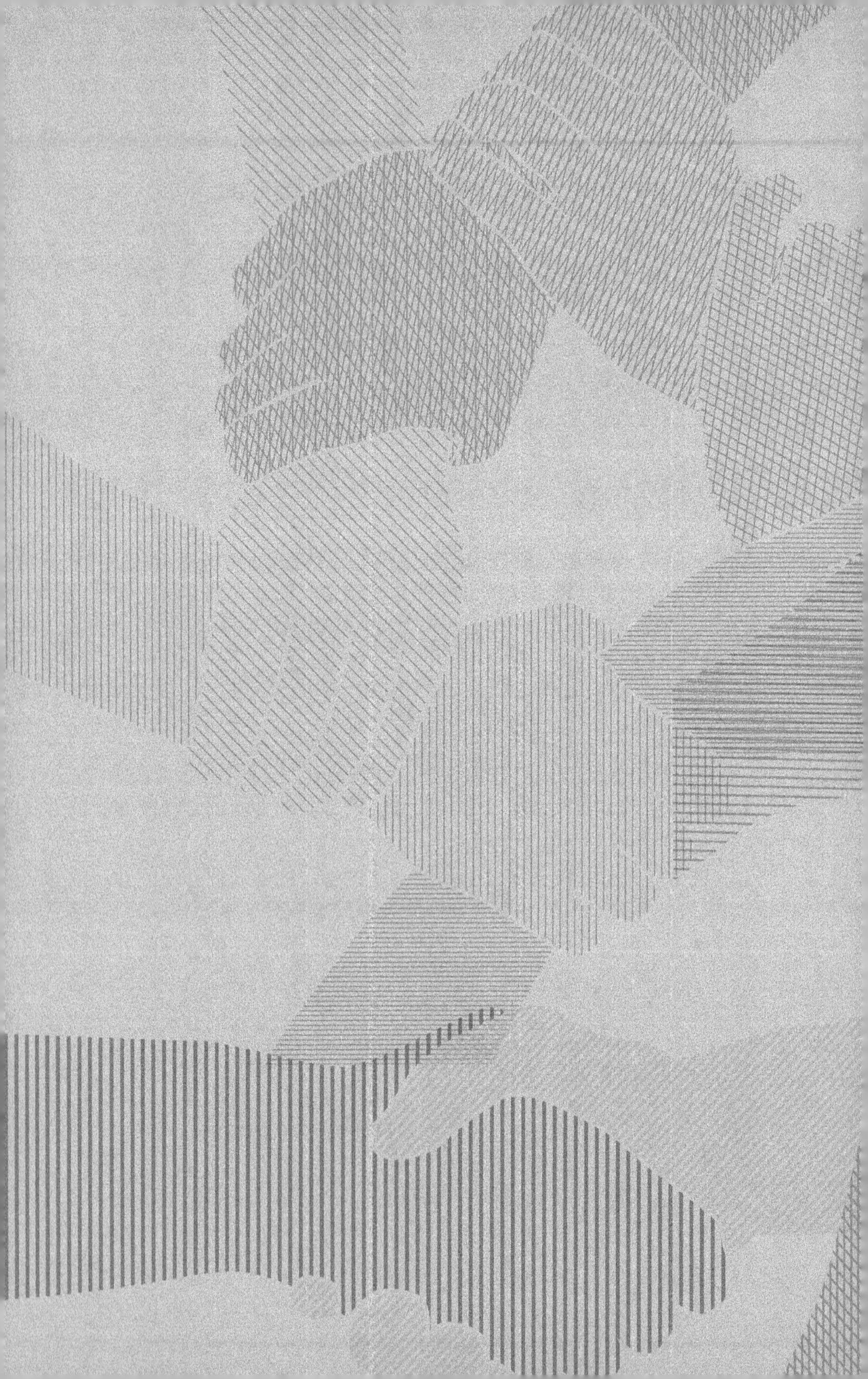

CAPÍTULO 4

Aspectos teórico-metodológicos do Serviço Social: 1951-1970

Conteúdos do capítulo:
- Atuação profissional no período de 1951 a 1970.
- Método e teoria no Serviço Social.
- Contextos sociais, econômicos e políticos no período de 1951 a 1970.
- Códigos de Ética do Serviço Social de 1947 e de 1965.

Após o estudo deste capítulo, você será capaz de:
1. entender a ligação entre teoria e método;
2. compreender alguns aspectos sobre a história do Serviço Social;
3. reconhecer os métodos de intervenção praticados pelos profissionais de Serviço Social no período de 1951 a 1970;
4. perceber como a teoria influencia diretamente as formulações que regulamentam a profissão do assistente social.

Neste capítulo, apresentaremos uma visão geral sobre a atuação profissional no período compreendido entre 1951 e 1970. Procuraremos, primeiramente, elucidar o que é o método e a teoria no Serviço Social para, depois, adentrarmos na questão da intervenção do assistente social nas conjunturas sociais vivenciadas nessas décadas.

Ressaltamos, aqui, que tais situações têm ligação direta com contextos sociais, econômicos e políticos vivenciados na sociedade brasileira durante esses períodos e que foram amplamente examinados nos capítulos anteriores. Somente com a compreensão desse histórico é possível entender os desdobramentos técnicos do Serviço Social.

Para esclarecermos o desenvolvimento da profissão, faremos uma análise dos Códigos de Ética do Serviço Social que estavam vigentes nas décadas aqui contempladas, a saber: os de 1947 e de 1965. Veremos como a questão teórica vivenciada nesses períodos foi incorporada às diretrizes éticas dessa profissão.

4.1 Método e teoria no Serviço Social

Como componente técnico-científico, o método precisa estar alicerçado em aportes teóricos e fundamentado em uma realidade concreta, que, por sua vez, é sempre dinâmica. Essa realidade impulsiona os aportes teóricos a uma constante reelaboração ou à constatação de que determinada teoria científica não responde mais às questões que necessitam de novas abordagens para dar conta da realidade apresentada. O método é, portanto, "um conjunto de meios técnicos que partem de um corpo teórico determinado sobre a realidade social e, particularmente, sobre o objeto que pretende transformar" (Souza, 1982, p. 93).

No Serviço Social, o método, durante muito tempo, ficou associado à sistematização e à formalização dos métodos de Serviço Social de caso, de grupo e de comunidade, nos quais sobressaía a preocupação de instrumentalizar o fazer profissional. O desenvolvimento do Serviço Social de caso, como o primeiro método sistematizado da profissão, ocorreu de forma ancorada nos problemas individuais, fragmentando a totalidade em que o indivíduo está inserido. Os demais métodos, de grupo e comunidade, também não dão conta da totalidade, pois mantêm a visão de problemas da realidade social **compartimentalizados**.

Nesses métodos, os problemas sociais são sempre individualizados, sejam eles desempenhados de forma individual, grupal ou em comunidade. A visão individualizada impede a superação da culpabilização individual para o entendimento das variadas manifestações da "questão social", presentes na sociedade capitalista, que trazem em si a caracterização da exploração e da acumulação de riqueza de uns em detrimento de outros. Essa visão impede, ainda, a **organização participativa** como meio de desenvolvimento das condições necessárias para atendimento das demandas da classe trabalhadora.

Para atender ao método individualizante, durante muito tempo, o Serviço Social se baseou em teorias ligadas ao ego e ao problema de aprendizagem, como é o caso da psicologia social e da psicologia da aprendizagem. Assim como o método, a concepção teórica é de suma importância para a compreensão da ação profissional, que se volta para uma realidade específica e caracterizada como **objeto**. Para tanto, as teorias gerais procuram dar o suporte para responder às necessidades específicas de cada objeto da ação profissional, desenvolvendo as questões dos campos de atuação do Serviço Social. Assim, podemos entender que "campos são as áreas específicas de aplicação profissional presentes ao próprio objeto ou matéria-prima da intervenção profissional" (Souza, 1982, p. 94).

A dinâmica sócio-histórica do Serviço Social tem demonstrado que, para dar respostas às expressões da "questão social", as quais, no período aqui estudado, eram entendidas como "problemas sociais", os campos de atuação se tornavam importantes e relevantes, pois a metodologia se voltava às demandas desses espaços sociooccupacionais por meio de suas teorias específicas, tentando responder às necessidades dos indivíduos (caso), dos grupos e das comunidades.

No recorte histórico proposto neste livro, podemos destacar que as mudanças ocorridas no período pós-guerra propiciaram, no contexto brasileiro, avanços nos setores econômicos e políticos, devidamente examinados nos primeiros capítulos da obra. No entanto, não podemos esquecer que, aliado a esses avanços, houve também mudanças nas ciências sociais brasileiras, que passavam por um processo de avanço em sua institucionalização, com a adoção dos estudo de comunidades (ECs), nos quais intelectuais pautavam suas pesquisas pela investigação de campo, fazendo, assim, com que esses estudos se tornassem essenciais.

De acordo com Oliveira e Maio (2011, p. 522),

> Também por meio desses estudos, as ciências sociais revelaram importantes questões econômicas, políticas e sociais do contexto histórico do período, visto que estiveram voltadas para comunidades rurais em franco processo de mudança social, numa conjuntura marcada pela transformação de um país essencialmente rural e agrário em país urbano e industrial. O interesse em investigar os EC deve-se ao objetivo de compreender as relações entre sociedade e produção intelectual no contexto da era do desenvolvimento.

Essas mudanças reverberaram influentemente nas concepções teóricas do Serviço Social. Houve uma preocupação em qualificar e sistematizar sua área de atuação de forma a dar conta das inovações capitalistas e de um Estado que iniciava modos de intervenção no incremento de políticas sociais. Diante da legitimação profissional e do reconhecimento da profissão e sua inserção na divisão sociotécnica do trabalho, o Serviço Social apoiou-se na matriz positivista em busca de expandir seus referenciais profissionais, o que reforçava a preservação do *status quo* e do ajuste social.

A partir de meados da década de 1960, os assistentes sociais iniciaram um processo de discussão que foi desencadeado por insatisfações com as práticas sociais da categoria que não surtiam os efeitos desejados no que tange à melhoria de qualidade de vida da classe trabalhadora. Assim, em 1967, o Centro Brasileiro de Cooperação e Intercâmbio de Serviços Sociais (CBCISS) promoveu os **Seminários de Teorização do Serviço Social**, que culminaram em seminários e documentos que se tornaram um marco histórico da profissão. O primeiro deles ficou conhecido como *Documento de Araxá*, pois o seminário foi realizado na cidade mineira de Araxá.

Outro importante marco histórico para o contexto de teoria e metodologia do Serviço Social, ocorrido nas décadas aqui estudadas, é o Seminário de Teresópolis, realizado em 1970. O seminário gerou um segundo documento, que é conhecido como *Documento de Teresópolis* – ambos os seminários serão examinados no próximo capítulo, quando abordaremos o Movimento de Reconceituação do Serviço Social. Entretanto, ressaltamos que, ao longo deste estudo sobre as metodologias adotadas pela profissão, traremos algumas contribuições presentes nos documentos acima citados, sem, contudo, esgotarmos as questões que serão tratadas posteriormente.

4.1.1 Serviço Social de caso

O Serviço Social de caso é associado à metodologia do Serviço Social tradicional, cujo objetivo, entre outros, é ajudar o indivíduo a enfrentar com eficiência seus problemas. Netto (2005b, p. 6) define o Serviço Social tradicional da seguinte forma:

> a prática empirista, reiterativa, paliativa e burocratizada, orientada por uma ética liberal-burguesa, que, de um ponto de vista claramente funcionalista, visava enfrentar incidências psicossociais da "questão social" sobre indivíduos e grupos, sempre pressuposta a ordenação capitalista da vida social como um dado factual e ineliminável.

O método de caso constitui um processo pelo qual se desenvolve a personalidade mediante ajustamentos realizados na relação do indivíduo com o meio social. Segundo Hamilton (1982), é importante definir os objetivos e métodos de tratamento levando-se em consideração os estágios de diagnóstico e avaliação psicossociais. Portanto, a metodologia é composta das seguintes etapas: **estudo, diagnóstico, tratamento** e **avaliação**.

A década de 1950 para o Serviço Social foi ainda marcadamente influenciada pelos pressupostos neotomistas, aliados à importação de técnicas estadunidenses. A influência do neotomismo pode ser identificada na profissão até os anos de 1960, sobretudo na perspectiva do Serviço Social de caso.

O destaque da bibliografia utilizada para estudo dessa metodologia é o livro *Teoria e prática do Serviço Social de caso*, de Gordon Hamilton (1982), que se tornou leitura obrigatória para o ensino da metodologia e de técnicas vinculas aos estudos e atendimentos de casos naquele período histórico, tendo como base o positivismo e o estrutural-funcionalismo estadunidense.

O positivismo e o estrutural-funcionalismo preveem a adaptação e o ajustamento dos indivíduos como normalização para o bom funcionamento da sociedade. Aqui, vale lembrar que, na perspectiva positivista e estrutural-funcionalista, os assistentes sociais atuam na busca da harmonia social e na superação das contradições sociais, valorizando as funções e os papéis que os indivíduos desempenham em seu meio social. No entanto, como visto nos capítulos anteriores, os conflitos sociais e as contradições sociais são fenômenos imanentes ao modo de produção capitalista, produzidos no interior do próprio sistema e, portanto, somente serão superados com a extinção do próprio modo de produção.

O Serviço Social de caso foi o primeiro método a ser ensinado e praticado no Brasil e sofreu influências do pensamento sociológico e da psicologia, chegando a se desenvolver, em alguns momentos, em uma ótica mais psicológica (Aguiar, 1985). Suas técnicas de intervenção eram fundamentadas em entrevistas individuais, muito evidenciadas pelo *social case work*[1], de formatação estadunidense.

Depois do Documento de Araxá (CBCISS, 1986), houve uma preocupação em adequar essa metodologia à realidade brasileira. Com base na premissa de que a metodologia de Serviço Social de caso deveria ser empregada com pessoas cujas "dificuldades" fossem relacionadas a aspectos sociais, e não tão somente individuais, há uma orientação no Documento de Araxá (CBCISS, 1986) para que

---

1 O termo *social case work* advém do Serviço Social estadunidense e refere-se ao trabalho de adaptação do indivíduo ao meio social. A autora Mary Richmond, em seu livro *Case Social Work*, publicado em 1917, define o Serviço Social de caso como "a arte de ajudar as pessoas a ajudarem-se a si mesmas, cooperando com elas a fim de beneficiá-las e, ao mesmo tempo, à sociedade em geral" (Richmond, 1922, p. 98).

sua aplicação seja incorporada pelo Serviço Social de grupo ou de desenvolvimento de comunidade. Nessa perspectiva, o documento traz as seguintes implicações:

- O Serviço Social de Caso deve ser aplicado de forma a capacitar o cliente a integrar-se na sua comunidade e no processo de desenvolvimento;
- O Serviço Social de Caso deve ser utilizado naqueles setores e com aqueles indivíduos que, de fato, requeiram seja efetuado o tratamento social à base do relacionamento assistente social/cliente (isto é, adoção de critérios seletivos para seu emprego);
- A aplicação do Serviço Social de Caso deve ser aliada à de Grupo para a abordagem ou o tratamento dos aspectos comuns dos problemas identificados nos casos;
- Deve, também, ser vinculada ao desenvolvimento de projetos de comunidade objetivando o melhor aparelhamento social e a mobilização dos indivíduos para conjugação de esforços que visem a remover, eliminar ou prevenir as causas sociais dos problemas identificados no tratamento dos Casos. (CBCISS, 1986, p. 33)

Dessa forma, esse documento explicita que o Serviço Social de caso deve ser incorporado ao Serviço Social de grupo e de desenvolvimento de comunidade.

Questão para reflexão (I)

1. Qual foi o primeiro método a ser sistematizado no Serviço Social?
Dica: lembre-se do tripé **caso**, **grupo** e **comunidade**.

4.1.2 Serviço Social de grupo

Entre as décadas de 1950 e 1970, o trabalho com grupos foi difundido como uma metodologia. Segundo o Pe. Terence J. Cook, o Serviço Social de grupo (SSG) tem como base a filosofia tomista e se fundamenta em **três princípios básicos**. Cook (citado por Kisnerman,

1980) realizou uma pesquisa por meio do levantamento dos princípios básicos do Serviço Social, testando-os em entrevistas com grupos de assistentes sociais, e depois analisou esses princípios à luz de São Tomás de Aquino – tais princípios foram denominados *neotomismo*. Assim, Cook desenvolveu os seguintes princípios:

1. **Dignidade** da pessoa humana – Considera que todos os indivíduos têm necessidades comuns que procuram satisfazer em grupo.
2. **Sociabilidade** essencial da pessoa humana – O objetivo do trabalho social de grupo é o desenvolvimento da interação dos indivíduos em grupos sociais.
3. **Perfectibilidade** humana – Nesse caso, acredita-se que o grupo é o meio primário de crescimento pessoal, mudança e desenvolvimento, potencializando os valores individuais; conforme a filosofia tomista, o membro do grupo é capaz de realizar mudanças com base na vivência grupal e, consequentemente, pode promover mudanças sociais.

A partir da década de 1950, o SSG, que fazia parte da instrumentalidade do Serviço Social mais tradicional, voltado para recreação e educação, passou a ser adotado pelos programas nacionais de instituições específicas – Serviço Social da Indústria (Sesi), Serviço Social do Comércio (Sesc) e Legião Brasileira de Assistência (LBA) –, bem como nos trabalhos desenvolvidos em hospitais, escolas ou qualquer espaço no qual a atuação profissional fosse desenvolvida. Em seguida, a partir da década de 1960, o SSG se aperfeiçoou, incorporando novas abordagens que combinavam estudos psicossociais e problemas da estrutura social.

Kisnerman (1980, p. 197), ao analisar as técnicas comumente utilizadas para condução do método de SSG desde a década de 1960, sistematiza as três posturas mais adotadas pelo assistente social:

1. **Diretiva** – O assistente social dirige o grupo, sendo o motivador para que haja participação de todos no desempenho das atividades que possibilitam que os objetivos traçados pelo próprio grupo sejam alcançados; com esse objetivo alcançado,

o assistente social de grupo (ASG) deve, de forma democrática, fazer avaliações constantes para verificar a objetividade do grupo.
2. **Não diretiva** – Após a aplicação da técnica diretiva, com o objetivo de encaminhar o grupo para que os participantes se sintam à vontade, o assistente social deve conduzir o grupo de forma que os envolvidos se expressem com liberdade, participando mais como ouvintes, intervindo apenas com a intenção de resolver questões internas do grupo.
3. **Estimulação negativa ou frustrante** – Exclusivamente em grupos terapêuticos, o profissional responsável deve, deliberadamente, se recusar a falar para constranger os participantes do grupo a fim de que tomem parte do processo, criando certo desconforto e finalizando em conflito; nesse momento de agitação, o profissional deve retomar a técnica diretiva ou não diretiva, sempre avaliando qual é a melhor a ser adotada para dirimir o conflito instalado.

A combinação dessas três técnicas dá flexibilidade ao ASG e lhe permite adequar a orientação às necessidades do grupo.

No Documento de Araxá (CBCISS, 1986), podemos identificar a proposta traçada para a utilização dessa metodologia, pois enaltece o caráter socioeducativo do método e evidencia o objetivo de capacitar os membros do grupo para uma eficaz participação no processo social. Assim, o documento ressalta que o SSG tem a função de atender a duas necessidades básicas:

> As dos próprios participantes do grupo, porquanto as experiências de grupo atendem às necessidades individuais de pertencer e de autoafirmar-se, e às necessidades da sociedade na qual o grupo se acha inserido, visto que as experiências de grupo desenvolvem o espírito de cooperação mútua. (CBCISS, 1986, p. 35)

O que aconteceu com o SSG foi semelhante ao que ocorreu com o Serviço Social de caso: ambos foram apropriados pela metodologia do Desenvolvimento de Comunidade (DC). O SSG foi pensado basicamente como trabalho em grupo, mas com outro enfoque, uma vez que todo trabalho executado em uma comunidade com vistas a trabalhar com pessoas deveria considerar agregá-las aos mais diversificados grupos existentes na comunidade.

O que o DC tinha de diferente dos dois métodos anteriores (caso e SSG) era o **foco**, pois, apesar de o DC manter os objetivos internos do grupo, estes eram ampliados por meio de ações comunitárias que procurassem abranger as demandas da comunidade, a fim de desenvolvê-la como um todo.

Nesse sentido, Kisnerman (1980, p. 308) entende:

> O SSG facilita e propicia a livre expressão e concretização de interesses específicos. Os grupos em DC têm por interesse central a ação comunitária, que será realidade na medida em que todos os grupos, acima de seus interesses individuais e individualistas, crescerem e produzirem em um processo que tenha como fim último o DC.

Assim, os interesses dos grupos eram ampliados, na perspectiva de méritos mais gerais, em que o foco de interesses da comunidade eram considerados de forma relevante.

4.1.3 Serviço Social e Desenvolvimento de Comunidade

O fato de, em suas origens, o Serviço Social ter sido influenciado pela Igreja Católica não significa que foi somente esse pensamento que promoveu sua consolidação. É importante lembrar que, no Brasil, por exemplo, a política econômica desenvolvimentista e a dinâmica capitalista nacional e internacional monopolizada da década de 1930 exigiram um redimensionamento das funções do Estado, ampliando-as. A articulação da Igreja Católica e sua inspiração neotomista com a ampliação das funções do Estado levaram Iamamoto e Carvalho (1982, p. 18) a fazer a seguinte articulação histórica para explicar o Serviço Social:

> o Serviço Social surge como um dos mecanismos utilizados pelas classes dominantes como meio de exercício de seu poder na sociedade, instrumento esse que deve modificar-se, constantemente, em função das características diferenciadas da luta de classes e/ou das formas como são percebidas as sequelas derivadas do aprofundamento do capitalismo. Estas sequelas se manifestam, também, por uma série de comportamentos "desviantes", que desafiam a ordem. Face ao crescimento da miséria relativa de contingentes importantes da classe trabalhadora urbana, o Serviço Social aparece como uma das alternativas às ações caritativas tradicionais, dispersas e sem solução de continuidade, a partir da busca de uma nova "racionalidade" no enfrentamento da questão social. A procura de maior eficiência no tratamento dessa questão consubstancia-se, também, na solidificação do Serviço Social como instituição, intimamente vinculado ao crescimento do aparelho de Estado, no sentido de criação de "braços que avançaram para dentro da sociedade civil".

Por ser uma profissão que se originou no interior do Estado de capitalismo monopolista, em função da necessidade de enfrentamento da "questão social" típica das desigualdades sociais das relações de produção capitalistas, outras perspectivas teóricas foram sendo incorporadas no fazer profissional e na formação profissional. Dessa forma, o desenvolvimentismo vigente naquele período, conforme comentamos no Capítulo 3, determinou as abordagens do Serviço Social brasileiro em meados da década de 1950. Assim, há um forte vínculo entre o desenvolvimentismo e o Desenvolvimento de Comunidade (DC), como método de Serviço Social de comunidade (SSC) – foi nas discussões sobre desenvolvimento e processo de industrialização que a atuação profissional do assistente social ganhou fundamentos para sua intervenção na comunidade.

De acordo com o Documento de Araxá (CBCISS, 1986, p. 36), a intervenção profissional voltada ao DC era dividida em quatro fases:

1. organização de comunidades adequadas ao modelo americano;
2. situações esporádicas para atender a necessidades imediatas;
3. preocupação em atender a problemas de ordem estrutural;
4. participação popular em programas governamentais.

Ao longo do tempo, o DC se estruturou e passou a ser utilizado nos diferentes governos brasileiros, além de ter se tornado uma disciplina importante para a formação profissional. A partir de 1951, houve, por parte das organizações estadunidenses, um forte empenho para que os assistentes sociais brasileiros utilizassem os Programas de Desenvolvimento de Comunidade (PDCs).

Foram realizados seminários e conferências nesse período, como o Seminário de Desenvolvimento de Comunidade, promovido pela Organização dos Estados Americanos (OEA), em Porto Alegre, em 1951, e também a Conferência Internacional sobre Desenvolvimento, igualmente promovida pela OEA e realizada em Madras, na Índia, em 1952. Em 1953, aconteceu, no Brasil, o Seminário de Bem-Estar Rural, promovido pela Organização das Nações Unidas (ONU), inaugurando a discussão sobre a atuação profissional do Serviço Social rural.

O incremento desse trabalho foi importante para o Serviço Social, no sentido de que, em virtude da preocupação com o êxodo rural, o qual começava a chamar a atenção dos governantes, e também com as péssimas condições de trabalho denunciadas pelos primeiros movimentos sociais rurais, foi publicada a primeira obra que trata do DC no Brasil, inaugurando um ciclo de publicações nacionais, que até então só utilizavam bibliografias de autores norte-americanos – essas obras procuravam amortizar as lutas sociais da classe trabalhadora do campo por meio da concessão de alguns benefícios sociais.

Em 1952, o Ministério da Agricultura lançou uma publicação com o título *Missões Rurais de Educação: a experiência de Itaperuna – uma tentativa de organização da comunidade* (Brasil, 1952), que analisa uma experiência realizada em Itaperuna, no Rio de Janeiro, demonstrando o trabalho que era desenvolvido nessa comunidade, evidenciando as práticas desempenhadas e trazendo um legado de escrita que poderia subsidiar outras experiências ou práticas sobre o tema. No subtítulo, o documento traçava seu objetivo, pois indicava uma "tentativa de organização da comunidade". Na equipe envolvida nesse projeto, havia uma assistente social, dois agrônomos, um veterinário, uma enfermeira sanitarista e outros profissionais de apoio (Brasil, 1952).

> Essa sucessão de fatores foi relevante para que fosse criado o Serviço Social Rural (SSR), por meio da Lei n. 2.613, de 23 de setembro de 1955 (Brasil, 1955). A entidade iniciou sua atuação em 1959 e se consolidou a partir de 1960.

O terceiro evento realizado na década de 1950 foi o Seminário de Educação de Adultos para o Desenvolvimento de Comunidade, promovido pela União Católica Internacional de Serviço Social (UCISS), em 1957, com o objetivo de fazer uma fusão entre DC e Organização de Comunidade (OC), criando uma disciplina unificada, denominada *Desenvolvimento e Organização de Comunidade* (DOC), e dando início ao trabalho social de forma mais direta com a população e consequentemente com a população rural (Ammann, 1992).

Em 1957, José Arthur Rios publicou o livro *Educação dos grupos* e, em 1958, Balbina Ottoni Vieira publicou *Introdução à organização social de comunidade*. Tanto essas obras como os intelectuais que as escreveram marcaram intensamente o Serviço Social. Dotados de suportes teóricos pautados por cânones positivistas, os referidos autores adotam estratégias de ação centradas no indivíduo, na família e na comunidade. A ênfase deles é toda no trabalho com a família, pelo fato de esta ser considerada a instituição de controle e manutenção da ordem e ser utilizada como símbolo de hierarquia, obediência e autoridade.

Nesse contexto de visão positivista, a mulher era considerada a guardiã da moral; portanto, o DC preocupava-se em desenvolver a educação feminina para orientação do desenvolvimento de suas tarefas de dona de casa, por meio da formação de grupos específicos de atendimento a suas necessidades de informações como mães, donas de casas e nutrizes. Ammann (1992, p. 41) explica que "o processo educativo é focalizado em suas perspectivas estáticas, de manutenção da ordem, e dinâmica, de agentes do progresso, postulando-se, com bases em 'interesses comuns', a solidariedade e a cooperação de todos os setores da comunidade nesse processo".

Vieira (citado por Ammann, 1992) faz propostas de participação ligadas às obras sociais e à organização da comunidade. Utilizando-se das experiências de Itaperuna, a autora observa que a população local com a qual se vai desenvolver o trabalho deve participar dos estudos dos problemas e dos recursos locais e também da elaboração e execução de programas e projetos que visem à melhoria de vida da população. Entretanto, essa participação seria somente a forma secundária de atuação, visto que, para Vieira (1958), a principal função do trabalho com a comunidade seria a de proporcionar assistência e educação.

O Serviço Social, na década de 1950, esteve voltado para a coordenação de serviços e obras sociais. Os centros sociais, que, em sua implantação, tiveram grande ligação com a Igreja Católica e com o próprio Serviço Social, passaram a ser utilizados pelos governos de forma oficial, principalmente com a Campanha Nacional de Educação Rural (CNER) realizada em 1956.

Nesse mesmo período, foi sancionada a Lei n. 3.252, de 27 de agosto de 1957[2] (Brasil, 1957), a qual autorizou o direito de exercício da profissão aos diplomados, representando um grande passo para a solidificação da profissão de assistente social. Contudo, essa profissão foi regulamentada somente em 1962, por meio do Decreto n. 994, de 15 de maio de 1962 (Brasil, 1962).

Outro importante destaque nessa década foi o II Congresso Nacional de Educação de Adultos, realizado no Rio de Janeiro, entre 9 e 16 de julho de 1958, que significou a inauguração de uma nova fase, na qual se manifestou a preocupação com a participação política da população de camponeses e operários. Os intelectuais que se envolveram com essa temática extrapolavam as correntes idealistas marxistas e se ancoravam também nas correntes humanistas cristãs europeias. Assim, a alfabetização de adultos passou a ser uma preocupação associada ao propósito de promover também a ampliação da democracia liberal, e não somente a formação de eleitores.

---

2 A Lei n. 3.252/1957, que regulamentava o exercício da profissão, foi revogada pela Lei n. 8.662, de 7 de junho de 1993 (Brasil, 1993), que dispõe sobre a profissão de assistente social e dá outras providências.

A pretensão era alfabetizar com o objetivo de formar indivíduos que se tornassem conscientes de sua contribuição para o alcance de mudanças socioeconômicas e para a valorização da cultura popular.
Nesse cenário, segundo Ammann (1992), emergiu a metodologia de Educação Popular, construída pelo intelectual e professor Paulo Freire, que iniciava o esboço de seu método pedagógico[3], ampliando o incentivo à Campanha Nacional de Erradicação do Analfabetismo (CNEA). Ammann (1992) explica que a implantação do método de Paulo Freire ocorreu com o PDC e influenciou fortemente a atuação dos assistentes sociais ao longo da década de 1970 e meados da década de 1980.
Após esse período, no governo de Juscelino Kubitschek, o Serviço Social brasileiro passou a adotar uma postura mais desenvolvimentista e modernizadora, porém, como vimos, tratava-se de uma modernização conservadora. Nos centros sociais, houve a representação da prática do DOC, no qual foram realizados trabalhos para as comunidades, ligados, em sua maioria, a fatores materiais, não se preocupando com os mais estruturais – até a década de 1960, a postura do Serviço Social era a de desenvolver o trabalho em concordância com os pensamentos governamentais.

4.2 Serviço Social na década de 1960

Na década de 1960, observamos uma expansão no desenvolvimento profissional do Serviço Social no que diz respeito a transformações nos campos teórico e metodológico e nas técnicas utilizadas para o fazer profissional. O SSG e o SSC ganharam um *status* mais elevado como métodos profissionais e, com base nesses métodos, novas tarefas foram evidenciadas como importantes para o domínio técnico, como planejar e coordenar trabalhos referentes ao atendimento social.

---

3 Somente a partir de 1962 essa mobilização tomou corpo e se intensificou sob a égide do método da Educação Popular.

> Esses métodos são ancorados em teorias estruturais funcionalistas, que dão o respaldo científico para a formação e a atuação profissional.

Como visto, a ideologia desenvolvimentista propõe o crescimento econômico acelerado e a busca por grandeza material e soberania nacional. Para tanto, era preciso vencer o "atraso" e a posição de subalternidade econômica do país, sendo a hegemonia do modelo agroexportador brasileiro (primarização da economia) considerada o principal aspecto dessa situação.

O modelo agroexportador se manteve, historicamente, como o principal setor da economia brasileira, o que tendia a secundarizar o desenvolvimento industrial. Porém, o desenvolvimentismo econômico deslocou a prioridade de investimentos nacionais para a industrialização do país, utilizando até mesmo os lucros da produção primária para incrementar o crescimento industrial. Assim, a ideologia desenvolvimentista trouxe consigo a preocupação com o crescimento da industrialização para atingir o pleno desenvolvimento econômico.

Em termos sociopolíticos, o período de democratização social e política que perdurou de 1946 a 1964 promoveu maior abertura para a participação popular e possibilidades de mudanças estruturais. Assim, na década de 1960, o desenvolvimento passou a ser entendido pelo Estado não só como crescimento, mas com **prerrogativas de mudanças**. O projeto governamental de Jânio Quadros, ainda que com um caráter moralizante, trouxe uma proposta de desenvolvimento econômico e humano voltado para a justiça social e a solidariedade. Dessa forma, com o objetivo de superar a racionalidade, o governo passou a defender um planejamento democrático e que levasse em consideração a integração nacional.

Havia uma forte tendência, que transparecia nos discursos e nas propostas, marcada pelo desejo de mudança no âmbito social. Por exemplo, o projeto do governo de Jânio Quadros tinha repercussões na área da saúde, com ênfase nas campanhas de enriquecimento alimentar, combate à desnutrição infantil e a insalubridades. Outro importante foco de trabalho estava voltado para a área de educação, superando o tom economicista e propondo a educação como base fundamental para reestruturação da sociedade. No âmbito do trabalho, transparecia no projeto o anseio por melhoria na qualificação do trabalhador e de seus rendimentos salariais.

Para se adaptar às novas propostas governamentais, o Serviço Social procurou adequar seus discursos e métodos de forma a dar as respostas necessárias e precisas para as políticas apresentadas. Com esse objetivo, em 1961, no II Congresso Brasileiro de Serviço Social, intitulado *O Desenvolvimento Nacional para o Bem-estar Social*, realizado no Rio de Janeiro, foram evidenciados os focos de preocupação dos assistentes sociais, os quais sentiam que aquele era o momento propício para o desenvolvimento da profissão.

Esse congresso contou com a participação de diversos especialistas da área governamental, e os grupos de estudos ali presentes discutiram temas ligados ao Serviço Social e sua atuação, como previdência, trabalho, formação profissional, saúde, o menor e o centro social. Todos esses temas centravam-se na adequação da atuação profissional aos programas de desenvolvimento e, na busca desse objetivo, procuravam-se métodos que fossem mais apropriados a essa nova postura, apoiando-se em novos conceitos ideológicos, porém com velhos entraves, nos quais "a população cliente é sempre objeto e nunca sujeito da sua própria história" (Iamamoto; Carvalho, 1982, p. 364).

Podemos afirmar que as questões levantadas no II Congresso Brasileiro de Serviço Social, de 1961, suscitaram, por parte de estudantes e intelectuais envolvidos, um sentimento de denúncia das condições políticas e administrativas da estrutura governamental da época, desvelando que estas não conseguiam acompanhar o compasso das mudanças nos campos técnico e econômico em razão de se fundamentarem em aspectos obsoletos, que deveriam ser superados, como a existência de latifúndios.

Outra crítica contundente era em relação ao âmbito acadêmico, tendo em vista que as universidades brasileiras de Serviço Social não ofereciam condições de formação para que os intelectuais estivessem preparados para o quadro correspondente de desenvolvimento nacional e alegando-se haver um descompasso entre instituições acadêmicas públicas e privadas.

Ademais, os órgãos assistenciais de maior empregabilidade da mão de obra social, como era o caso da LBA, do Sesc, do Sesi, do SSR e da Fundação das Pioneiras Sociais, foram fortemente criticados por serem vistos como dependentes de uma estrutura paternalista e que demonstrava discrepância em relação às novas concepções do Serviço Social. Somado a isso, essas instituições eram acusadas de falsear a realidade por meio de suas políticas assistencialistas, que não davam conta de modificar as condições de vida de seus "clientes" (Ammann, 1992).

Contudo, o II Congresso não ficou somente em denúncias; várias foram as proposições desenvolvidas em busca da viabilização das necessárias mudanças para o alcance das reformas desejadas. Assim, nas sugestões, constam desde mudanças na estrutura administrativa das empresas públicas e privadas, propondo adoções de formas de participação nos lucros e de cogestão, até demandas para o governo de modificações no meio agrário, com ousadas propostas de reformas que implicariam mais do que mudanças na legislação rural, mas na própria estrutura de ensino do SSR. Assim, foi solicitada uma reforma universitária, com vistas a um melhor amoldamento pedagógico e com abertura para outros mercados de trabalho sociais e melhoria na democratização do ensino.

Os anos de 1961 até o golpe militar de 1964, a partir do governo de João Goulart, simbolizam, particularmente, uma efervescência de consciência nacional-popular, bem como de lutas por reformas mais estruturais, apresentadas pelo então presidente, Jango, como Reformas de Base, reclamadas tanto por intelectuais quanto por operários, estudantes e camponeses. Nesse contexto, a classe trabalhadora buscava traçar planos de alcance de hegemonia, e diversos grupos de intelectuais iniciavam um processo de defesa dos interesses das classes subalternizadas, urbanas ou rurais, na busca da constituição de uma conexão orgânica, que então daria vazão ao movimento cultural de mudanças intelectualizadas (Ammann, 1992).

No período de 1961 até a eclosão da ditadura militar, houve, entre outras, duas experiências com DC que refletem as contradições teóricas vivenciadas e que são traduzidas em **práticas incongruentes**: o Serviço Social operacionalizava o DC numa percepção acrítica, sem envolvimento com concepções políticas ou de classe – o que ficou conhecido como *Desenvolvimento de Comunidade Ortodoxo (DCO)* –; paralelamente, houve também a materialização de trabalhos na comunidade, que incitavam uma participação mais crítica dos assistentes sociais, com uma atuação que levasse à mudança estrutural da sociedade – os profissionais atuantes nessa perspectiva heterodoxa adotavam posturas de defesa dos interesses comunitários e de suas reivindicações.

No DCO, os postulados teóricos balizadores da prática se referem à vertente estrutural-funcionalista, na qual a comunidade é vista como parte de um todo, considerando-se que as partes dependem umas das outras e que, portanto, devem trabalhar em colaboração, ou seja, cada um deve desenvolver o papel que lhe compete para que haja um equilíbrio no todo social. Dessa forma, o sistema poderia ser desenvolvido de forma **socialmente harmoniosa**.

> Vale ressaltar que os papéis sociais, nessa conjuntura, são pautados pela classe dominante brasileira.

A participação com vistas ao desenvolvimento de papéis sociais tem como finalidade a continuação e a estabilidade do sistema vigente. Esses trabalhos com a comunidade urbana e seus programas, iniciados a partir da década de 1960, podem ser encontrados nos relatórios do CBCISS, identificados como: "Planejamentos e Programas gerais; planejamentos e programas visando a determinados problemas ou campos: coordenação de recursos" (CBCISS, 1986, citado por Ammann, 1992, p. 86).

Em Planejamentos e Programas Gerais (CBCISS, 1986, citado por Ammann, 1992), foram identificados projetos que viabilizariam a descentralização administrativa de grandes centros urbanos e também a implantação de Centros Sociais Urbanos (CSUs). Somado a esses objetivos, há também o interesse no planejamento de novas comunidades.

Em Desenvolvimento de Planejamento e Programas para problemas ou campos específicos (CBCISS, 1986, citado por Ammann, 1992), o trabalho ocorreu na implantação de programas que visassem à erradicação de favelas ou sua modificação. Isso porque, em nosso país, a proliferação de favelas aconteceu justamente no momento da expansão industrial, quando houve o deslocamento do contingente populacional rural em direção aos polos mais industrializados, o que, em uma concepção capitalista, ofereceu condições para a formação de uma massa de desempregados urbanos, denominada por Marx (1984) de *exército de reserva*, necessária para a expansão capitalista exploratória.

O trabalho técnico era realizado com base em duas frentes: por um lado, no convencimento do retorno das famílias para os meios rurais; por outro, na melhoria das condições infraestruturais das favelas (esgoto, água, lixo, iluminação etc.). O Serviço Social esteve à frente do incremento desses trabalhos, pois eram esses profissionais que trabalhavam com o convencimento em relação às propostas e faziam a ponte entre a comunidade e os demais profissionais que participavam dos programas.

Os recursos destinados a áreas urbanas eram geralmente alocados para o atendimento de "obras sociais" e trabalhos com alguns segmentos priorizados, tais como menores abandonados, idosos, mendigos e áreas de prostituição. Esses trabalhos eram desenvolvidos em uma perspectiva estrutural-funcionalista, com o intuito de corrigir as disfunções do sistema e com vistas a integrar e adaptar o indivíduo ao meio social, para o alcance de uma sociedade harmônica.

O DC heterodoxo, por sua vez, adotou uma perspectiva mais abrangente da sociedade brasileira e de suas problemáticas. Assim, a visão de classes antagônicas estava presente no meio urbano ou rural e, dessa forma, o campesinato ganhou força política e fortaleceu as lutas por seus direitos. A esse movimento somaram-se as ações de outras categorias que iniciavam seus modos de organização e se uniam para reivindicar reformas, como professores, estudantes e intelectuais.

O principal programa de repercussão nacional nessa linha de abordagem foi o Movimento de Educação de Base (MEB), pois teve uma ampla atuação nas áreas de educação, cultura popular, sindicalismo rural e trabalho. Esse movimento, que teve em sua gênese o experimento de alfabetização por meio de ondas sonoras, foi protagonizado pelo Serviço de Assistência Rural (SAR) das igrejas católicas de Natal, no Rio Grande do Norte, e, posteriormente, de Aracaju, em Sergipe. Em março de 1961, o MEB alcançou expressão governamental por meio do Decreto n. 50.370, de 21 de março de 1961 (Brasil, 1961), e foram instaladas 15 mil escolas radiofônicas conveniadas a diversos órgãos governamentais.

Podemos destacar duas fases desse mesmo projeto (MEB): inicialmente, a proposta continha um forte apelo de evangelização, visto ter sido gestada na Igreja Católica; mais tarde, com sua ampliação e por um esforço governamental, iniciou-se um processo de aproximação com a realidade dos trabalhos rurais e de suas aspirações políticas, tornando-se polo de reivindicações e instrumento de ações dos operários.

A principal diferenciação entre o Desenvolvimento de Comunidade Ortodoxo (DCO) e o Desenvolvimento de Comunidade Heterodoxo (DCH) está justamente na **vinculação orgânica de seus intelectuais**, nos moldes apresentados por Ammann (1992). Assim, os ortodoxos, em uma visão acrítica, despendem esforços para que sejam mantidas as relações de poder, ou seja, de dominação da classe trabalhadora e sem a participação dos indivíduos que formam essa classe. Os intelectuais heterodoxos, por sua vez, ao estabelecerem vínculos com a classe subalterna, esforçam-se para que essa classe alcance a modificação estrutural a fim de tornar-se hegemônica (Ammann, 1992).

O DC foi, assim, entendido como ferramenta-chave para o desenvolvimento nacional pretendido. Dessa forma, a comunidade como um todo seria responsabilizada pelo desenvolvimento de um processo solidário. Tal processo também deveria ter sua programação, como política nacional, localizada e estruturada em uma política social apoiada em programas regionais e locais, com a participação de instituições particulares para desenvolver o bem-estar social e dissipar as diferenças sociais marcadas pelas grandes concentrações de renda.

No II Congresso Brasileiro de Serviço Social, foi apontado que, como o Serviço Social é o principal condutor do método DC, para que o assistente social disputasse o mercado em pé de igualdade com os demais profissionais, ele deveria aperfeiçoar os aspectos teórico-conceituais e transcender a técnica, buscando delimitar suas competências e atribuições, com o objetivo de representar papel relevante no desenvolvimento nacional (Ammann, 1992).

No início de 1962, na preparação para a IX Conferência Internacional de Serviço Social, que teve seu tema voltado para o desenvolvimento de comunidades rurais e urbanas, foi preparado um relatório sobre os levantamentos realizados pelos comitês estaduais do CBCISS – que, por sua vez, se fundamentaram nas conclusões do II Congresso Brasileiro de Serviço Social e em seminários nacionais e regionais –, no qual foram também incorporadas pesquisas publicadas sobre o tema de DC, porém com base apenas em aspectos práticos, sem fazer as modificações teórico-conceituais sugeridas no II Congresso e nos seminários citados.

Somente em 1963, em um seminário organizado pela Associação Brasileira de Escolas de Serviço Social (ABESS), realizado no Rio de Janeiro, com a participação de vários docentes de diversas escolas do Brasil, o DOC começou a ser pensado como uma disciplina que respeitasse as particularidades estruturais e conjunturais da sociedade brasileira, sendo assim definido:

> intervenção deliberada e metódica de um agente ou equipe técnica que utiliza conscientemente o processo natural de mudança, provocando-o, acelerando-o, orientando-o, visando obter melhoras de vida e amadurecimento da comunidade, mediante ativa participação e trabalho cooperativo de seus membros. (Junqueira, 1963, citado por Ammann, 1992, p. 79)

Com essa definição, percebemos o amadurecimento teórico com relação ao DOC no Brasil na medida em que procura desconsiderar as mais expressivas vinculações dadas pela ONU, que identifica o DOC como foco de apoio governamental, o que foi visto pelos profissionais brasileiros como falta de autonomia. Porém, notamos que o foco é dado ao agente técnico como fomentador de mudanças, contando com a participação da comunidade (Ammann, 1992).

Os assuntos relativos ao DC ainda foram tema de diversos encontros e seminários, sempre preocupados com alguns aspectos inerentes à temática. O Encontro dos Técnicos, realizado em São Paulo, em

1962[4], promovido pela Secretaria de Saúde Pública e de Assistência Social do Estado de São Paulo, trouxe três posicionamentos que serviram de norteadores para a discussão sobre o DC:

1. a relação entre DOC e planejamento socioeconômico;
2. a necessidade de coordenação de programas na área de DOC;
3. a delimitação de competências específicas dos profissionais das equipes compostas de diversificados técnicos de áreas interdisciplinares.

Entre os avanços observados nesse encontro estão a sugestão da criação do Ministério de Desenvolvimento e Organização de Comunidade e, ainda, a proposta para que fosse criada, nos estados, a Secretaria de Serviço Social. Houve também uma solicitação para que fossem realizados treinamentos para todos os técnicos nos diversos níveis que estivessem envolvidos no trabalho com o DOC. Assim, surgiu a preocupação com a qualificação da mão de obra, presente nas exigências da expansão capitalista e ocasionada pelo desenvolvimento da indústria, principalmente no Estado de São Paulo (Ammann, 1992).

Podemos afirmar que, até esse período, o país desfrutava de períodos democráticos, nos quais se apregoavam momentos de participação popular e de abertura político-partidária. Na sequência, analisaremos o que ocorreu com o Serviço Social nos anos de ditadura militar.

4.3 Desenvolvimento de Comunidade e Serviço Social pós-1964

Depois de 1964, com a instalação da ditadura militar, desenvolveu-se na sociedade brasileira, sob influência internacional, novos paradigmas teórico-metodológicos que permearam ideologicamente

---

4 Apesar de o encontro ter sido realizado em novembro de 1962, somente em 1965 seus documentos foram publicados pelo CBCISS.

os procedimentos técnicos do Serviço Social no que diz respeito ao DC. Assim, essa época ficaria marcada pela apropriação dos conhecimentos técnicos dos assistentes sociais pelos governantes, quando o governo militar se apropriava "até mesmo do uso das atividades laborativas desempenhadas pela comunidade" (Wanderley, 1998, p. 34).

Ao assumirem o poder, os militares deixaram claro seu posicionamento contrário ao tipo de nacionalismo que vinha sendo adotado pelos governos anteriores. O novo regime apregoava uma democracia, porém tutelada pelo governo. Aliada a esse pensamento, estava a política imperialista de anticomunismo. Como visto, o aparato de força estatal era utilizado para neutralizar qualquer movimento social iniciado no período de democratização (1946-1964).

Conforme Ammann (1992, p. 102),

> sob o respaldo e ao encontro dos interesses das classes hegemônicas, no coração da sociedade civil, a sociedade política aciona seus aparatos coercitivos com o propósito de controlar ou desbaratar os grupos que no período populista se constituíam em expressão e prática de caráter político-ideológico: ligas camponesas, sindicatos, partidos políticos, movimentos de educação e/ou de cultura popular etc.

Com isso, o MEB foi imediatamente atingido pela nova política e abriu mão de suas atividades de conotação política, retrocedendo à sua gênese, quando foi utilizado para evangelização e catequese, o que corresponderia melhor às implicações do regime militar. Nessa nova perspectiva do MEB, suas ações voltaram-se para o Norte brasileiro, onde a população amazônica e até os próprios profissionais que desenvolviam o trabalho de educação de base não haviam experimentado a atuação política do MEB, o que facilitava seu desenvolvimento local na nova proposta.

A situação econômica brasileira à época do período da ditadura refletiu na totalidade das relações sociais de produção, por isso atingiu fortemente o Serviço Social e o DC, seu principal método de atuação no período.

Com isso, as superintendências governamentais adotaram oficialmente o DC – primeiramente, a Superintendência do Desenvolvimento do Nordeste (Sudene) e, depois, a Superintendência do

Desenvolvimento da Região Sul (Sudesul) e a Superintendência do Desenvolvimento da Amazônia (Sudam). Todas essas superintendências incorporaram, em suas etapas de institucionalizações regionais, o método de DC. A concepção era a de que tal método possibilitava a participação da comunidade no processo de desenvolvimento econômico do país. Progressivamente, o Serviço Social foi se apropriando da nova ideologia de integração nacional defendida pelas classes dominantes, tornando-se uma ideologia hegemônica.

Mesmo durante a ditadura, produções teóricas e algumas práticas do Serviço Social ainda utilizavam o DC, de forma desvinculada das ideologias hegemônicas e direcionando-o para trabalhar questões relacionadas às mazelas das classes trabalhadoras. Dessa maneira, podemos entender que o desenvolvimento da profissão aconteceu de forma paradoxal. Às vezes, havia contraste nas atuações profissionais fragmentadas e, outras, era possível visualizar alguns padrões de resistência política ao modelo imposto pelo regime.

No Rio de Janeiro, por exemplo, alguns profissionais recusavam-se a atender à comunidade utilizando métodos e técnicas que fossem importados dos organismos internacionais, que, na realidade, eram os principais financiadores dos programas. Em outras regiões, havia, além da resistência à utilização das técnicas importadas, profissionais que adotavam ações educativas fundamentadas no método de Paulo Freire, que é vinculado ao MEB. Isso ocasionava certo desconforto nas relações internacionais. Assim, com o Ato Institucional n. 5 (AI-5), foram cerceadas as aplicações desses métodos nacionais.

No período de ditadura militar brasileira, observamos um agravamento das relações de trabalho, nas quais as políticas salariais e sindicais receberam mudanças que resultaram em maior exploração capital/trabalho, com ampliação das jornadas de trabalho e desarticulação dos sindicatos. Nesse momento, aprofundaram-se as expressões da "questão social", com alta nas taxas de doenças e infecções, bem como da mortalidade infantil. Houve aumento da miséria e comprometeu-se a força de trabalho. Esses foram os custos sociais da proposta de crescimento vigente durante esse período.

As respostas governamentais aconteceram na forma de programas sociais compartimentalizados, como campos de investimentos nacional e estrangeiro, em uma lógica de gastos mínimos, com a reprodução da força de trabalho. Dessa forma, a prática **clientelista** tomou força. O processo burocrático também foi acionado para viabilizar o momento de modernização do Estado. Essa política social ocasionou uma crescente ampliação do campo de atuação social, pois cada vez mais se tornou necessário o papel do profissional responsável por atender às demandas dos trabalhadores e encaminhá-los para o recebimento dos "benefícios" originados da política. Como bem afirmam Iamamoto e Carvalho (1982, p. 370),

> A ampliação do mercado de trabalho e o reforço da legitimidade do Serviço Social é expressão da resposta das classes dominantes ao enfrentamento das novas formas de expressão da questão social, que tem como pano de fundo a ampliação do processo de pauperização da população trabalhadora, dentro de uma conjuntura em que sua capacidade de luta encontra-se gravemente afetada pela política de desorganização e repressão a suas entidades de classe.

Assim, o Serviço Social teve de se adequar para atender às novas demandas, com o desenvolvimento de técnicas que dessem respostas à nova conjuntura instaurada. Tornou-se necessária a apropriação de técnicas mais modernizadoras que superassem as utilizadas no Serviço Social tradicional, o que ocorreu com a adoção de procedimentos teórico-metodológicos diferenciados. Porém, tais procedimentos começaram a ser questionados no interior da categoria dos assistentes sociais, desarticulando-a. Vários profissionais começaram a questionar as metodologias adotadas para intervenção no âmbito das políticas sociais vigentes e, consequentemente, suas próprias práticas profissionais, produzindo um grande debate no interior da categoria.

As escolas de Serviço Social, procurando adequar-se ao novo momento, buscaram direcionar os currículos, associando-os aos das ciências sociais, a fim de alcançar o domínio de maior cientificidade para a área. Assim, a correlação de forças tão presentes na sociedade capitalista também se tornou característica nas formações profissionais, contribuindo para novos questionamentos da prática profissional.

Vale salientar que, na América Latina, o Movimento de Reconceituação, ocorrido em países como Uruguai, Argentina, Chile e Peru, que ainda viviam momentos de maior democratização política, começou a produzir, de forma crítica, literaturas específicas sobre o Serviço Social, que vieram a influenciar o Serviço Social brasileiro no início da década de 1970.

> **Questão para reflexão (II)**
>
> 1. Por que o MEB, que estava desenvolvendo um trabalho de forma ampliada, teve de retornar aos trabalhos que desenvolvia em sua fase inicial?
>
> **Dica**: lembre-se de que isso aconteceu no período da ditadura militar, a qual freou o processo democrático que vinha sendo estabelecido.

4.4 Fundamentos teóricos e Código de Ética Profissional

O Código de Ética Profissional que vigorou nos anos de 1950 até meados da década de 1960 foi aprovado em assembleia geral da Associação Brasileira de Assistentes Sociais (Abas) – Seção São Paulo, no dia 29 de setembro de 1947. Esse código trazia, na "Introdução", quatro itens que tratavam da deontologia[5] do Serviço Social e expressavam as ideias das teorias adotadas pela categoria. Em seu item III (CFAS, 1947), havia a ideia de que as pessoas atendidas não se ajustavam à realidade e, portanto, o problema social, posteriormente estudado como "questão social", era individualizado. Ou seja, os problemas sociais eram vistos como um **desajustamento do próprio indivíduo**, uma vez que este não conseguia se adaptar ao meio social em que vivia e, por isso, era considerado "desajustado".

---

5   Deontologia: "parte da filosofia em que se estudam os princípios, fundamentos e sistemas de moral; tratado dos deveres; ética profissional" (Bueno, 1999, p. 284).

III – A importância da Deontologia do Serviço Social provém do fato de que o Serviço Social não trata apenas de fator material, não se limita à remoção de um mal físico, ou a uma transação comercial ou monetária: trata com pessoas humanas desajustadas ou empenhadas no desenvolvimento da própria personalidade. (CFAS, 1947)

Assim, as relações sociais de produção capitalistas não eram vistas como promotoras de desigualdade social e de pobreza e, portanto, das expressões da "questão social". O próprio sujeito era responsabilizado e culpabilizado por suas necessidades sociais, sobretudo quando não contava com os meios suficientes para supri-las. Essas necessidades eram vistas como sintomas de desajustes psicológicos, sociológicos ou até antropológicos. Entendia-se com isso que as pessoas deveriam ajustar-se à realidade que lhes era apresentada, ou seja, se algo não estava bem ajustado na sociedade brasileira, se as famílias estavam em condições de precariedade social, se não havia trabalho nem condições de subsistência, a culpa era dos indivíduos, que deveriam "ajustar-se" à sociedade ou "esforçar-se" para mudar sua própria situação.

Esse mesmo código trazia, ainda, no item IV da "Introdução", (CFAS, 1947), a ideia de que deveria estar presente na formação do assistente social a preocupação com a **moral**, sendo importante lembrar que esse conceito estava fortemente ligado aos ensinamentos religiosos da Igreja Católica, conforme as proposições tomistas e neotomistas, que, à época, influenciavam teoricamente a formação profissional do assistente social. Vejamos: "IV – A observância dos princípios da Deontologia do Serviço Social exige, da parte do Assistente Social, uma segura formação em todos os ramos da Moral" (CFAS, 1947).

Ademais, destacamos a forte concepção religiosa presente na profissão, conforme podemos ver nos deveres fundamentais do assistente social (CFAS, 1947): "1. Cumprir os compromissos assumidos, respeitando a lei de Deus, os direitos naturais do homem, inspirando-se, sempre em todos seus atos profissionais no bem comum e nos dispositivos da lei, tendo em mente o juramento prestado diante do testemunho de Deus".

Essa concepção culmina na Secção II, que trata dos deveres para com o beneficiário do Serviço Social, indicando que é dever profissional:

"1. Respeitar no beneficiário do Serviço Social a dignidade da pessoa humana, inspirando-se na caridade cristã" (CFAS, 1947).

Apesar da forte influência religiosa, observamos que a profissão contava com um suporte teórico sobre a prática profissional, pois, para além do sustentáculo científico de formação, também está relacionada ao suporte legal, que balizaria o fazer profissional.

Isso demonstra que a institucionalização do Serviço Social ocorreu por meio do Estado de capitalismo monopolista e sua necessidade de mediar a "questão social". Engana-se quem acredita que o Serviço Social é uma evolução da caridade da Igreja Católica, isto é, que incorporou técnicas mais elaboradas de "ajuda" social. Isso se refere a suas protoformas; porém, a institucionalização profissional ocorre no Estado capitalista monopolista como política social necessária para mediar a "questão social".

Em meados da década de 1960, o Serviço Social alcançou *status* profissional e vivenciou a influência de novas teorias que lhe serviram de sustentáculo científico. Isso se refletiu no Código de Ética de 1965 (CFAS, 1965), aprovado em 8 de maio do referido ano. Uma das particularidades do Código de Ética de 1965 foi que sua aprovação ocorreu pelo Conselho Federal de Assistentes Sociais (CFAS) – regulamentado por meio do Decreto n. 994/1962, sendo esse o mesmo decreto que regulamentou a Lei n. 3.252/1957, a qual dispunha sobre o exercício da profissão de assistente social. Assim, foi atribuído ao Conselho o encargo de elaborar e aprovar o Código de Ética Profissional do Assistente Social.

Naquele momento, o Serviço Social foi devidamente reconhecido como profissão, situado na divisão sociotécnica do trabalho, recebendo influência teórica do estrutural-funcionalismo. O novo código, no contexto da ditadura militar, trouxe essas concepções para o desenvolvimento profissional e a orientação da prática. O documento apresentou a defesa de direitos da pessoa como um dos deveres fundamentais do profissional, sem deixar de levar em consideração a **estabilidade** e a **integridade** da família: "Art. 6º O assistente social deve zelar pela família, grupo natural para o desenvolvimento da pessoa humana e base essencial da sociedade, defendendo a prioridade dos seus direitos e encorajando as medidas que favoreçam a sua estabilidade e integridade" (CFAS, 1965).

A concepção de que os indivíduos devem ser atendidos de acordo com as metodologias de trabalho adotadas pelos assistentes sociais, voltadas à integração social e de forma a se adequarem à sociedade, foi explicitada da seguinte forma: "Art. 7º Ao assistente social cumpre contribuir para o bem comum, esforçando-se para que o maior número de criaturas humanas dele se beneficiem, capacitando indivíduos, grupos e comunidades para sua melhor integração social" (CFAS, 1965).

Outra inovação trazida pelo Código de 1965 foi com relação às associações de classe, determinando que o assistente social deveria contribuir com os órgãos representativos da classe de forma a zelar por seus direitos, com vistas ao aperfeiçoamento gradativo do Serviço Social e à dignificação da profissão. O documento explicita, ainda, que o profissional não deveria se eximir de contribuir com os órgãos de classe em assuntos relacionados ao domínio profissional – o que veio a ser de suma importância para as dimensões organizativa e política da profissão.

O Código de 1965 destaca também como dever do assistente social o respeito à dignidade da pessoa humana de natureza livre e inteligente e o princípio de autodeterminação: "Art. 5º No exercício de sua profissão, o assistente social tem o dever de respeitar as posições filosóficas, políticas e religiosas daqueles a quem se destina sua atividade, prestando-lhes os serviços que lhe são devidos, tendo-se em vista o princípio de autodeterminação" (CFAS, 1965).

> Ressaltamos que, apesar de aquele momento político aparentar respeito à liberdade religiosa e de o Estado brasileiro já ter se caracterizado como laico à epoca, na concretude dos fatos históricos, nem a questão religiosa usufruía completamente dessa liberdade, visto que os cultos de matrizes afrodescendentes não eram aceitos, nem podemos falar em liberdade filosófica ou política. Contudo, o Código de 1965, de forma inovadora, aborda o princípio da **autodeterminação**.

Notamos uma mudança de percepção teórica no Código de 1965 em relação ao de 1947, pois o pensamento teórico doutrinário foi substituído por teorias mais científicas e que atendiam ao novo momento vivenciado, quando o Serviço Social foi então reconhecido como profissão técnico-científica. Ademais, é comum encontrarmos no Código de 1965 palavras como *ordem* e *progresso*, tão comumente usadas e que fazem parte do vocabulário funcionalista embutido na ideologia desenvolvimentista preconizada à época, bem como princípios de fraternidade nacionais e internacionais.

> **Questão para reflexão (III)**
>
> 1. Nas décadas estudadas, vimos que a profissão de assistente social esteve sob a vigência de dois diferentes Códigos de Ética Profissional, o de 1947 e o de 1965. Por que foi necessária a elaboração de um novo Código de Ética?
>
> **Dica**: lembre-se da relação entre o Código de Ética e a teoria do Serviço Social.

4.5 Formação acadêmica no Serviço Social

As primeiras escolas de Serviço Social datam de 1936, em São Paulo, e 1937, no Rio de Janeiro. Contudo, somente em 1954 foi aprovado o primeiro currículo mínimo para os cursos de formação acadêmica do Serviço Social. Isso quer dizer, também, que foi somente após sete anos de aprovação do primeiro Código de Ética Profissional (CFAS, 1947) que se estabeleceu o currículo mínimo, fruto do empenho dos profissionais, da Abas e da Abess (Reis et al., 2010).

O currículo mínimo de Serviço Social foi instituído por meio do Decreto n. 35.311, de 2 de abril de 1954 (Brasil, 1954) – que regulamenta a Lei n. 1.889, de 13 de junho de 1953 (Brasil, 1953a), a qual trata dos objetivos do ensino do Serviço Social, de sua estruturação e das prerrogativas dos portadores de diplomas de assistentes sociais e agentes sociais.

O Decreto n. 35.311/1954 estabelece que o ensino de Serviço Social é uma prerrogativa exclusiva das escolas de Serviço Social que estiverem de acordo com os termos estabelecidos no novo regulamento. A finalidade do Serviço Social é assim identificada:

> Art. 2º O ensino do Serviço Social tem por finalidade:
> I – prover a formação de pessoal técnico habilitado para a execução e direção do Serviço Social;
> II – aperfeiçoar e propagar os conhecimentos e técnicas relativas ao Serviço Social;
> III – contribuir para criar ambiente esclarecido que proporcione a solução adequada dos problemas sociais. (Brasil, 1954)

No mesmo decreto, encontra-se a estruturação das escolas de Serviço Social, que deveria ser organizada em cursos ordinários e extraordinários. A estrutura do curso ordinário deveria contemplar as disciplinas necessárias para a aquisição do diploma de assistente social – tais disciplinas seriam divididas em três séries, a serem cursadas em três anos. O documento traz, ainda, uma lista com as disciplinas que deveriam ser estudadas em cada série.

Referido decreto estabelece que deveria haver o cuidado de organizar os programas de forma que estes oferecessem, na primeira série, a maior parte de disciplinas de conteúdos teóricos; na segunda, uma divisão entre disciplinas teóricas e práticas; e, na terceira, a maioria de disciplinas que contemplassem a área prática do conhecimento.

A orientação era, também, para que as disciplinas ensinadas fossem das cadeiras de psicologia, sociologia, ética, introdução ao Serviço Social, Serviço Social de caso, Serviço Social de grupos e organização social da comunidade. As escolas de Serviço Social poderiam propor outras disciplinas, que deveriam ser submetidas à aprovação do Conselho Nacional de Educação (CNE).

As disciplinas práticas, segundo o art. 8º desse decreto, deveriam ter o cuidado de dar condições de desenvolvimento ao aluno para: "a)–conhecimento dos recursos da comunidade através de visitas, pesquisas e outros meios adequados; b) estágios supervisionados, cuja programação depende de aprovação do Conselho Técnico Administrativo" (Brasil, 1954).

Assim, foram estabelecidas as principais normativas sobre a formação do assistente social, e, de acordo com o decreto, para ter direito ao diploma, além de ser aprovado em todas as disciplinas propostas, o aluno deveria ser aprovado nos estágios e na apresentação de um trabalho final de curso, de autoria particular.

> Com isso, vale salientar que o Serviço Social foi uma das áreas pioneiras na exigência de produção teórico-metodológica para a conclusão do curso, hoje denominado *trabalho de conclusão de curso* (TCC).

Os cursos extraordinários, que representavam uma opção de continuidade para as escolas de Serviço Social, eram divididos em três modalidades, conforme o § 2º do art. 3º do Decreto n. 35.311/1954:

>a) de aperfeiçoamento, que se destina a ampliar conhecimentos em determinados domínios de qualquer disciplina do curso ordinário;
>b) de especialização destinado a aprofundar, em ensino intensivo e sistematizado, os conhecimentos necessários a finalidades profissionais ou científicas;
>c) de extensão, destinado a levar os problemas de assistência social ao conhecimento da comunidade. (Brasil, 1954)

O decreto explicita a preocupação com estados da Federação que não contavam com o curso de Serviço Social e estabelece que o Poder Executivo poderia conceder bolsas de estudos, deixando claro que os beneficiados pelas bolsas deveriam trabalhar, no mínimo, por dois anos no estado em que realizaram seus cursos.

Para termos uma ideia da expansão dos cursos de graduação em Serviço Social no período que antecedeu o Movimento de Reconceituação, em 1959, foram registrados 28 cursos de graduação em Serviço Social no Brasil – 4 na cidade do Rio de Janeiro, 2 em São Paulo e 1 em cada capital dos estados existentes à época, ficando de fora somente as capitais de Teresina e Cuiabá (Lopes, 1989, citado por Netto, 1996, p. 124). A partir da década de 1970, esses números aumentaram consideravelmente e, em 1971, foi implantado o primeiro curso de pós-graduação *stricto sensu* (mestrado) em Serviço Social no Brasil, na Pontifícia Universidade Católica de São Paulo (PUC-SP).

Quanto à dimensão organizativa da profissão, é importante destacar que as primeiras entidades representativas – como a Abas, criada em 1946, a Abess, também criada em 1946, a Associação Profissional de Assistentes Sociais (Apas), criada em 1954, e o Centro Brasileiro de Cooperação e Intercâmbio de Serviços Sociais (CBCISS), criado em 1957 – foram de extrema importância para o reconhecimento e a regulamentação da profissão, proesso que, como visto anteriormente, culminou com o Decreto n. 994/1962, de 15 de maio, data que ficou consignada como comemorativa do Dia do Assistente Social no país.

É importante ressaltar que o Decreto n. 994/1962 instituiu o Conselho Federal de Assistentes Sociais (CFAS) e os Conselhos Regionais de Assistentes Sociais (Cras) com o objetivo de disciplinar e fiscalizar o exercício profissional – nessa ocasião, o CFAS passou a substituir a Apas.

Questões para reflexão (IV)

1. Qual foi a importância da elaboração do currículo mínimo para os cursos de Serviço Social para a formação profissional?

    Dica: lembre-se de que, nessa época, o curso de Serviço Social ainda não tinha sido regulamentado.

2. Quais foram as primeiras entidades representativas do Serviço Social e que importância tiveram?

    Dica: lembre-se da regulamentação da profissão.

Síntese

Durante muito tempo, no Serviço Social, o método foi associado à sistematização e formalização dos métodos de Serviço Social de caso, Serviço Social de grupo (SSG) e Serviço Social de comunidade (SSC), nos quais se sobressaía a preocupação de instrumentalizar o fazer profissional, que, no Brasil, estava permeada pelo espírito cristão. A influência do neotomismo ainda foi identificada na profissão até os anos de 1960. Isso quer dizer que, até esse período, havia uma busca por fundamentação teórica na perspectiva de autores neotomistas ou de doutrina social da Igreja.

Contudo, com o decorrer dos anos, outras teorias adentraram ideologicamente a formação profissional do assistente social. Dessa forma, o desenvolvimentismo, que influenciou e influencia a sociedade brasileira em aspectos econômicos, políticos e sociais, consequentemente também permeou a formação profissional do trabalhador social. Assim, podemos afirmar que há um forte vínculo entre desenvolvimentismo e Desenvolvimento de Comunidade (DC) como instrumentalidade do Serviço Social de comunidade.

O Código de Ética de 1947, que vigorou nos anos de 1950 até meados da década de 1960, foi aprovado em assembleia geral da Associação Brasileira de Assistentes Sociais (Abas) – Seção São Paulo, no dia 29 de setembro de 1947, e trazia, em sua "Introdução", quatro itens que tratavam da deontologia do Serviço Social, expressando as ideias das teorias adotadas pela categoria.

Percebemos uma mudança de percepção teórica no Código de Ética de 1965 em relação ao de 1947. O pensamento teórico doutrinário foi substituído por teorias mais científicas e que atendiam ao novo momento vivenciado, quando o Serviço Social foi então reconhecido como profissão técnico-científica. Ademais, encontramos com facilidade nesse código palavras como *ordem* e *progresso*, tão comumente usadas e que fazem parte do vocabulário funcionalista embutido na ideologia desenvolvimentista preconizada à época.

Para saber mais

AMMANN, S. B. **Ideologia do desenvolvimento de comunidade no Brasil**. 8. ed. São Paulo: Cortez, 1992.

Esse livro traça um histórico do Desenvolvimento de Comunidade (DC) no Brasil, analisando, basicamente, quatro diferentes décadas e mostrando o DC brasileiro com seus fortes vínculos com as teorias estadunidenses e da Igreja Católica. Traz também a perspectiva do que pôde ser realizado quando o desenvolvimento se desvinculou dessa característica subalterna para se tornar protagonista no fortalecimento das camadas populares.

KISNERMAN, N. **Serviço social de grupo**: uma resposta ao nosso tempo. Petrópolis: Vozes, 1980.

Essa obra esclarece como efetivamente foi aplicado o método de Serviço Social de grupo SSG. Em seu último capítulo, traz importante contribuição para o entendimento do SSG no contexto do DC.

WANDERLEY, M. B. **Metamorfoses do desenvolvimento de comunidade e suas relações com o serviço social**. 2. ed. São Paulo: Cortez, 1998.

Trata-se de um levantamento das principais produções teóricas sobre o DC, apresentando uma análise textual das mais relevantes contribuições sobre o tema.

Questões para revisão

1. Marque a alternativa correta:
   a) O Serviço Social de caso é uma metodologia utilizada pelos profissionais da área após o Movimento de Reconceituação.
   b) O Serviço Social, ao adotar o Desenvolvimento de Comunidade (DC), também utilizava o método de grupos para atendimento das demandas.
   c) Nos anos de acirrada ditadura militar, os movimentos sociais eram reconhecidamente fortes negociadores com os governantes.

d) O Serviço Social desenvolveu-se desvinculado de contextos sociais, políticos e econômicos inerentes à sociedade brasileira.

2. Qual foi a principal mudança no Movimento de Educação de Base (MEB) durante o período da ditadura militar?

3. Quanto aos métodos utilizados pelo Serviço Social, é **incorreto** afirmar:
    a) O Serviço Social de grupo (SSG) foi um método totalmente abandonado no contexto de atendimento do Serviço Social de comunidade.
    b) O Serviço Social de caso faz parte da metodologia mais tradicional da profissão.
    c) O Desenvolvimento de Comunidade (DC) teve grande impulso no contexto do desenvolvimentismo.
    d) O SSG também foi importante no contexto de atendimento metodológico e DC.

4. Como se caracteriza a principal diferenciação entre o Desenvolvimento de Comunidade Ortodoxo e o Heterodoxo?

5. Em 1965, foi aprovado um novo Código de Ética Profissional do Assistente Social. Com relação a esse código, assinale a alternativa correta:
    a) O profissional pode eximir-se de contribuir com os órgãos de classe em assuntos relacionados ao domínio profissional.
    b) A contribuição com os órgãos de classe passa a tornar-se uma opção para o profissional de Serviço Social.
    c) O conceito que deveria estar presente na formação do assistente social era com relação à preocupação com a moral, sendo importante lembrar que esse conceito estava fortemente ligado aos ensinamentos religiosos.
    d) Era necessária a contribuição com os órgãos representativos da classe de forma a zelar por seus direitos, visando ao aperfeiçoamento gradativo do Serviço Social e à dignificação da profissão.

CAPÍTULO 5

Década de 1960 e processo de renovação do Serviço Social

Conteúdos do capítulo:

- Movimento de Reconceituação do Serviço Social na América Latina e no Brasil, a partir da década de 1960.
- Seminários que fizeram parte do Movimento de Reconceituação do Serviço Social.
- Fenomenologia e existencialismo.

Após o estudo deste capítulo, você será capaz de:

1. entender o motivo do nascimento do Movimento de Reconceituação do Serviço Social;
2. reconhecer as conquistas e os limites do Movimento de Reconceituação;
3. identificar os principais seminários do Movimento de Reconceituação;
4. compreender as teorias da fenomenologia e do existencialismo.

Neste capítulo, analisaremos o Movimento de Reconceituação do Serviço Social na América Latina e no Brasil, ocorrido a partir da década de 1960, destacando os principais seminários que fizeram parte desse movimento, em um processo no qual se buscou definir a teorização, a metodologia e a cientificidade da profissão. O objetivo principal é examinar a construção do processo de renovação do Serviço Social com base em quatro importantes seminários: Araxá (1967), Teresópolis (1970), Sumaré (1978) e Alto da Boa Vista (1984).

Ao final deste último capítulo, também apresentaremos duas correntes teóricas que foram importantes para o ensino do Serviço Social em determinado contexto e que fazem parte de sua literatura: a fenomenologia e o existencialismo.

5.1 Movimento de Reconceituação na América Latina e no Brasil

Reconceituar significa "dar novo conceito", ou seja, superar algo ultrapassado, que não condiz mais com a realidade. O Movimento de Reconceituação do Serviço Social na América Latina surgiu na década de 1960 como um movimento de revisão crítica para substituir o então chamado *Serviço Social tradicional*. Isso porque tal enfoque, transportado da Europa e dos Estados Unidos para a América Latina, passou a ser considerado ultrapassado no âmbito do Serviço Social, pois era caracterizado pela prática paliativa que buscava enfrentar as expressões da "questão social" por meio de abordagens individuais e grupais, em uma ótica funcionalista[1].

---

1 O funcionalismo é uma corrente sociológica associada ao positivismo de Émile Durkheim. Nessa corrente, cada instituição exerce uma função específica na sociedade e seu mau funcionamento significa um desarranjo da própria sociedade. Assim, os assistentes sociais que atuam nessa perspectiva executam ações curativas e imediatistas, desconsiderando a história como determinante das relações contraditórias que permeiam a sociedade e entendendo o Estado como um benfeitor, e não como um mediador das relações sociais de produção.

O Movimento de Reconceituação tinha como pretensão **romper com a dicotomia entre teoria e prática**, denunciando a ineficácia metodológica da divisão entre o Serviço Social de caso, o de grupo e o de comunidade, hegemônicos na profissão desde suas origens. Para Aguiar (1985), a reconceituação do Serviço Social surgiu da necessidade de ir além dos modelos tradicionais estadunidense e franco-belga, buscando uma adequação do Serviço Social à realidade de um continente subdesenvolvido e dependente.

No Quadro 5.1, apresentamos uma síntese do que caracterizou os principais elementos de ruptura e as proposições do Movimento de Reconceituação do Serviço Social na América Latina.

Quadro 5.1 – Síntese do Movimento de Reconceituação do Serviço Social na América Latina

Ruptura	Proposições
Soluções dos problemas sociais centradas no indivíduo (isolado de uma estrutura social).	Busca de um marco teórico-referencial ou de uma teoria para a prática do Serviço Social latino-americano.
Utilização de um marco teórico concebido "em" e "para" realidades históricas e sociais externas à realidade latino-americana.	
Emprego dos métodos tradicionais de caso, grupo e comunidade.	Busca de modelos metodológicos adequados às necessidades da realidade latino-americana e que pudessem, efetivamente, assegurar a integração teórico-prática na atividade profissional. Elaboração de uma literatura autônoma, refletindo as respostas do Serviço Social à realidade latino-americana.
Apropriação de concepções diagnósticas peculiares às disciplinas terapêuticas com ênfase no tratamento, levando a profissão a uma forte tendência psicologista.	
Realização de uma prática repetitiva preocupada com o uso eficaz de técnicas sem nenhuma vinculação com a teoria, impedindo o aproveitamento dessa prática na construção de uma teoria própria do Serviço Social.	

Fonte: Elaborado com base em Macedo, 1986.

A ruptura à qual nos referimos no Quadro 5.1 consiste na não aceitação do modelo de Serviço Social estadunidense utilizado até então no Serviço Social da América Latina, e as proposições indicadas resumem-se à tentativa de adequar o Serviço Social à problemática dos países latino-americanos por meio da abertura para um conhecimento novo.

Os questionamentos ao Serviço Social tradicional ocorreram paralelamente às mudanças econômicas, políticas e sociais no contexto mundial que se expressava na década de 1960, o qual se caracterizava, sobretudo, pela emergência do capitalismo monopolista em âmbito mundial e por suas formas imanentes de promover desigualdades sociais e pauperização. Assim, os profissionais de Serviço Social começaram a indagar o significado da profissão inserida na **exploração capital/trabalho**, própria das relações sociais de produção capitalistas. Tais indagações foram no sentido de fundamentar as ações profissionais diante das mudanças sociais, apontando para uma "renovação profissional" (Netto, 1996).

> Assim, segundo Ortiz (2010, p. 162), "a Reconceituação questionava o papel dos assistentes sociais no processo de superação da condição de subdesenvolvimento dos países latino-americanos".

Vale salientar que o conceito de subdesenvolvimento foi amplamente discutido por estudiosos de várias áreas de conhecimento e seu entendimento mais progressista é o de que ele compõe as necessidades de ampliação da acumulação capitalista, sendo-lhe imanente. Nesse sentido, não se trata de um estágio que antecede um desenvolvimento que, em sua evolução, alcançaria um patamar semelhante ao dos países denominados *imperialistas*, pois há o entendimento de que cada sociedade tem sua própria forma de organização e desenvolvimento socioeconômico e de que a denominação *subdesenvolvimento* foi mais uma estratégia dos países desenvolvidos para manter o domínio sobre os países menos desenvolvidos[2].

---

2 Para saber mais sobre o tema, consulte Braga (2012).

O marco inicial[3] da reconceituação tem registro em 1965, com o I Seminário Regional Latino-Americano de Serviço Social, realizado em Porto Alegre, no Rio Grande do Sul. Formado por profissionais do Uruguai, da Argentina e do Brasil, um grupo, que passou a ser conhecido como *Geração 65*, defendia um "novo" Serviço Social para a América Latina, criticando, sobretudo, a **imparcialidade** da ação profissional diante da população usuária dos serviços e dos demandantes desses serviços.

O acirramento das desigualdades sociais e o agravamento da "questão social" desencadearam uma grande mobilização dos setores populares. A pressão social contribuiu para a emersão do debate no interior da profissão sobre a necessidade de abandonar posturas neutras e assumir uma nova identidade de classe, ou seja, posturas mais críticas e comprometidas com os interesses da classe trabalhadora. Com isso, o chamado *movimento social crítico* (Faleiros, 2005) emergiu defendendo uma transformação social das estruturas de exploração e opressão originadas pelo capitalismo e aproximando o Serviço Social da teoria social de Marx, o método histórico dialético (Faleiros, 2005).

Ainda nos anos de 1960, outros grupos, como os dos movimentos sociais ligados à organização popular, organizações políticas clandestinas, sindicatos, o movimento estudantil e as Ligas Camponesas, reforçaram a busca por mudanças da ordem vigente. Como vimos, o golpe militar de 1º de abril de 1964 interrompeu o processo de revolução para uma nova ordem democrática. Com isso, alguns protagonistas do Movimento de Reconceituação do Serviço Social foram obrigados a exilar-se do país, e outros, a viver na clandestinidade; alguns foram torturados ou considerados "desaparecidos" na ditadura. Foi nesse momento que o Movimento de Reconceituação do Serviço Social brasileiro se diferenciou do observado no restante da América Latina, pois cada país desenvolveu seus processos de ruptura de acordo com a realidade local.

---

3 Outros seminários foram realizados: Montevidéu, no Uruguai (1966); General Roca, na Argentina (1967); Concepcíon, no Chile (1969); Cochabamba, na Bolívia (1970); e Porto Alegre, no Rio Grande do Sul, Brasil (1972).

> Devemos lembrar que, no Brasil, a superação associava-se aos marcos da modernização conservadora. Foi somente com a decadência da ditadura militar que a ruptura ganhou espaço para ser difundida entre os profissionais.

A inserção do pensamento crítico que conecta a luta de classes com o Serviço Social veio acompanhada desse processo histórico de lutas constantes pela construção de uma sociedade sem exploração e dominação. Nessa perspectiva, apresentamos a seguir algumas abordagens discutidas no Movimento de Reconceituação do Serviço Social brasileiro com base na visão de Netto (1996), deixando claro que não são convergentes e representam três perspectivas antagônicas da profissão:

1. **Perspectiva modernizadora** – Os assistentes sociais utilizavam-se da ideologia desenvolvimentista ao assumir, em sua prática de trabalho, uma posição modernizadora, adotando a racionalidade burocrático-administrativa e exigindo do assistente social uma postura "moderna" em contraposição às ações meramente operativas e técnico-instrumentais, que não procuravam questionar a estrutura social da ordem sociopolítica. Isso porque a preocupação estava voltada mais para avançar na própria teoria do Serviço Social, a qual deveria se ajustar ao contexto socioeconômico da realidade brasileira, do que para modificar a ordem vigente. Com o objetivo de formar esse profissional "moderno", a política educacional da ditadura expandiu-se, deixando de formar assistentes sociais por meio de escolas confessionais, nas quais o quadro docente tinha como base valores morais, e inserindo o Serviço Social no âmbito universitário – o Seminário de Araxá (1967) e o Seminário de Teresópolis (1970) foram considerados o auge dessa perspectiva. A hegemonia desse pensamento "modernizador" perdeu força a partir da década de 1970.

2. **Reatualização do conservadorismo** – Ao contrário da perspectiva modernizadora, essa tendência não trouxe inovações na dimensão técnico-profissional, além de ter contado com pouca adesão no interior da categoria. Foi uma tendência que procurou restaurar a herança histórica e conservadora do Serviço Social, trazendo uma nova roupagem a suas bases teórico-metodológicas. Nesse aspecto, houve a recusa ao pensamento positivista e, ao mesmo tempo, ao materialismo crítico-dialético, acolhendo-se a perspectiva fenomenológica – os seminários que orientaram essas práticas foram o de Sumaré (1978) e o do Alto da Boa Vista (1984).
3. **Intenção de ruptura** – O surgimento da perspectiva de intenção de ruptura com a tradição conservadora do Serviço Social ocorreu nos anos de 1970 e esteve diretamente ligado à representação do pensamento crítico no interior do ambiente universitário, mais especificamente na Escola de Serviço Social da Pontifícia Universidade Católica de Minas Gerais (PUC-Minas). O contexto sociopolítico que fez aflorar essa tendência no interior do Movimento de Reconceituação do Serviço Social esteve permeado por mobilizações sociais contra a ditadura militar e contribuiu para a aproximação do Serviço Social com a classe trabalhadora, formando uma nova identidade profissional vinculada ao pensamento marxista. Por sua característica de oposição à estrutura econômico-política vigente, foi apenas a partir da década de 1980 que a perspectiva de intenção de ruptura iniciou sua saída dos muros universitários. Segundo Netto (1996, p. 248),

> é somente quando a crise da autocracia burguesa se evidencia, com a reinserção da classe operária na cena política brasileira desatando uma nova dinâmica na resistência democrática, que a perspectiva da intenção de ruptura pode transcender a fronteira das discussões em pequenos círculos acadêmicos e polarizar atenções de segmentos profissionais ponderáveis.

O traço notável desse período, que abrange não só a perspectiva de intenção de ruptura, mas o processo de renovação do Serviço Social na América Latina como um todo, foi a inserção dos cursos de Serviço Social no âmbito acadêmico, caracterizando o amadurecimento teórico e a consequente ampliação da produção editorial por meio das pós-graduações.

> Para Netto (1996), o método BH (Belo Horizonte)[4] e as reflexões de Iamamoto e Carvalho (1982) representaram os marcos seminais para essa tendência.

Como podemos perceber, o Movimento de Reconceituação do Serviço Social não foi composto de uma só tendência de ideias e posições, pelo contrário, coexistiu em seu interior um pluralismo de ideologias que propiciou alguns avanços e retrocessos em termos de construção de um novo projeto profissional. Não houve, então, unanimidade ao se desenhar uma proposta de superação para o Serviço Social tradicional. O fato comum que uniu essas ideologias tão pluralistas está na determinação dos profissionais do Serviço Social em reconhecer a necessidade de buscar um projeto profissional alinhado à realidade latino-americana, superando práticas que não respondiam à demanda da população usuária dos serviços, e sim às demandas e aos interesses institucionais.

A maioria dos autores que estudam o Movimento de Reconceituação na América Latina e no Brasil define de duas formas as expressões históricas desse movimento: a primeira, de base estrutural-funcionalista, tem uma roupagem modernizadora e se preocupa em melhorar a intervenção técnica e metodológica da atuação profissional, de modo a qualificá-la pela lógica desenvolvimentista e de planejamento social; a segunda caracteriza-se pela busca da construção de um projeto profissional fundamentado em uma renovação teórico-metodológica da intervenção profissional, que ficou conhecida como *intenção de ruptura*.

---

4 O método BH representou um marco na inauguração do primeiro projeto profissional do Serviço Social, que rompeu efetivamente com o Serviço Social tradicional, orientando a formação do perfil do assistente social no sentido de desenvolver uma competência associada às dimensões política, teórica e interventiva.

> Essa perspectiva do Movimento de Reconceituação rompe com a ideologia estrutural-funcionalista e aproxima-se da tradição marxista, que possibilita ao assistente social ampliar a percepção da realidade social, deslocando o foco da situação particular do indivíduo, em que julga o aparente, para a percepção geral, em que interpreta a realidade social em sua essência.

É importante lembrar que a conjuntura dos países latino-americanos naquele momento histórico demarcou conquistas e limites no âmbito do progresso do Movimento de Reconceituação. No Brasil, a chamada *frente renovadora*, composta de setores progressistas das universidades, segundo Netto (2005b), traduziu-se especialmente como modernização profissional, enquanto, em alguns países do Cone Sul (Chile, Argentina, Uruguai, Venezuela e Colômbia), além da modernização profissional, foram desenvolvidas "alternativas de ruptura com o tradicionalismo nos planos metodológico-interventivo e político-ideológico" (Netto, 2005b, p. 11).

Questões para reflexão (I)

1. Quais foram as principais características do Movimento de Reconceituação na América Latina?
   Dica: lembre-se da gênese do movimento e não se esqueça da conjuntura sócio-histórica do Brasil na década de 1960.

2. De que forma o pensamento crítico vinculado à luta de classes se estabeleceu no Serviço Social?
   Dica: lembre-se das três direções do Movimento de Reconceituação identificadas por Netto (2005b).

5.1.1 Conquistas e limites do Movimento de Reconceituação

Apresentaremos agora as conquistas e os limites que o Serviço Social obteve em seu processo de reconceituação, que emergiu a partir da década de 1960 na América Latina e no Brasil. Examinaremos essas características com base no artigo "O movimento de Reconceituação: 40 anos depois", de João Paulo Netto (2005b), publicado na revista *Serviço Social & Sociedade*, periódico de referência nacional para profissionais da área e de àreas afins.

Podemos citar as seguintes **conquistas**:

- **Articulação de uma nova concepção de unidade latino-americana** – Isso significou um intercâmbio de saberes e experiências entre os países latino-americanos que permanece até os dias atuais.
- **Explicitação da dimensão política da ação profissional** – Essa conquista está diretamente ligada à luta de classes, a qual trouxe para a categoria profissional a identificação político-ideológica da existência de duas classes sociais antagônicas (dominantes e dominados), negando, portanto, a neutralidade profissional que historicamente tinha orientado a profissão.
- **Interlocução crítica com as ciências sociais** – Na aproximação com o espaço acadêmico, a categoria profissional lançou novas bases para a interlocução do Serviço Social com as ciências sociais, abrindo-se para novas influências do pensamento social, inclusive de tradição marxista, aproximando-se dos movimentos de esquerda.
- **Inauguração do pluralismo profissional** – O pluralismo é traduzido como a convivência democrática das ideias, e foi isso que o Movimento de Reconceituação inaugurou no Serviço Social.

- **Recusa do profissional em posicionar-se como mero executor de políticas sociais** – Os assistentes sociais começavam a reivindicar atividades de planejamento. Com isso, abriram-se para o campo da pesquisa e qualificação profissional.

Quanto aos **limites**, podemos citar:

- **Questionamento ao conservadorismo**, o que conduziu a um militantismo, isto é, a um ativismo político que encobriu os limites entre a militância e a profissão[5] – Em outras palavras, foi um equívoco pensar que a adesão à postura militante poderia substituir a prática profissional em suas bases teórico-metodológica, ético-política e técnico-operativa.
- **Recusa às "teorias importadas"** – Diante de realidades tão diferentes, não poderia haver uma universalidade teórica, ou seja, trata-se de construir uma teoria própria do Serviço Social latino-americano, mais adequada às nossas particularidades histórico-sociais.
- **Confusão ideológica**, também chamada de "marxismo vulgar" – Refere-se à forma como o marxismo foi incorporado pelo Serviço Social. Tal incorporação do pensamento de Marx aconteceu de maneira equivocada, conservadora, com base em tendências muito mais positivistas do que marxistas, diluindo-o em doutrinas e regras a serem seguidas, pois extraía do pensamento marxista apenas os conhecimentos necessários para uma compreensão ideopolítica da sociedade, buscando muito mais um suporte político subjacente à intervenção profissional do que um referencial para o conhecimento da sociedade em sua totalidade. Com base nessa aproximação "enviesada", distorcida, os críticos do Movimento de Reconceituação puderam alegar que a teoria marxista não oferece as respostas necessárias para o enfrentamento do real.

---

5 Na presente obra, entendemos por *militantismo* a diluição da base técnica da profissão em movimentos políticos (Netto, 2005b).

Netto (1996, p. 115-116) salienta que a ditadura "reforçou e validou" o chamado *Serviço Social tradicional*, de modo a combater os segmentos sociais e profissionais que criticassem a ordem vigente, procurando garantir o exercício profissional daqueles que defendiam o sistema. Ainda segundo esse autor, a ditadura impulsionou a profissão em dois sentidos: ampliando o mercado empregador (sob a ótica do capitalismo monopolista, como demonstrado nos capítulos anteriores) e consolidando a formação universitária do Serviço Social.

Ortiz (2010) indica outras **contribuições** do Movimento de Reconceituação para a trajetória sócio-histórica do Serviço Social:

- articulação da profissão em termos latino-americanos, em especial por meio da Associação Latino-Americana de Escolas de Trabalho Social (Alaets) e do Centro Latino-Americano de Trabalho Social (Celats);
- surgimento das bases necessárias para que o Serviço Social obtivesse uma posição de destaque por meio de suas condições intelectuais e políticas na relação com as ciências sociais;
- conquista do pluralismo profissional e da hegemonia de um projeto profissional.

Ademais, o Movimento de Reconceituação trouxe para o campo de atuação do assistente social um novo perfil profissional, que se opunha às práticas meramente executivas, burocráticas e paliativas tão funcionais à manutenção da ordem vigente à época.

5.2 Seminário de Araxá

O Seminário de Araxá, tido como o primeiro seminário de teorização do Serviço Social, aconteceu na cidade de Araxá, Minas Gerais, de 19 a 26 de março de 1967. Esse encontro, promovido pelo Centro Brasileiro de Cooperação e Intercâmbio de Serviços Sociais (CBCISS), convocou, em plena ditadura militar, 38 assistentes sociais de diversas regiões do Brasil para uma semana de estudos sobre a teorização do Serviço Social. No término do seminário, houve a publicação do Documento de Araxá (CBCISS, 1986), uma espécie de carta de princípios para orientar a prática do Serviço Social.

O Seminário de Araxá ocorreu em um contexto no qual os assistentes sociais buscavam uma metodologia mais apropriada para o enquadramento da prática profissional na era do desenvolvimentismo, vivenciado naquele momento histórico.

> É importante ressaltar que esse seminário teve como referencial teórico o estrutural-funcionalismo.

No conteúdo apresentado no Documento de Araxá, não existiu um rompimento com o tradicionalismo; o que houve de fato foi uma inserção do Serviço Social tradicional na era desenvolvimentista, coberto por uma nova roupagem. A maioria dos assistentes sociais que esteve presente nesse seminário concordava com a ordem vigente, posicionando-se no sentido de afirmar a necessidade da busca por novos métodos e processos de atuação na prática, superando a divisão de caso, grupo e comunidade.

Segundo Aguiar (1985), em sua análise do Documento de Araxá, a influência que se pôde observar no Serviço Social estava ligada aos pressupostos da filosofia neotomista: dignidade da pessoa humana, sociabilidade e perfectibilidade. Além disso, as ciências sociais estiveram presentes por meio de suas técnicas, dos pressupostos funcionalistas e da ideologia desenvolvimentista que acompanhava a área da economia naquele momento.

Os debates mais importantes que permearam a discussão sobre a **natureza do Serviço Social** foram no sentido de responder ao seguinte questionamento: o Serviço Social é uma ciência autônoma?

Houve correntes que definiram o Serviço Social como uma ciência social aplicada, em razão de utilizar-se de conhecimentos de outras áreas, como a sociologia, a psicologia, a antropologia e a economia política. Houve também aqueles que defendiam a independência do Serviço

Social como um sistema de conhecimento científico e, ainda, os que asseguravam que o Serviço Social é uma ciência. O consenso foi considerá-lo uma **técnica social**, pelo fato de influenciar o comportamento humano e o meio.

Conforme o Documento de Araxá, a atuação do Serviço Social deveria voltar-se junto aos desajustamentos sociais e familiares que "decorrem das estruturas sociais inadequadas" (CBCISS, 1986, p. 24). Nesse sentido, o Serviço Social seria o responsável pela superação dos problemas dos indivíduos, dos grupos e das comunidades.

O projeto desenvolvimentista em vigor ganhou destaque no Seminário de Araxá quando articulou o papel do Serviço Social para benefício da população. Os estudiosos acreditaram que os profissionais poderiam levar a população a adquirir consciência dos problemas sociais existentes e, dessa forma, contribuir para o "estabelecimento de formas de integração popular no desenvolvimento do país" (CBCISS, 1986, p. 26).

Os **objetivos do Serviço Social** trabalhados no Documento de Araxá (CBCISS, 1986) foram listados como remotos e operacionais. Vejamos alguns exemplos:

- **Remotos** – São objetivos de longo prazo e vinculados à macroatuação profissional; referem-se ao Serviço Social como missão de trabalhar em prol do desenvolvimento, da valorização e da melhoria das condições do ser humano segundo valores universais, tais como os contidos na Declaração Universal dos Direitos do Homem, da Organização das Nações Unidas (ONU).
- **Operacionais** – São objetivos mais imediatos e destinados à microatuação profissional e consistem em identificar e tratar problemas ou distorções que impeçam os indivíduos de alcançar os padrões compatíveis com a dignidade humana.

No Documento de Araxá (CBCISS, 1986), discutiram-se também as **funções do Serviço Social**, que, decorrentes da natureza e dos objetivos, foram classificadas em dois níveis, conforme podemos visualizar no Quadro 5.2.

Quadro 5.2 – Funções do Serviço Social

Macroatuação	Microatuação
Política social	Serviços de atendimento direto, corretivo, preventivo e promocional a indivíduos, grupos, comunidades, populações e organismos
Planejamento	
Administração do Serviço Social	

Fonte: Elaborado com base em CBCISS, 1986.

Na macroatuação, o Serviço Social está voltado para a política social, para o planejamento e para a administração em Serviço Social. "A integração destes níveis supõe a participação no planejamento, na implantação e na melhor utilização da infraestrutura social" (CBCISS, 1986, p. 31).

O Documento de Araxá compreende a infraestrutura social como "facilidades básicas, programas de saúde, educação, habitação e serviços sociais fundamentais" (CBCISS, 1986, p. 32). Em contrapartida, o nível da microatuação se refere ao operacional, já consagrado historicamente na prática profissional, compreendendo as funções de prestações de serviços diretos por meio dos processos de caso, de grupo e de Desenvolvimento de Comunidade (DC), além dos processos de trabalho com as populações.

Quanto às **metodologias de ação do Serviço Social**, os assistentes sociais presentes no Seminário de Araxá fundamentaram-se em (CBCISS, 1986):

- **Postulados** – Sustentados pela visão funcionalista, retomam os pressupostos éticos e metafísicos para a ação do assistente social, com seu conteúdo derivado da visão neotomista. Como já mencionamos, os postulados neotomistas que fundamentavam a ação profissional eram a dignidade da pessoa humana, a sociabilidade e a perfectibilidade.
- **Operacionais** – São preceitos de ação vinculados à prática concreta do profissional, pautando-se nos preceitos "universais" do Serviço Social.

A linha de pensamento do Serviço Social como profissão, contemplada nos textos do Seminário de Araxá (CBCISS, 1986), foi a que Netto (1996) denominou de *perspectiva modernizadora*: "um esforço no sentido de adequar o Serviço Social, enquanto instrumento de intervenção inserido no arsenal de técnicas sociais a ser operacionalizado no marco de estratégias de desenvolvimento capitalista, às exigências postas pelos processos sociopolíticos emergentes no pós-64" (Netto, 1996, p. 154).

Ao final do Seminário de Araxá, os participantes constataram a necessidade de profundas reformulações na teoria, na metodologia, no ensino e nos canais de comunicação do Serviço Social com a população. Definiram, assim, a necessidade de realização de outros encontros da categoria para discussão e avaliação do Documento de Araxá.

Questão para reflexão (II)

1. O que significou o Seminário de Araxá para o Serviço Social?

   Dica: preste atenção na perspectiva modernizadora com direção renovadora do Serviço Social.

5.3 Seminário de Teresópolis

O Seminário de Teresópolis ocorreu em Teresópolis, no Rio de Janeiro, no período de 10 a 17 de janeiro de 1970 e foi organizado pelo Centro Brasileiro de Cooperação e Intercâmbio de Serviços Sociais (CBCISS) em resposta à demanda levantada pelos assistentes sociais depois do Seminário de Araxá.

Após o Seminário de Araxá (1967), foram realizados sete encontros regionais no ano de 1968 para proceder à análise do documento extraído daquele evento. O resultado desses encontros foi o surgimento da necessidade de um estudo sobre a metodologia do Serviço

Social e, com isso, o CBCISS decidiu promover o Seminário de Teresópolis, distribuindo a 103 assistentes sociais um roteiro de trabalho prévio para reflexão, como forma de preparação para o seminário. Dos 103 profissionais apenas 33 compareceram.
O seminário centralizou seus estudos em três temas principais. Vejamos (CBCISS, 1986, p. 55):

1. fundamentos da metodologia do Serviço Social;
2. concepção científica da prática do Serviço Social;
3. aplicação da metodologia do Serviço Social.

Além desses três pontos principais, foram desenvolvidas as seguintes etapas de trabalho (CBCISS, 1986, p. 55-56):

- apresentação da proposta sobre pesquisa em Serviço Social no Brasil;
- análise e debate em plenário de três documentos sobre o tema 1, fundamentos da metodologia do Serviço Social;
- subdivisão dos participantes em dois grupos – A e B – para estudos dos temas 2 e 3 – concepção científica da prática do Serviço Social; e tema 3 – aplicação da metodologia do Serviço Social;
- apresentação em plenário dos documentos elaborados pelos dois grupos.

No Seminário de Teresópolis, a perspectiva modernizadora apresenta-se "não apenas como concepção profissional geral, mas sobretudo como pauta interventiva" (Netto, 1996, p. 178).

Podemos considerar que ocorreram avanços na discussão sobre a metodologia da profissão ao serem abordados os fenômenos significativos observados na prática profissional, a identificação de variáveis significativas para o Serviço Social e a identificação de funções correspondentes às variáveis. Houve também um aprofundamento metodológico no tocante ao **planejamento**, ao **diagnóstico** e à **intervenção profissional**.

> De acordo com CBCISS (1986), o planejamento referia-se à capacidade do profissional em elaborar planos e estabelecer a participação da população no planejamento por meio de suas organizações representativas. Aqui, a perspectiva democratizante com a participação da população aparece com importância significativa no interior da profissão, ou, pelo menos, isso fica explícito no relatório final do seminário.
> Quanto ao diagnóstico, bastante difundido naquela época, o documento propunha que o assistente social, após o conhecimento da realidade, fosse capaz de "enumerar e descrever, comparar e distinguir, classificar e conceituar, relacionar as variáveis e estabelecer hipóteses, sistematizar, singularizar e prever tendências" (CBCISS, 1986, p. 88).
> A intervenção se situava em quatro momentos: preparação da ação, decisão, execução e avaliação. Correspondia à elaboração de planos de natureza técnica e à etapa de implantação e avaliação – a intervenção foi por muito tempo denominada *intervenção planejada*.

A elaboração teórica que mais se difundiu depois do Seminário de Teresópolis foi a do assistente social José Lucena Dantas (1978), que apresentou nas mesas de debates uma articulação da metodologia do Serviço Social mais ajustada com a perspectiva modernizadora, porém com limites que mantinham certo conservadorismo, o que colocou as ideias do autor, e de todo o seminário, na perspectiva da **renovação modernizadora**. Em síntese, o Seminário de Teresópolis buscou alcançar uma fundamentação científica para o Serviço Social e alternativas metodológicas para as práticas profissionais.

Ao analisar o Seminário de Teresópolis, comparando-o com o Seminário de Araxá, Netto (1996, p. 190) conclui que "o que está no centro das formulações, aqui, (Teresópolis) não são teorias, valores, fins e legitimidade (como discutido em Araxá), mas sim a determinação de formas instrumentais capazes de garantir uma eficácia da ação profissional apta a ser reconhecida como tal pelas instituições".

Ainda segundo Netto (1996), no marco do Movimento de Reconceituação do Serviço Social no Brasil, o Documento de Teresópolis representou três significados que, conduzidos pelo Estado ditatorial em benefício do grande capital, "apontam para a requalificação do assistente social, definem nitidamente o perfil sociotécnico da profissão e a inscrevem conclusivamente no circuito da 'modernização conservadora'" (Netto, 1996, p. 192).

Portanto, o Seminário de Teresópolis deve ser entendido como um momento cujas exigências profissionais se situavam no âmbito das mudanças requisitadas pelo período ditatorial, no que se refere tanto à formação profissional quanto à prática interventiva. Ambas as dimensões devem ser interpretadas em seus limites político-institucionais, determinados, antes de tudo, pelos contextos sócio-político-econômico e cultural do regime militar dos anos de 1970, que abrangem os "anos de chumbo"[6].

Questão para reflexão (III)

1. Retome o eixo de debates do Seminário de Teresópolis.

    Dica: lembre-se de que a ênfase de estudo dos assistentes sociais que participaram do Seminário de Araxá (1967) foi a necessidade de mudanças do conteúdo teórico do Serviço Social.

---

6   Os "anos de chumbo" se referem ao período mais repressivo da ditadura militar no Brasil, estendendo-se basicamente de 1968, com a edição do Ato Institucional n. 5 (AI-5) em 13 de dezembro desse ano, até o final do governo do Presidente Emílio Garrastazu Médici, em março de 1974.

5.4 Seminários de Sumaré e do Alto da Boa Vista

De 20 a 24 de novembro de 1978, o CBCISS promoveu o **Seminário de Sumaré**, reunindo 25 assistentes sociais na cidade de Sumaré, no Rio de Janeiro, no Centro de Estudos da Arquidiocese, com o objetivo primeiro de dar continuidade aos estudos de teorização do Serviço Social iniciados nos Seminários de Araxá (1967) e Teresópolis (1970).

O CBCISS havia desenvolvido uma preparação para o Seminário de Sumaré. Iniciou com a realização de uma pesquisa no II Congresso Brasileiro de Assistentes Sociais, em Recife, Pernambuco, no mês de outubro de 1976. No ano seguinte, enviou ofícios a 276 assistentes sociais, solicitando contribuições na retomada da análise do Documento de Araxá. As contribuições dos profissionais foram no sentido da preservação histórica do documento e da indicação de discussão de novos questionamentos, como consta do Documento de Sumaré (CBCISS, 1986, p. 108):

> I) O Serviço Social numa perspectiva do método científico de construção e aplicação do Serviço Social;
>
> II) O Serviço Social a partir de uma abordagem de compreensão, ou seja, interpretação fenomenológica do estudo científico do Serviço Social;
>
> III) O Serviço Social a partir de uma abordagem dialética, ou seja, teoria de interpretação com base no método dialético: a relação entre objeto construído por uma ciência, o método empregado e o objeto real visado por essa ciência.

Com base nessas três temáticas, houve a proposta de elaboração do documento-base do Seminário de Sumaré, que deveria contar com a participação de grupos de assistentes sociais localizados nas cidades em que havia cursos de pós-graduação, em nível de mestrado, em Serviço Social: São Paulo, Rio de Janeiro e Porto Alegre. Para a realização do seminário, as contribuições vieram de São Paulo e Rio de Janeiro; os grupos de Porto Alegre não enviaram documentos.

O Seminário de Sumaré deveria, então, dar conta destes três temas básicos: a relação do Serviço Social com a cientificidade, a fenomenologia e a dialética (CBCISS, 1986). Creusa Capalbo, professora de Filosofia da Universidade Federal do Rio de Janeiro (UFRJ), vinculada à fenomenologia de Anna Augusta de Almeida, foi convidada para ser a conferencista do evento – suas intervenções se intitularam *Algumas considerações sobre a fenomenologia que podem interessar ao serviço social* e *Considerações sobre o pensamento dialético em nossos dias*.

Netto (1996), em seu livro *Ditadura e serviço social: uma análise do serviço social no Brasil pós-64*, expõe uma crítica a Capalbo, afirmando que sua palestra sobre a fenomenologia não tinha feito jus à complexidade do pensamento fenomenológico em todas as suas vertentes. Para ele, a abordagem simplista apresentada por Capalbo se deveu à intenção didática da conferencista e à preocupação de garantir o entendimento dos participantes. Netto (1996) é ainda mais enfático quando critica as considerações de Capalbo sobre o pensamento dialético: declara que a estudiosa acabou por abordar o método de Marx sob um viés deformador, provocando uma confusão ideológica; alega, por exemplo, que Capalbo reduziu o sistema capitalista a duas classes e promoveu um reducionismo quando apresentou o crescimento do capital pela extração da mais-valia.

Com base nisso, podemos considerar que o Seminário de Sumaré, ainda que tenha enfocado a dialética, o fez de forma bastante incompleta, e isso manteve a discussão teórico-metodológica do Serviço Social em uma espécie de indefinição eclética. Ou seja, mesmo com a tentativa de alcançar um referencial teórico-metodológico mais consistente e unificado, a defesa da corrente fenomenológica acabou por fragmentar as intenções iniciais dos profissionais mais progressistas, que objetivavam o fortalecimento da intenção de ruptura, ou seja, do método crítico dialético de Marx.

O **Seminário do Alto da Boa Vista** aconteceu em novembro de 1984, no Rio de Janeiro, no Colégio Coração de Jesus. Esse evento envolveu 23 profissionais e 1 estudante – dos quais 1 havia estado em Araxá, 2 em Teresópolis e 3 em Sumaré. Nesse momento, progredia a inquietação dos assistentes sociais quanto à necessidade de relacionar a atuação profissional daquela época histórica aos princípios contidos nos documentos dos seminários anteriores – o de Araxá (1967), o de Teresópolis (1970) e o de Sumaré (1978) –, bem como de apreender qual era a conjuntura sociopolítica e ideológica que os contextualizava, procurando decifrar a identidade sócio-histórica do Serviço Social e seus fundamentos básicos.

O Seminário do Alto da Boa Vista (CBCISS, 1988) contou com sete palestras:

1. "A 'problemática autoritária' no Brasil" (Francisco Martins de Souza);
2. "Os aspectos da história do marxismo no país" (Leandro Konder);
3. "O positivismo" (Silva Oliveira);
4. "A fenomenologia" (Telma Donzelli);
5. "O estatismo e a 'questão social' no Brasil" (Antônio Paim);
6. "O 'Estado autoritário' e as ciências sociais" (Ricardo Vélez Rodriguez);
7. "A 'tecnologia social'" (C. Ziviani).

Netto (1996) também desenvolve uma crítica focada nas intervenções dos múltiplos conferencistas do Seminário do Alto da Boa Vista, utilizando-se do mesmo argumento apontado ao se referir ao Seminário de Sumaré. O fato central, segundo esse autor, ainda era o tratamento simplista das temáticas.

Nesse mesmo evento, aconteceu também a apresentação de trabalhos por parte de algumas assistentes sociais, com a abordagem dos seguintes temas: pensamento científico e Serviço Social; Serviço Social e cientificidade. Além disso, foi realizado um balanço dos encontros regionais de Araxá e Teresópolis.

Outros assuntos também discutidos no Seminário do Alto da Boa Vista foram:

- Serviço Social cibernético;
- consciência crítica no Serviço Social;
- proposta de produção de conhecimento do próprio seminário – levantamento de problemas pertinentes ao evento.

A discussão sobre o ensino do Serviço Social nas universidades também foi explorada nesse seminário, aproximando-o do método dialético, com a denúncia de um "empobrecimento" do ensino, caracterizado pela ausência de criticidade.

Efetivamente, os Seminários de Sumaré e do Alto da Boa Vista foram um marco para a vertente da **reatualização do conservadorismo**, que tem como matriz teórica a fenomenologia e, diante da crise da ditadura militar e com o surgimento de novos dilemas para o Serviço Social, contribuiu para que a perspectiva modernizadora perdesse sua hegemonia. Com isso, surgiu um núcleo de assistentes sociais interessado em restabelecer o conservadorismo, que ganhou espaço e foi tratado primeiramente na tese de livre-docência de Anna Augusta de Almeida (1989), originalmente publicada em 1978, intitulada *Possibilidades e limites da teoria do Serviço Social*.

Como veremos a seguir, as ideias de Almeida (1989) representaram uma "nova proposta" para a prática profissional fundamentada no método da fenomenologia, trazendo de volta elementos do conservadorismo e do atendimento individualizado e psicologizante.

Nas análises de Netto (1996), os Seminários de Sumaré e do Alto da Boa Vista não repercutiram no interior da profissão como o Seminário de Araxá, tanto é que o Documento do Alto da Boa Vista (CBCISS, 1988) só teve significativa divulgação nacional quatro anos depois da realização do encontro.

A respeito das conclusões retiradas dos Seminários de Sumaré e do Alto da Boa Vista, ficou evidenciado que o processo de renovação profissional já percorria as vias da intenção de ruptura. É nesse cenário que tal perspectiva começou a despontar e assim emergiu na Escola de Serviço Social da PUC-Minas, transcendendo, na década seguinte, a academia com seu "projeto de romper substancialmente com o tradicionalismo e suas implicações teórico-metodológicas e prático-profissionais" (Netto, 1996, p. 250).

No intuito de fazermos uma síntese que contribua para a compreensão dos fundamentos do Serviço Social no que se refere ao Movimento de Reconceituação, podemos afirmar que esse movimento não deve ser entendido como uma etapa que se encerra ao término dos seminários de teorização. Ao contrário, as discussões do Movimento de Reconceituação representam um processo que se desdobrou em um movimento de renovação profissional que abrange variadas matizes de pensamento e configura um pluralismo profissional, tensionado pelo que Netto (1996) denominou de *sincretismo*, ou seja, pensamentos que se opõem, sendo muitas vezes inconciliáveis, e que podem beirar o ecletismo.

Portanto, é preciso ter clareza de que não há unidade de pensamento no interior da categoria profissional acerca do próprio Serviço Social, pois esse é um movimento dialético, expresso nas contradições da materialidade da profissão. Por isso, segundo Netto (1996), o Movimento de Reconceituação representou "o final de um caminho, mas a viagem apenas começou".

Questão para reflexão (IV)

1. Por que a reatualização do conservadorismo pode ser considerada um retorno ao Serviço Social tradicional?

   Dica: considere que o Serviço Social havia ultrapassado as barreiras do conservadorismo. Resgate os traços do que foi o Serviço Social tradicional.

5.5 Fenomenologia e existencialismo

A fenomenologia é uma corrente filosófica que, muito genericamente, se refere à "descrição daquilo que aparece ou ciência que tem como objetivo ou projeto a descrição dos fenômenos" (Abbagnano, 2000, p. 437). Existem várias formas de entender a fenomenologia; para o Serviço Social brasileiro, sua importância reside no fato de que essa corrente filosófica, articulada com sua derivação existencialista (como veremos adiante), incidiu fortemente no Serviço Social entre as décadas de 1960 e 1970.

Em primeiro lugar, é importante não confundir *fenomenologia* com *fenômeno*, que é um dado da realidade que se apresenta como um objeto de estudo ou de intervenção profissional. A fenomenologia é uma corrente filosófica que tem por pressuposto a "descrição da experiência humana, tal como esta se apresenta em sua concretude, independentemente da história, ou seja, sem vinculá-la às suas particularidades históricas, à causalidade e ao contexto social das experiências vividas" (Abbagnano, 2000, p. 438). Há também a compreensão de que a fenomenologia é "o estudo dos modos como as pessoas vivenciam diretamente o **cotidiano** e imbuem de significado as suas atividades" (Schutz, citado por Outhwaite; Bottomore, 1996, p. 307, grifo do original).

> A fenomenologia prioriza a descrição da experiência de vida das pessoas em seu cotidiano e a interpretação que elas próprias fazem de suas vivências.

A corrente que mais influenciou a fenomenologia no Serviço Social brasileiro foi desenvolvida por Edmund Husserl (1859-1938), um estudioso que pretendia combater a confusão, existente na época, entre psicologia e fenomenologia. Com isso, Husserl (2001) pretendeu alcançar uma verdade "pura", independente de tempo, lugar, cultura ou psicologia individual, não se interessando pela percepção de objetos particulares, concretos, mas pelo "percebido como tal" (Husserl citado por Outhwaite; Bottomore, 1996, p. 306) pelo próprio sujeito, o que esse pensador chamou de *noema*. Porém, a percepção sugerida por Husserl (2001) difere da ótica de percepção para a psicologia, pois, para ele, a fenomenologia é uma ciência de **essências**, e não de dados de fato – e essa essência seria encontrada por meio de vivências intencionais, que seriam possibilitadas pelo que Husserl (2001) denominou de *redução eidética*, ou seja, a transformação dos fenômenos em essências, que ocorreriam com base em dois aspectos fundamentais:

1. o reconhecimento do caráter intencional da consciência, pois somente a consciência do homem permite um movimento de transcendência em direção ao conhecimento do objeto;

2. o caráter privilegiado da percepção imanente, ou seja, da consciência que a pessoa tem de suas próprias experiências, e nessa percepção **aparecer e ser** coincidem perfeitamente, o que não ocorre quando o objeto é exterior ao sujeito, isto é, quando as determinações das experiências são externas ao sujeito.

A preocupação de Husserl (2001) é com a essência dos fenômenos; assim, o objeto deve ser analisado por meio do "percebido como tal" pelo próprio sujeito (Husserl, 1931, citado por Outhwaite; Bottomore, 1996, p. 306) se quisesse compreender a realidade. Nesse sentido, Husserl (2001) defendeu um procedimento denominado *epoché*, que significa "uma atitude desvinculada de qualquer interesse natural ou psicológico na existência das coisas no mundo ou do próprio mundo na sua totalidade" (Abbagnano, 2000, p. 438). Em outras palavras, Husserl (2001) acredita que, para conhecer a **essência** da realidade vivida, o sujeito não pode fazer qualquer juízo de valor sobre os fenômenos (objetos), mantendo uma atitude contemplativa que permita a evidência genuína destes, tal como se apresentam sem a interferência do homem.

Portanto, na condição de método, Husserl (2001) afirma que a fenomenologia possibilita o conhecimento da verdade, ou seja, de uma realidade cuja essência é revelada por meio da **consciência** que o sujeito adquire de sua realidade, principalmente por meio do noema, da redução eidética e da *epoché*.

Resta ainda destacarmos que, para Husserl (2001), a intuição também é fonte de conhecimento, ainda que em determinados limites, visto que é por meio dela que o indivíduo percebe o que está à volta sem utilizar de juízos externos a sua consciência.

Outhwaite e Bottomore (1996) explicam que a doutrina de intencionalidade também é importante na fenomenologia, no sentido de entender que sempre temos a consciência dirigida para a constituição de objetos, o significado que as coisas têm para cada um de nós. Para Husserl (1931, citado por Outhwaite e Bottomore, 1996, p. 308), "todo ato é 'dirigido' porque, mesmo que não tenha um objeto óbvio, será dirigido a um *noema*", isto é, a percepção que o sujeito tem daquele objeto, o que revelará o sentido que o sujeito dá ao objeto, que se estabelecerá na essência da percepção e, portanto, na essência do objeto.

Certamente estamos sintetizando o complexo pensamento de Husserl, que, na realidade, é muito mais ampliado e mais profundo do que é possível explicar nestas breves palavras. Por isso, salientamos que, com os esclarecimentos apresentados aqui, temos como objetivo proporcionar um entendimento básico sobre a influência dessa corrente filosófica para o Serviço Social brasileiro.

5.5.1 Existencialismo

Passemos agora ao exame de uma vertente da fenomenologia que incidiu fortemente na perspectiva fenomenológica do Serviço Social brasileiro: o existencialismo, que é um modo de interpretar a realidade. Ele emergiu na década de 1930, mas tomou fôlego no âmbito das teorias sociais na década de 1960, significando um instrumento para a análise da existência. Assim como as demais correntes filosóficas, o existencialismo conta com várias interpretações, mas o que os diversos existencialistas têm em comum é o fato de priorizarem as relações do homem com o mundo, ou seja, com as coisas e com os outros homens, **preservando sua liberdade individual**.

De acordo com Outhwaite e Bottomore (1996), o existencialismo tem como doutrina principal a liberdade humana radical, sendo seus representantes mais importantes Martin Heidegger (1889-1976), Alfred Schutz (1899-1959), Jean-Paul Sartre (1905-1980) e Maurice Merleau-Ponty (1908-1961) – com destaque para Sartre, que ficou conhecido por sua radicalidade na defesa da liberdade como valor fundamental da existência humana. As análises de Outhwaite e Bottomore (1996) indicam que, para Sartre, o homem tem independência absoluta de escolha, de viver intensamente sua liberdade por meio de suas interpretações do mundo; tais escolhas são projeções que o homem faz para sua existência, que não são naturais ou dogmáticas, mas uma responsabilidade exclusiva da autenticidade (moralidade) de cada ser.

É importante ressaltar que o existencialismo é uma fusão de ideias de dois pensadores: Soren Kierkegaard (1813-1855) e Martin Heidegger. Outhwaite e Bottomore (1996, p. 292) explicam que, para Kierkegaard, "a existência humana se distingue, primeiro, pela capacidade singular das pessoas para a autoconsciência e o autointeresse".

Soma-se a essa concepção o pensamento de Heidegger, para quem o ser humano é uma "questão para si mesmo". Isso significa que a construção social de uma pessoa e seu vir-a-ser no mundo somente podem ser explicados pelas escolhas que ela faz para resolver sua própria vida, por meio de suas aspirações e vontades; nas palavras de Sartre (1946, citado por Outhwaite e Bottomore, 1996, p. 292), "a existência [de uma pessoa] precede a [sua] essência".

Nesse sentido, o ser humano está sempre a caminho de realizar aspirações e o mundo se revela como um campo de sentidos – como obstáculos e oportunidades. E é "porque nos relacionamos com as coisas 'intencionalmente', e não estamos 'no' mundo da maneira natural das pedras ou dos peixes, que nos devemos reconhecer como criaturas para as quais as coisas importam e cuja existência pode tornar-se uma 'questão'" (Outhwaite; Bottomore, 1996, p. 292).

> Para o existencialismo, o comportamento social só é inteligível (compreensível) em termos da percepção e compreensão que as próprias pessoas têm de si e das situações que vivem (Outhwaite; Bottomore, 1996, p. 292).

Por isso, conceitos como possibilidade e impossibilidade, potencialidade, consciência de si e da relação com o outro são bastante utilizados pelos autores dessa corrente. Contudo, a relação com o outro não é considerada determinante para as escolhas das pessoas, pois o outro é considerado, para grande parte dos existencialistas, um entrave à autenticidade do indivíduo.

O termo *alienação* também é utilizado no existencialismo para indicar a sensação que as pessoas têm de um mundo estranho, desencantado (suas impossibilidades), referindo-se ao fato de que o mundo é "um mundo humano", e o universo neutro do cientista, em que acreditam os positivistas, é "uma abstração artificial" (Outhwaite; Bottomore, 1996, p. 292).

Com base nisso, podemos entender que o existencialismo se contrapõe às formas positivistas de ver o mundo e as relações sociais, sendo uma maneira de ver o homem em sua individualidade, responsabilizando-o por suas escolhas e atitudes. Trata-se de um ser lançado sobre as determinações do mundo, sobre as quais muitas vezes não tem o domínio para operar mudanças, mas que pode descobrir novas formas de transcendência e, por meio de sua autodeterminação, alterar sua própria condição de existência.

5.5.2 Fenomenologia e Serviço Social brasileiro

A partir da década de 1960, alguns profissionais do Serviço Social brasileiro encamparam a proposta da fenomenologia e construíram uma metodologia fundamentada nos pressupostos filosóficos do existencialismo e da fenomenologia de Edmund Husserl e seus seguidores.

No Movimento de Reconceituação, o Seminário de Sumaré, realizado em 1978, discutiu a fenomenologia como ciência eidética que tinha como método a intuição das essências e demonstrava claramente que a metodologia fenomenológica tinha certa relevância no interior da profissão.

É preciso enfatizar que a fenomenologia no Serviço Social brasileiro pretendeu consolidar uma crítica ao positivismo reinante no Serviço Social desde suas origens na década de 1930. Ou seja, a emersão da fenomenologia correspondia à opção por uma proposta alternativa à funcionalidade da profissão e aos pressupostos positivistas que tratavam a "questão social" de forma lógico-formal, sem levar em consideração as experiências vividas pelos "clientes" do Serviço Social. Considerava-se, à época, que a fenomenologia possibilitaria um avanço no Serviço Social ao centrar sua atenção na realidade objetiva e subjetiva dos indivíduos, dando-lhes a oportunidade de autovalorização de suas vivências e de suas próprias interpretações da realidade, em uma relação que exaltava o papel do assistente social por meio do diálogo, o que foi denominado *relação dialógica* – termo cunhado por Almeida (1989, p. 12).

Uma interpretação de Husserl realizada por alguns assistentes sociais destaca conceitos fundamentais que pautaram a proposta fenomenológica no Serviço Social brasileiro, tais como a crítica ao psicologismo e a elaboração teórica do método fenomenológico no Serviço Social, a qual apontava para a compreensão de que a realidade social é concreta e se volta para o vivido. Houve ainda, nesse trabalho, uma explicação sucinta da evidência das essências, compreendida da seguinte forma:

> Para Husserl a essência é encontrada a partir das vivências intencionais fundamentais. Essas vivências intencionais ou atos da consciência são de diversos tipos. Os atos intencionais são as vivências, por exemplo, do ato de significar, do ato de perceber, do ato de querer, do ato de imaginar, do ato de agir, etc. (Capalbo, 1986, p. 175)

O método fenomenológico para o Serviço Social no Brasil apresenta o conceito dos termos *pré-reflexivo* e *reflexão*, indicando que o vivido cotidianamente ainda não é objeto de reflexão, pois é vivido sem ser objeto de reflexão e, por isso, é pré-reflexivo, o que significa que o sujeito ainda não transformou o fenômeno em **ato de consciência** – passa a ser reflexão quando o indivíduo coloca seu vivido no nível da consciência.

Seguimos agora com o tema da **intencionalidade**, considerado o tema capital da fenomenologia. Os assistentes sociais vinculados a essa corrente explicam que a intencionalidade é a "consciência de alguma coisa" (Capalbo, 1986, p. 177). Com base nessa reflexão, o sujeito alcançaria uma percepção, um juízo valorativo e a própria intelectualidade.

Os temas **significado** e **compreensão** também compõem o método fenomenológico no Serviço Social brasileiro. A consciência constrói a significação dos fenômenos (objetos) e "através do ato de significar passa-se à expressão de uma experiência intencional [...] por causa deste poder de significar é que compreendemos que olhar as coisas não é um mero olhar, mas que se trata de um ver ou de um observar discernindo, dando sentido a alguma coisa" (Capalbo, 1986, p. 178).

Nesse contexto, podemos afirmar que dar sentido a alguma coisa é compreendê-la. Em outras palavras, os fenômenos sociais não podem ser uma abstração externa aos sujeitos que vivem os fenômenos.

A fenomenologia acredita que a compreensão é adquirida mediante o significado que o próprio sujeito atribui ao fenômeno por meio de sua consciência – essa compreensão é uma verdade porque a fenomenologia é **compreensiva**, e não explicativa.

Com base nisso, encontramos também explicações sobre os temas **liberdade** e **encontro**. Segundo Capalbo (1986, p. 180), todo processo de reflexão e consciência levaria à liberdade, entendida nesse contexto como a liberdade de ter sua própria percepção de sujeito de sua existência no mundo, da presença dos outros, da presença do passado, da história e da cultura.

Devemos observar que, nesse aspecto, o método nega, em parte, os pressupostos do existencialismo ao incorporar a história e a cultura na construção de liberdade do sujeito. Quanto ao termo *encontro*, também incorpora pressupostos considerados secundários no existencialismo clássico, pois, para a metodologia fenomenológica do Serviço Social brasileiro, o encontro representa a presença do outro. Nas palavras de Capalbo (1986, p. 180),

> Pela minha presença aos outros se dá a gênese e a significação do Encontro enquanto acontecimento humano. Conscientemente ou não, o homem assume em cada encontro um papel que ele desempenhará. Este papel é determinado em parte sociologicamente pelas relações sociais, pelas situações de classe, pelos conflitos sociais e de classe, pela profissão etc.

Entre os vários representantes da fenomenologia no Serviço Social brasileiro, destacamos Ana Maria Braz Pavão, Creusa Capalbo, Anésia de Souza Carvalho e Anna Augusta de Almeida. Esta última teve maior projeção pelo fato de ter construído uma proposta metodológica no interior da profissão e pela publicação do livro *Possibilidades e limites da teoria do Serviço Social* (Almeida, 1989), no qual apresenta uma metodologia de intervenção profissional com base na fenomenologia, denominada pela autora de *uma nova proposta*.

Em um primeiro momento, Almeida (1989) explica as razões para a construção de uma fenomenologia para o Serviço Social brasileiro, afirmando seu descontentamento com o positivismo e o funcionalismo, que eram predominantes na profissão até então. Ela afirma que sua insatisfação se acentuava à medida que o Serviço Social, cada vez mais ligado a um positivismo lógico, nos ocultava de compreender o vivido humano e se fechava ao questionamento, já que buscava essa compreensão através de modelos de sistemas sociais que enfocavam apenas parte do mundo e que só permitiam respostas fechadas. (Almeida, 1989, p. 114)

Como metodologia de intervenção do Serviço Social, essa autora acredita na necessidade de um trabalho social processual que compreenda um processo de estruturação, desestruturação e reestruturação do "cliente" com seu vivido. Esse processo, que ela entende ser dialético, possibilitaria a compreensão do sujeito em sua singularidade e lhe proporcionaria uma melhor relação com sua existência. Almeida (1989, p. 116, grifo do original) explica que

> a Nova Proposta é uma metodologia genérica pensada a partir da descoberta, no processo de ajuda psicossocial, de um sentido novo. Uma abertura para a ajuda psicossocial, na consciência, entre concepção da realidade ou de uma de suas partes, e os projetos humanos e sociais na sua situação humana, histórica e concreta. O marco referencial teórico dessa metodologia é constituído por três grandes conceitos: **diálogo, pessoa e transformação social**.

O eixo estruturante da fenomenologia de Almeida (1989) é a construção do conceito **Situação Existencial Problematizada (SEP)** como ponto de partida para o diálogo entre o indivíduo e o assistente social. Para a autora, os questionamentos provocados na relação entre o "cliente" e o profissional levariam à descoberta de ambos de uma experiência da investigação de uma verdade. Em suas palavras, "a percepção e a forma de consciência (primeiro momento) e a aplicação de ambos (projeto) a partir da SEP são os elementos fundamentais em que se articula o diálogo como processo de ajuda psicossocial" (Almeida, 1989, p. 117).

Diante desses pressupostos, aqui bastante sintetizados, a **intervenção profissional do assistente social** é prevista por Almeida (1989) em cinco movimentos processuais que representam a proposta metodológica da corrente fenomenológica no Serviço Social brasileiro, conforme apresentado a seguir.

1. **Objetivação da SEP** – "É uma atividade no diálogo gerado pelo cliente ou pelo assistente social, a partir da colocação de uma SEP como fenômeno social" (Almeida, 1989, p. 124). Nesse contexto, o diálogo é entendido como um relacionamento intenso centrado na noção de ajuda psicossocial, com um objetivo bem determinado. O diálogo mantido dá mobilidade à primeira sucessão de tentativas para identificar e combinar, sem seleção, os referentes da história relacionados a conceitos fundamentais como **eu-nós**, **natureza-cultura**, **espaço-tempo**, **moral-valores**, sempre visando à organização da SEP.
2. **Análise crítica da SEP** – "Compreende uma atividade 'dialetizada' entre exterioridade e interioridade, gerada na sequência do diálogo pelas tentativas de análise-crítica que opera em diferentes níveis, uma síntese" (Almeida, 1989, p. 125). Aqui, a autora trabalha com procedimentos que envolvem a interrogação, a descoberta e a procura, sempre por meio do diálogo entre o profissional e o "cliente", o que levaria a sínteses cada vez mais aprofundadas sobre a SEP que foi construída inicialmente. Não podemos esquecer que o principal objetivo dessa metodologia é que o indivíduo passe a compreender sua existência no mundo no que diz respeito a si mesmo, a seu problema existencial (consciência de si) e à sua relação com o social, que Almeida (1989) denomina de *consciência crítica*.
3. **Síntese-crítica da SEP** – "Através do diálogo, o profissional e o indivíduo elaboram uma **hipótese** sobre o problema apresentado. Em seguida, realizam uma **avaliação significativa** e depois uma **apreciação situacional** sobre a SEP" (Almeida, 1989, p. 126, grifo do original). Com base nesses movimentos, a autora acredita que o sujeito começa a ter outra inteligibilidade (compreensão) sobre seu problema existencial, ou seja, nesse terceiro movimento, é possível unificar o conhecimento "levando o 'cliente' a perceber a situação global em que se encontra ao apreender as realidades sociais situadas num contexto maior, identificar o sentido do todo, o sentido do outro e o seu próprio sentido" (Almeida, 1989, p. 129).

4. **Construção de um projeto** – "É uma atividade de criatividade gerada na sequência do diálogo entre o profissional e o cliente" (Almeida, 1989, p. 129). Nesse caso, a autora acredita que, com base na síntese crítica, o sujeito estaria em condições de realizar um projeto para seu futuro, considerando as escolhas e os caminhos que são possíveis a ele, dando-lhe uma nova atitude de abertura.
5. **Retorno-reflexivo** – É a atividade de comunicação que vem na sequência do diálogo e consiste em questionar os resultados, comparando o que foi alcançado com o que se pretendia alcançar, ou seja, é uma avaliação do projeto construído e que "exige organização de critérios, indicadores ou evidências que são aceitas como garantia de que o alcançado atingiu, em parte ou totalmente, o possível ou um novo" (Almeida, 1989, p. 130).

Com essa proposta de intervenção profissional do assistente social, Almeida (1989) entende ser possível levar o "cliente" a conhecer uma nova linguagem sobre sua existência, explicando que o fato de trabalhar com o cliente em sua singularidade não representa a ausência de interação social com a comunidade em que vive.

Contudo, o conceito de **comunidade** presente na nova proposta (Almeida, 1989, p. 116) questiona tanto a visão positivista de adaptação do indivíduo a uma realidade social dada quanto a visão crítico-dialética que privilegia a materialidade e a historicidade do ser como um ser social. Nesse sentido, Almeida (1989) encerra seu livro afirmando que o conceito de comunidade é fundado na concepção de **pessoa**, em uma dimensão integral sem a perda de sua singularidade. Porém,

> Isto não significa que a perspectiva seja de alcance de um equilíbrio nem numa boa adaptação a uma sociedade na qual os indivíduos são considerados felizes apenas porque gozam de um bem-estar. A transformação social exige abertura das programações e criatividade com projetos que possam levar a liberdade. Transformação voltada para exigência de consciência mais intensa, numa dimensão de aprofundamento que possibilite viver o social. Cremos que esse conceito (comunidade) situa a ajuda em nível do existencial-pessoal e não do econômico-social. (Almeida, 1989, p. 132)

Diante do exposto, esperamos ter esclarecido todos os elementos básicos da corrente fenomenológica e sua incidência no Serviço Social brasileiro. Embora essa perspectiva tenha entrado em decadência na contemporaneidade, isso não significa que deixou de inspirar algumas vertentes conservadoras que persistem em algumas concepções pós-modernas da "questão social" e do Serviço Social contemporâneo.

Síntese

Neste capítulo, examinamos os caminhos trilhados pela profissão na busca pela superação da tradição conservadora que marcou historicamente o Serviço Social, apresentando as três direções assumidas no interior do processo de renovação. A primeira, denominada *perspectiva modernizadora*, atingiu seu ápice nos Seminários de Araxá e de Teresópolis. Entretanto, a partir da década de 1970, tal perspectiva perdeu força, abrindo espaço para a segunda perspectiva, denominada *reatualização do conservadorismo*, que atingiu seu auge nos Seminários de Sumaré e do Alto da Boa Vista. A terceira perspectiva, a *intenção de ruptura*, surgiu também em meados dos anos de 1970 e estava ligada à representação no interior do ambiente universitário, mais especificamente na Escola de Serviço Social da Pontifícia Universidade Católica de Minas Gerais (PUC-Minas).

Também destacamos as conquistas e os limites do Movimento de Reconceituação de modo a evidenciar que, na história do processo de renovação do Serviço Social, os rumos teórico-metodológicos a serem tomados não foram consenso entre a categoria.

Analisamos, ainda, os principais seminários que marcaram a história do Movimento de Reconceituação do Serviço Social: Araxá (1967), Sumaré (1970), Teresópolis (1978) e Alto da Boa Vista (1984). A realização desses seminários significou, sobretudo, a preocupação dos assistentes sociais com a ação crítica de suas práticas, que, ao longo de sua história, procuraram romper com a ideia paternalista que enraizava a origem da profissão.

Por último, abordamos a corrente filosófica da fenomenologia, que tem por pressuposto a descrição da experiência humana, tal como esta se apresenta em sua concretude, independentemente de suas particularidades históricas, da causalidade e do contexto social das experiências vividas. Tratamos também do existencialismo, que emergiu na década de 1930, mas tomou fôlego no âmbito das teorias sociais na década de 1960 e que, como vertente filosófica derivada da corrente fenomenológica, foi considerado um modo de interpretar a realidade, significando um instrumento para a análise da existência.

Para saber mais

CBCISS – Centro Brasileiro de Cooperação e Intercâmbio de Serviços Sociais. **Teorização do serviço social:** Documento de Araxá, Teresópolis, Sumaré. Rio de Janeiro: Agir, 1986.

Esse livro abrange o produto dos estudos de profissionais que se reuniram em seminários promovidos pelo CBCISS. Nessa obra, estão contidos os Documentos de Araxá, Teresópolis e Sumaré, possibilitando ao leitor um mergulho na história do Serviço Social brasileiro.

SERVIÇO SOCIAL & SOCIEDADE. Reconceituação do serviço social: 40 anos. São Paulo: Cortez, n. 84, ano XXVI, nov. 2005.

Essa revista é de suma importância para os profissionais que desejam manter-se atualizados sobre a produção científica do Serviço Social nos diferentes momentos conjunturais da sociedade brasileira. A editora Cortez, de São Paulo, desde 1979, apoia o desenvolvimento acadêmico e técnico-científico do Serviço Social.

SILVA, M. O. da S. (Coord.). **O serviço social e o popular**: resgate teórico-metodológico do projeto profissional de ruptura. 7. ed. São Paulo: Cortez, 2011.

Esse livro faz um resgate teórico-metodológico da história do processo de reconceituação do Serviço Social na América Latina e no Brasil e do esforço na busca de superação da tradição conservadora até os anos de 1970. A obra trabalha com base na análise do discurso e apresenta algumas teses que configuram o projeto profissional de ruptura, dialogando com diversos autores que escreveram sobre a temática.

Questões para revisão

1. (Cesp/UnB – 2010 – Inmetro) A respeito do Movimento de Reconceituação no contexto dos fundamentos histórico, teórico e metodológico, assinale a opção correta:
    a) Afirma-se que o Movimento de Reconceituação provocou alguns equívocos e entre eles a condução da categoria profissional de assistentes sociais à recusa de teorias importadas, derivando assim, na relativização da universalidade teórica.
    b) O Movimento de Reconceituação deu origem ao surgimento da vertente modernizadora no Serviço Social, ancorada na abordagem marxista com ênfase no trabalho direcionado ao desenvolvimento social.
    c) O Movimento de Reconceituação instituiu a metodologia de intervenção junto a indivíduos e famílias, apoiada na perspectiva estruturalista, por considerá-la adequada na análise da sociedade do capital.
    d) A partir do Movimento de Reconceituação, atividades de planejamento desenvolvidas prioritariamente nos níveis de intervenção microssocial, passaram a integrar a dinâmica profissional do assistente social.

2. (NC/UFPR – 2013) O Movimento de Reconceituação, tal como se expressou em sua tônica dominante na América Latina, representou um marco decisivo no desencadeamento do processo de revisão crítica do Serviço Social no continente. Sobre esse processo, assinale a alternativa correta:
    a) Significou a aproximação do Serviço Social à tradição marxista.
    b) Tem seu marco no processo de cientificidade da pesquisa em Serviço Social.
    c) Regulamentou o processo de intervenção profissional no continente.
    d) Definiu parâmetros éticos e técnicos de atuação nas políticas públicas.

3. O Movimento de Reconceituação, visando refletir sobre os rumos do Serviço Social na América Latina, teve sua primeira participação brasileira em 1967, com um seminário no qual se abordou a teorização do Serviço Social. Assinale a alternativa que identifica corretamente o seminário promovido nesse ano:
   a) Seminário de Porto Alegre.
   b) Seminário de Sumaré.
   c) Seminário de Teresópolis.
   d) Seminário de Araxá.

4. Quais são os postulados de orientação valorativa que o Documento de Araxá (CBCISS, 1986) apresenta?

5. Aponte pelo menos uma conquista e um limite do Movimento de Reconceituação do Serviço Social, segundo Netto (2005b), em seu artigo "O Movimento de Reconceituação: 40 anos depois", publicado na revista *Serviço Social & Sociedade*.

Para concluir...

Neste livro, com a apresentação dos fundamentos históricos, teóricos e metodológicos do serviço social brasileiro nas décadas aqui contempladas, tivemos a intenção de evidenciar que a "questão social" não ocorre de forma isolada no mundo, pois é determinada pelas relações de produção capitalistas. Portanto, é decorrente da concentração da riqueza e da propriedade, num sistema que tem na desigualdade social e na pauperização suas expressões clássicas.

Considerando que a "questão social" é a matéria-prima do serviço social, ao término da leitura deste livro, você, leitor, deve ter percebido que essa área somente pode ganhar significado e inteligibilidade se for analisada à luz das relações sociais, políticas, econômicas e culturais de uma organização social, sobretudo das relações da classe trabalhadora com o Estado e das lutas sociais que resultaram em conquistas de direitos para os trabalhadores. Por isso, entender a dinâmica social é um passo importante para a aquisição do necessário domínio teórico-metodológico na área se pretendemos ter uma apropriação adequada dos fundamentos do serviço social.

Ao longo da obra, procuramos demonstrar que as condições propícias à profissionalização do serviço social ocorreram sob a égide do capitalismo monopolista e que a crescente intervenção do Estado nos processos de produção e reprodução social legitimou a profissão por meio de políticas sociais e trabalhistas como enfrentamento da "questão social" (lembrando, contudo, que tais políticas não representam a superação da luta de classes, pois esta é imanente ao capitalismo). As políticas conquistadas por meio das lutas dos trabalhadores representam mediações necessárias à manutenção da vida social da classe trabalhadora e são organizadas de acordo com as condições históricas e sociais das relações de produção.

Em nossa análise, destacamos os aspectos sociopolíticos que influenciaram o serviço social brasileiro, com ênfase no desenvolvimento capitalista e na ditadura militar. As bases teórico-metodológicas da profissão foram apresentadas com o estudo do serviço social de caso, de grupo e de comunidade. Esses são o foco da explicação teórico-metodológica da profissão no período abordado.

Os questionamentos que progressivamente atingiam a profissão culminaram com o Movimento de Reconceituação, por meio do qual, com os seminários de teorização de Araxá, Teresópolis, Sumaré e Alto da Boa Vista, o serviço social buscou superar a tradição conservadora que marcou historicamente a profissão. Enfatizamos que a reconceituação representou um movimento em desenvolvimento (e não um ponto final) e decisivo nas posturas adotadas pelos profissionais, o que veio a incidir no processo de intenção de ruptura posteriormente.

Ressaltamos, ainda, que o serviço social, em nenhum momento, desvinculou-se de concepções teóricas e ideológicas predominantes em cada conjuntura político-econômica. Por isso, é necessário que façamos uma leitura articulada entre os movimentos sociopolíticos e os movimentos do capital para entender de que forma influenciaram a profissão.

Estudo de caso

No decorrer do livro, tratamos do período da ditadura militar no Brasil. Agora veremos, por meio de um estudo de caso, como agiam os militares nesse período. Assim, é importante observar que o relato apresentado a seguir se refere a uma ocorrência verídica, tendo sido extraído do Relatório da Comissão Nacional da Verdade – CNV (Brasil, 2014).

> Em abril de 1968, o baiano Rogério Duarte Guimarães era um nome bastante respeitado no cenário cultural brasileiro, principalmente por seus trabalhos nas artes gráficas, em cartazes de filmes como *Deus e o Diabo na Terra do Sol*, de Glauber Rocha, e pelas capas de discos como o de Caetano Veloso, de 1967, além de ser um dos principais pensadores tropicalistas. No dia 4 de abril, Rogério e seu irmão Ronaldo Duarte foram, com suas respectivas namoradas Ruth Queirós e Sílvia Escorel de Moraes Saldanha, à

manifestação popular em homenagem a Edson Luís de Lima Souto, estudante secundarista assassinado pela Polícia Militar do Rio de Janeiro no dia 28 de março. A comoção gerada pela morte do estudante transformou a missa de sétimo dia de Edson Luís em uma manifestação de repúdio e denúncia da violência praticada pelas Forças Armadas do Estado brasileiro. No entanto, terminou em violentos confrontos e prisões arbitrárias e ilegais dos manifestantes; entre elas, a dos irmãos Duarte.

A missa realizou-se na Igreja da Candelária, no centro do Rio de Janeiro. O clima tenso já era percebido nas proximidades do local, pois em seu epicentro a cavalaria da polícia atacava os manifestantes com golpes de cassetete e sabres. Rogério descreve da seguinte maneira o episódio:

> Já no caminho de ida, depois que escondemos o carro perto do aeroporto, encontramos amigos que voltavam dizendo que a barra estava pesada demais e não dava mais para entrar na Igreja. O Exército sitiara a Igreja e os que ficaram do lado de fora foram expostos à ação de cavalos e das bombas de gás lacrimogêneo. Procuravam sair da avenida Getúlio Vargas, mas estava tudo cercado. Ainda assim decidimos prosseguir em direção à Igreja, apesar do medo que já nessa hora eu começava a sentir (Duarte, 2003).

Após se dirigirem para a manifestação e experimentarem o confronto contra os policiais, Rogério e seu grupo resolveram ir embora do tumulto. No retorno ao carro, foram abordados por dois agentes à paisana do Serviço Nacional de Informações (SNI), na rua da Quitanda, em local próximo à esquina com a rua Sete de Setembro, por volta das 18 horas. Eles alertaram Rogério e os outros para que os acompanhassem discretamente, dizendo: "Senão vai chover bala". Fizeram, então, sinal para que uma viatura que ali passava parasse. Na radiopatrulha 8-149 estavam os patrulheiros Álvaro de Oliveira Souza, Antônio Macedo Portela e José Xavier Tôrres. Os agentes se identificaram como membros do SNI e deram a ordem: as meninas deveriam ser deixadas no Departamento de Ordem Política e Social (DOPS) e os homens seriam levados para o Departamento de Correios e Telégrafos, a poucos quarteirões do local onde foram abordados. As moças

foram liberadas por volta das 23 horas do mesmo dia, graças à intervenção do pai de Sílvia, o embaixador Lauro Escorel.
Rogério e Ronaldo Duarte ficaram pouco mais de dez minutos em uma cela do Serviço de Vigilância do Departamento de Contraterrorismo (DCT), para então serem transferidos em uma Kombi de cor creme, que os irmãos identificaram como um veículo do Estado. Foram forçados a ficar deitados para não saber para onde iriam. Foram levados para a Vila Militar, na região oeste da cidade do Rio de Janeiro, onde ficaram vendados a maior parte do tempo, recebidos com socos e pontapés e despidos. "Para o primeiro interrogatório tiraram as vendas, chamaram-nos de Fidel Castro, comunistas, e avisaram que 'por causa disso, vão apanhar a noite inteira'." Rogério Duarte relata o episódio da seguinte forma:

> Durante oito dias fomos submetidos a torturas, espancamento, interrogatório, lavagem cerebral, todo o pacote sistemático de técnicas para desestruturar completamente uma personalidade. [...] Estive em uma cela onde havia dezenas de placas de papelão presas num suporte de pau com o clássico desenho da caveira e as iniciais E.M., de Esquadrão da Morte. Essas placas eram sempre encontradas nos "presuntos desovados" na baixada fluminense. Aquela foi uma típica "cela da morte". [...] Podia ser tudo encenação ou eu ia mesmo morrer. Como sabê-lo? (Duarte, 2003)

Rogério e Ronaldo Duarte ficaram privados de contato com amigos e familiares durante todo esse tempo. No dia 10 de abril, Rogério completava 29 anos de vida sofrendo torturas físicas e psicológicas, entre elas choques elétricos nas axilas, além de interrogatórios cujas perguntas pareciam não lhes dizer respeito. Na edição do jornal *Correio da Manhã* da quarta-feira, 10 de abril, lia-se a notícia de que Rogério Duarte e seu irmão estavam desaparecidos:

> O cineasta Ronaldo Duarte e seu irmão, o artista plástico Rogério Duarte, continuam desaparecidos desde a tarde da última quinta-feira, quando foram levados pela viatura da Radiopatrulha 8-149. [...] Uma comissão de intelectuais e artistas estabeleceu contatos com as diversas áreas de segurança, federais e estaduais, tendo

obtido uma única resposta: 'estes dois nomes não constam na lista'. Assim, fontes do I Exército informaram à Comissão que Ronaldo e Rogério não se encontravam em nenhuma dependência da área militar – do Exército, da Marinha, ou Aeronáutica – tendo a mesma resposta partido da Secretaria de Segurança de Niterói, do Departamento Federal de Segurança Pública e do Departamento de Ordem Político e Social.

O *Correio da Manhã* do dia 12 de abril publicou uma carta aberta, assinada por 86 artistas e intelectuais, como Antônio Carlos Jobim, Chico Buarque de Hollanda, Oscar Niemeyer, Caetano Veloso, Gilberto Gil, Vinicius de Moraes, entre vários outros. Nela, pedem esclarecimentos acerca dos irmãos Duarte, cujos nomes não constavam oficialmente em nenhuma instalação das Polícias ou Forças Armadas. Porém, horas antes de o jornal começar a circular pelo país, Ronaldo e Rogério Duarte foram soltos, por volta das 3 horas e meia do dia 12 de abril, nas proximidades do bairro de Campo Grande, no Rio de Janeiro.

Após terem sido libertados, Rogério e Ronaldo delataram, publicamente, as torturas sofridas durante os dez dias em que foram mantidos presos. Na edição do *Correio da Manhã* do dia 14 de abril, os irmãos deram detalhes das torturas sofridas e da maneira ilegal como foram detidos e mantidos em cárcere:

> No interrogatório, perguntas que não sabiam responder, como se conheciam padres ou pessoas que eles nunca viram. Dormiam nus e estavam em dependências em que outras pessoas também eram torturadas. Enfermeiros tentavam retirar as marcas das pancadas com compressas. Foram transferidos para três prisões dentro da Vila Militar. [...] Foram levados em uma Kombi, camuflados embaixo dos cobertores, escondidos inclusive da Polícia Rodoviária.

A denúncia pública das torturas sofridas pelos irmãos Duarte ganhou dimensão, e o episódio e seu desenrolar figuraram em várias edições dos jornais durante o mês de abril. No dia 16 de abril, o comandante interino do I Exército, general José Horácio da Cunha Garcia, soltou uma nota oficial da instituição no *Correio da Manhã*, afirmando:

> O Comando do I Exército, consciente das normas em vigor, da mentalidade e da tradição de seus subordinados, estava, de antemão, certo de que as denúncias apresentadas pelo Sr. Ronaldo Duarte e seu irmão o Sr. Rogério Duarte [...] não correspondiam com a verdade dos fatos. Apesar disso, determinou, imediatamente, a realização de meticulosas investigações, as quais, por vezes, dirigiu pessoalmente, e, por isso, pode declarar, para esclarecimento da opinião pública, de forma absolutamente categórica, que os referidos cidadãos não estiveram presos em nenhuma unidade do Exército e em nenhuma delas passaram por qualquer motivo.

Os nomes dos envolvidos nas torturas de Rogério e Ronaldo Duarte foram sendo identificados à medida que as investigações iam se desenvolvendo, conduzidas pela 3ª Delegacia Distrital do Rio de Janeiro. De acordo com o *Correio da Manhã* de 4 de maio, foram indicados como envolvidos nas torturas dos irmãos Duarte os seguintes nomes: os militares (todos do Batalhão de Comunicações Divisionárias) coronel José Goulart Câmara (apontado como o chefe dos torturadores), o primeiro-sargento Eurico, o segundo-sargento Marcelino, o segundo-sargento Ford, o terceiro-sargento Joevalner, além do civil Valter (ou Walter) Rodrigues, um dos agentes do SNI que efetuaram a detenção dos irmãos Duarte e de suas companheiras.

Em ficha produzida pelo SNI, expedida no dia 17 de abril em atendimento a um requerimento interno do dia 15, na qual havia o levantamento do histórico político dos irmãos Duarte, Ronaldo possuía elementos e registros que despertaram interesse do SNI sobre suas atividades passadas. Rogério, por sua vez, recebeu menção apenas por ser considerado um elemento de esquerda ligado a atividades de artes plásticas, por ser primo do deputado Marcelo Duarte, do MDB, e por ser indiciado no Inquérito Policial Militar (IPM), sem, porém, ter sido denunciado pelo procurador da Auditoria de Guerra da 6ª Região Militar.

Fonte: Adaptado de Brasil, 2014, p. 364-367.

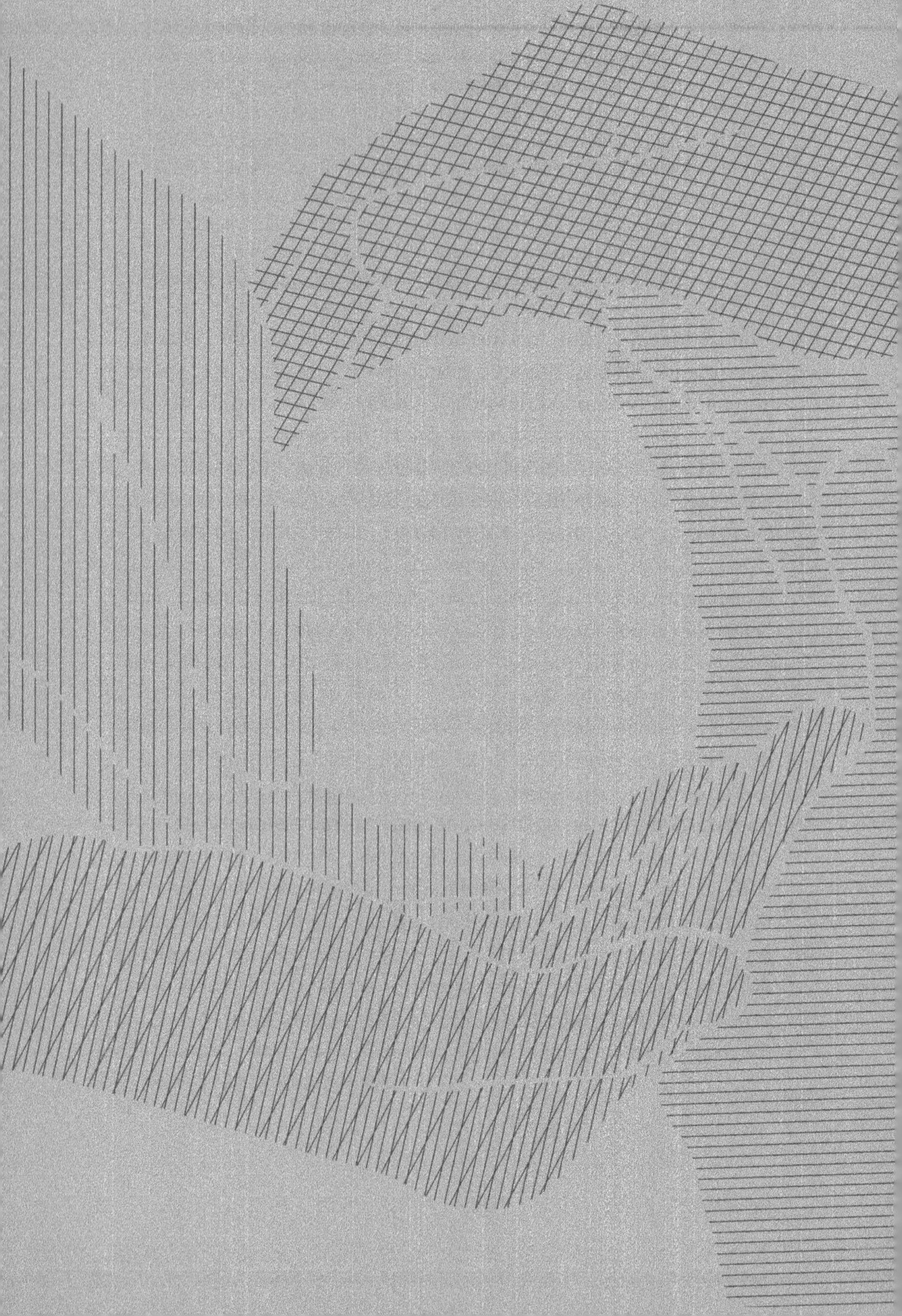

Referências

ABBAGNANO, N. **Dicionário de filosofia**. 4. ed. São Paulo: M. Fontes, 2000.

AGUIAR, A. G. de. **Serviço social e filosofia**: das origens a Araxá. 5. ed. São Paulo: Cortez, 1985.

ALMEIDA, A. A. de. **Possibilidades e limites da teoria do serviço social**. 4. ed. Rio de Janeiro: F. Alves, 1989.

AMMANN, S. B. **Ideologia do desenvolvimento de comunidade no Brasil**. 8. ed. São Paulo: Cortez, 1992.

ANTUNES, R. **O continente do labor**. São Paulo: Boitempo, 2011.

BATICH, M. A previdência social sob a mira dos fundos de pensão. In: MARQUES, R. M.; FERREIRA, M. R. J. (Org.). **O Brasil sob nova ordem**: a economia brasileira contemporânea – uma análise dos governos Collor a Lula. São Paulo: Saraiva, 2010. p. 245-266.

BEHRING, E. R.; BOSCHETTI, I. **Política social**: fundamentos e história. 5. ed. São Paulo: Cortez, 2008. (Biblioteca Básica de Serviço Social, v. 2).

BORÓN, A. A sociedade civil depois do dilúvio neoliberal. In: SADER, E.; GENTILI, P. (Org.). **Pós-neoliberalismo**: as políticas sociais e o Estado democrático. 5. ed. Rio de Janeiro: Paz e Terra, 1995. p. 63-118.

BRAGA, R. **A política do precariado**: do populismo à hegemonia lulista. São Paulo: Boitempo, 2012.

_____. **A restauração do capital**: um estudo sobre a crise contemporânea. São Paulo: Xamã, 1996.

BRASIL. Comissão Nacional da Verdade. **Relatório da CNV**. Texto 9: A resistência da sociedade civil às graves violações de direitos humanos. Textos temáticos, v. II. Brasília, 10 dez. 2014. Disponível em: <http://www.cnv.gov.br/images/pdf/relatorio/Volume%202%20-%20Texto%209.pdf>. Acesso em: 4 jan. 2016.

BRASIL. Decreto n. 35.311, de 2 de abril de 1954. **Diário Oficial da União**, Poder Executivo, Rio de Janeiro, RJ, 5 abr. 1954. Disponível em: <http://www2.camara.leg.br/legin/fed/decret/1950-1959/decreto-35311-2-abril-1954-449402-publicacaooriginal-1-pe.html>. Acesso em: 4 jan. 2016.

_____. Decreto n. 50.370, de 21 de março de 1961. **Diário Oficial da União**. Poder Executivo, Brasília, DF, 22 mar. 1961. Disponível em: <http://www2.camara.leg.br/legin/fed/decret/1960-1969/decreto-50370-21-marco-1961-390046-publicacaooriginal-1-pe.html>. Acesso em: 4 jan. 2016.

_____. Decreto n. 994, de 15 de maio de 1962. **Diário Oficial da União**, Poder Executivo, Brasília, DF, 15 maio 1962. Disponível em: <http://legis.senado.gov.br/legislacao/ListaNormas.action?numero=994&tipo_norma=DCM&data=19620515&link=s>. Acesso em: 4 jan. 2016.

_____. Lei n. 1.628, de 20 de junho de 1952. **Diário Oficial da União**, Poder Legislativo, Rio de Janeiro, RJ, 20 jun. 1952. Disponível em: <http://www.planalto.gov.br/ccivil_03/leis/1950-1969/L1628.htm>. Acesso em: 4 jan. 2016.

BRASIL. Lei n. 1.889, de 13 de junho de 1953. **Diário Oficial da União**, Poder Legislativo, Rio de Janeiro, RJ, 20 jun. 1953a. Disponível em: <http://legis.senado.gov.br/legislacao/ListaPublicacoes.action?id=108985>. Acesso em: 4 jan. 2016.

_____. Lei n. 2.004, de 3 de outubro de 1953. **Diário Oficial da União**, Poder Legislativo, Rio de Janeiro, RJ, 3 out. 1953b. Disponível em: <http://www.planalto.gov.br/ccivil_03/LEIS/L2004.htm>. Acesso em: 4 jan. 2016.

_____. Lei n. 2.613, de 23 de setembro de 1955. **Diário Oficial da União**, Poder Legislativo, Rio de Janeiro, RJ, 27 set. 1955. Disponível em: <http://www.planalto.gov.br/CCIVIL_03/leis/1950-1969/L2613.htm>. Acesso em: 4 jan. 2016.

_____. Lei n. 3.807, de 26 de agosto de 1960. **Diário Oficial da União**, Poder Legislativo, Brasília, DF, 5 set. 1960. Disponível em: <http://www.planalto.gov.br/ccivil_03/leis/1950-1969/L3807.htm>. Acesso em: 2 fev. 2016.

_____. Lei n. 3.252, de 27 de agosto de 1957. **Diário Oficial da União**, Poder Legislativo, Brasília, DF, 28 ago. 1957. Disponível em: <http://www.planalto.gov.br/ccivil_03/LEIS/L3252.htm>. Acesso em: 4 jan. 2016.

_____. Lei n. 4.330, de 1 de junho de 1964. **Diário Oficial da União**, Poder Legislativo, Brasília, DF, 1 jun. 1964. Disponível em: <http://www.planalto.gov.br/ccivil_03/leis/1950-1969/L4330.htm>. Acesso em: 4 jan. 2016.

_____. Lei n. 7.783, de 28 de junho de 1989. **Diário Oficial da União**, Poder Executivo, Brasília, DF, 29 jun. 1989. Disponível em: <http://www.planalto.gov.br/ccivil_03/leis/L7783.htm#art18>. Acesso em: 4 jan. 2016.

_____. Lei n. 8.662, de 7 de junho de 1993. **Diário Oficial da União**, Poder Legislativo, Brasília, DF, 8 jun. 1993. Disponível em: <http://www.planalto.gov.br/ccivil_03/leis/L8662.htm>. Acesso em: 4 jan. 2016.

_____. Lei n. 9.478, de 6 de agosto de 1997. **Diário Oficial da União**, Poder Executivo, Brasília, DF, 7 ago. 1997. Disponível em: <http://www.planalto.gov.br/ccivil_03/leis/L9478.htm#art83>. Acesso em: 4 jan. 2016.

BRASIL. Ministério da Agricultura. Serviço de Informação Agrícola. Missões Rurais de Educação: **a experiência de Itaperuna** – uma tentativa de organização da comunidade. Rio de Janeiro, 1952. (Série Estudos Brasileiros, n. 3). Disponível em: <http://forumeja.org.br/sites/forumeja.org.br/files/mrurais.pdf>. Acesso em: 6 jan. 2016.

BUENO, S. **Dicionário da língua portuguesa**. São Paulo: Didática Paulista, 1999.

CAPALBO, C. Algumas considerações sobre a fenomenologia que podem interessar ao serviço social. In: CBCISS – Centro Brasileiro de Cooperação e Intercâmbio de Serviços Sociais. **Teorização do serviço social**: Documentos de Araxá, Teresópolis, Sumaré. Rio de Janeiro: Agir, 1986. p. 170-189.

CBCISS – Centro Brasileiro de Cooperação e Intercâmbio de Serviços Sociais. **Teorização do serviço social**: Documentos de Araxá, Teresópolis, Sumaré. Rio de Janeiro: Agir, 1986.

_____. **Teorização do serviço social**: Documento do Alto da Boa Vista. Rio de Janeiro: Agir, 1988.

CFAS – Conselho Federal de Assistentes Sociais. **Código de Ética Profissional do Assistente Social**. Aprovado em 29 de setembro de 1947. Disponível em <http://www.cfess.org.br/arquivos/CEP_1947.pdf>. Acesso em: 4 jan. 2016.

_____. **Código de Ética Profissional do Assistente Social**. Aprovado em 8 de maio de 1965. Disponível em: <http://www.cfess.org.br/arquivos/CEP_1965.pdf>. Acesso em: 4 jan. 2016.

_____. **Código de Ética Profissional do Assistente Social.** Aprovado em 30 de janeiro de 1975. Disponível em: <http://www.cfess.org.br/arquivos/CEP_1975.pdf>. Acesso em: 4 jan. 2016.

COUTINHO, C. N. **A democracia como valor universal**. Rio de Janeiro: Ciências Humanas, 1979.

_____. **Gramsci**: um estudo sobre seu pensamento político. Rio de Janeiro: Civilização Brasileira, 1999.

CUEVA, A. **O desenvolvimento do capitalismo na América Latina**. São Paulo: Global, 1983.

DANTAS, J. L. A teoria metodológica do serviço social: uma abordagem sistemática. **Debates Sociais**, Rio de Janeiro: CBCISS, n. 4, p. 59-94, set. 1978.

DEDECCA, C. S. **Trabalho, financeirização e desigualdade.** Texto para Discussão, Campinas: IE/Unicamp, n. 174, abr. 2010.

DUARTE, R. **Tropicaos**. Rio de Janeiro: Azougue Editorial, 2003.

ESCORSIM, S. M. **O sistema de proteção social dos servidores públicos federais no Brasil**: as políticas de previdência e saúde e a trajetória do serviço social, desde a assistência patronal até a GEAP. 351 f. Tese (Doutorado em Serviço Social) – Pontifícia Universidade Católica de São Paulo, São Paulo, 2010. Disponível em: <http://www.dominiopublico.gov.br/pesquisa/DetalheObraForm.do?select_action=&co_obra=186812>. Acesso em: 4 jan. 2016.

FALEIROS, V. de P. Confrontos teóricos do Movimento de Reconceituação do serviço social na América Latina. **Serviço Social & Sociedade**, São Paulo: Cortez, ano VIII, n. 24, p. 49-69, ago. 1987.

FALEIROS, V. de P. Reconceituação do serviço social no Brasil: uma questão em movimento? **Serviço Social & Sociedade**, São Paulo: Cortez, ano XXVI, n. 84, p. 21-36, nov. 2005.

FERNANDES, F. A concretização da revolução burguesa. In: IANNI, O. (Org.). **Florestan Fernandes**: sociologia crítica e militante. São Paulo: Expressão Popular, 2004.

_____. **A revolução burguesa no Brasil**: ensaio de interpretação sociológica. 5. ed. São Paulo: Globo, 2006.

FERREIRA, C. G. O fordismo, sua crise e o caso brasileiro. **Cadernos do Cesit**, Campinas: CESIT/IE/Unicamp, n. 13, mar. 1993.

FIGUEIREDO, J. R. **Modos de ver a produção do Brasil**. São Paulo: Educ; Campinas: Autores Associados, 2004.

FIORI, J. L. **Para uma economia política do estado brasileiro**. Rio de Janeiro: UERJ/IMS, 1993. (Série Estudos em Saúde Coletiva, n. 41).

GRAMSCI, A. **Maquiavel, a política e o estado moderno**. 4. ed. Rio de Janeiro: Civilização Brasileira, 1980.

HAMILTON, G. **Teoria e prática do serviço social de casos**. 5. ed. Rio de Janeiro. Agir, 1982.

HARVEY, D. **Condição pós-moderna**. 18. ed. São Paulo: Loyola, 2009.

HOBSBAWM, E. **Era dos extremos**: o breve século XX – 1914-1991. São Paulo: Companhia das Letras, 1995.

HUSSERL, E. **Meditações cartesianas**: introdução à fenomenologia. São Paulo: Mandras, 2001.

IAMAMOTO, M. V.; CARVALHO, R. de. **Relações sociais e serviço social no Brasil**: esboço de uma interpretação histórico-metodológica. 4. ed. São Paulo. Cortez; Lima: Celats, 1982.

IANNI, O. **Estado e planejamento econômico no Brasil**. Rio de Janeiro: Ed. da UFRJ, 2009.

_____. **Pensamento social no Brasil**. Bauru: Edusc/Anpocs, 2004.

KEYNES, J. M. **A teoria geral do emprego, do juro e da moeda**. São Paulo: Nova Cultural, 1996. (Coleção Os Economistas).

KISNERMAN, N. **Serviço social de grupo**: uma resposta ao nosso tempo. Petrópolis: Vozes, 1980.

LÊNIN, V. I. **O imperialismo**: fase superior do capitalismo. São Paulo: Centauro, 2008.

MACEDO, M. de A. **Reconceituação do serviço social**: formulações diagnósticas. 3. ed. São Paulo: Cortez, 1986.

MANDEL, E. **A formação econômica do pensamento de Marx**. Coimbra: Centelha, 1978.

_____. **O capitalismo tardio**. São Paulo: Abril Cultural, 1982. (Coleção Os economistas).

MARX, K. **O capital**: crítica da economia política. 9. ed. São Paulo: Difel, 1984. Livro I. v. I e II.

_____. Salário, preço e lucro. In: MARX, K.; ENGELS, F. **Obras escolhidas**. São Paulo: Alfa-Ômega, 1979. p. 333-378. v. I.

MATTOS, M. B. **Trabalhadores e sindicatos no Brasil**. São Paulo: Expressão Popular, 2009.

MAYER, R. Racionalização da produção e do processo de trabalho: as estratégias capitalistas de gestão da força de trabalho. **Redes**, Santa Cruz do Sul: UNISC, v. 3, n. 1, p. 217-262, jul. 1998.

MEIRELLES, G. Á. L. de. **Trabalho e "questão social" no Brasil contemporâneo para além da aparência dos indicadores**. 417 f. Tese de Doutorado (Doutorado em Serviço Social) – Universidade Federal do Rio de Janeiro, Rio de Janeiro, 2014.

MELLO, J. M. C de. **O capitalismo tardio**. 11. ed. Campinas: Unesp; Campinas: Facamp, 2009.

MONTAÑO, C.; DURIGUETTO, M. L. **Estado, classe e movimento social**. 2. ed. São Paulo: Cortez, 2011. (Biblioteca Básica do Serviço Social, v. 5).

NETTO, J. P. **Capitalismo monopolista e serviço social**. São Paulo: Cortez, 2005a.

_____. **Ditadura e serviço social**: uma análise do serviço social no Brasil pós-64. 5. ed. São Paulo: Cortez, 1996.

_____. O Movimento de Reconceituação: 40 anos depois. **Serviço Social & Sociedade**, São Paulo: Cortez, n. 84, p. 21-36, 2005b.

_____. **Pequena história da ditadura brasileira (1964-1985)**. São Paulo: Cortez, 2014.

NETTO, J. P.; BRAZ, M. **Economia política**: uma introdução crítica. São Paulo: Cortez, 2006. v. 1.

OLIVEIRA, N. da S.; MAIO, M. C. Estudos de comunidade e ciências sociais no Brasil. **Sociedade e Estado**, Brasília, v. 26, n. 3, p. 521-550, set./dez. 2011. Disponível em: <http://www.scielo.br/pdf/se/v26n3/06.pdf>. Acesso em: 4 jan. 2016.

ORTIZ, F. G. **O serviço social no Brasil**: os fundamentos de sua imagem social e da autoimagem de seus agentes. Rio de Janeiro: E-papers/Faperj, 2010.

OUTHWAITE, W.; BOTTOMORE, T. **Dicionário do pensamento social do século XX**. Rio de Janeiro: J. Zahar, 1996.

PRADO JÚNIOR, C. **A revolução brasileira**: perspectivas em 1977. São Paulo: Brasiliense, 2004.

_____. **Evolução política do Brasil**: colônia e império. São Paulo: Brasiliense, 1999.

_____. **Formação do Brasil contemporâneo**: colônia. São Paulo: Brasiliense; Publifolha, 2000. (Grandes Nomes do Pensamento Brasileiro).

_____. **História econômica do Brasil**. 38. ed. São Paulo: Brasiliense, 1990.

REIS, A. P. dos et al. O avanço neoliberal no contexto do serviço social: o projeto ético-político enquanto instrumento de defesa. In: SEMINÁRIO DE SAÚDE DO TRABALHADOR DE FRANCA, 7., 2010, Franca. **Anais**... Franca: Ed. da Unesp, 2010. Disponível em: <http://www.proceedings.scielo.br/scielo.

php?pid=MSC0000000112010000100041&script=sci_arttext>. Acesso em: 4 jan. 2016.

RICHMOND, M. E. **O que é serviço social de casos**. Nova Iorque, 1922.

ROCHA, S. **Transferências de renda no Brasil**: o fim da pobreza? Rio de Janeiro: Elsevier, 2013.

SAMPAIO, P. de A.; SAMPAIO JUNIOR, P. de A. Apresentação. In: PRADO JÚNIOR, C. **Florestan Fernandes**: clássicos sobre a revolução brasileira. São Paulo: Expressão Popular, 2005. p. 9-13.

SANTOS, J. S. **"Questão social"**: particularidades no Brasil. São Paulo: Cortez, 2012. (Coleção Biblioteca Básica do Serviço Social, v. 6).

SANTOS, W. G. **Cidadania e justiça**: a política social na ordem brasileira. Rio de Janeiro: Campus, 1979.

SILVA, M. O. da S. (Coord.). **O serviço social e o popular**: resgate teórico-metodológico do projeto profissional de ruptura. 7. ed. São Paulo: Cortez, 2011.

SODRÉ, N. W. **Capitalismo e revolução burguesa no Brasil**. 2. ed. Rio de Janeiro: Graphia, 1997.

_____. **Formação histórica do Brasil**. 12. ed. Rio de Janeiro: Bertrand Brasil, 1987.

SOUZA, M. L. de. **Desenvolvimento de comunidade e participação**. 4. ed. São Paulo: Cortez, 1993.

_____. **Serviço social e instituição**: a questão da participação. São Paulo: Cortez, 1982.

VIANNA, L. W. **A revolução passiva**: iberismo e americanismo no Brasil. Rio de Janeiro: Iuperj & Revan, 2007.

VIEIRA, B. O. **Introdução à organização social da comunidade**. Rio de Janeiro: Sesc, 1958.

WANDERLEY, M. B. **Metamorfoses do desenvolvimento de comunidade e suas relações com o serviço social**. 2. ed. São Paulo: Cortez, 1998.

ZAPPA, R.; SOTO, E. **1968**: eles só queriam mudar o mundo. Rio de Janeiro: Zahar, 2008.

Respostas[1]

Capítulo 1

Questões para reflexão (I)

1. De acordo com Lênin (2008, p. 90), as principais características do capitalismo monopolista são: "1) a concentração da produção e do capital levada a um grau tão elevado de desenvolvimento que criou os monopólios, os quais desempenham um papel decisivo na vida econômica; 2) a fusão do capital bancário com o capital industrial e a criação, baseada neste capital financeiro, da oligarquia financeira; 3) a exportação de capitais, diferentemente da exportação de mercadorias, adquire uma importância particularmente grande; 4) a formação de associações internacionais monopolistas de capitalistas, que

---

[1] Todas as fontes mencionadas nesta seção também constam na lista final de referências.

partilham o mundo entre si; e 5) o termo da partilha territorial do mundo entre as potências capitalistas mais importantes".

2. O Estado de capitalismo monopolista assumiu, progressivamente, inúmeras funções sociais, políticas e econômicas que anteriormente não figuravam em suas intervenções mais diretas. No âmbito sociopolítico, em fins do século XIX e início do século XX, cresceu a força política dos movimentos da classe operária europeia. O sufrágio universal ganhava espaço em vários países, e isso ampliava as possibilidades de negociação da classe trabalhadora para a conquista de direitos sócio-político-econômicos, incluindo os direitos trabalhistas. Na fase de capitalismo monopolista, o Estado se deparou também com a emergência da terceira revolução tecnológica (Mandel, 1982). Outra característica do Estado de capitalismo monopolista é a administração das crises econômicas por meio de políticas governamentais anticíclicas.

3. A conquista de direitos não é uma via de mão única e está sempre vinculada a um processo de luta de classes, ainda que os resultados sirvam aos interesses do capital. Portanto, não foi e não é uma concessão do Estado. É o resultado histórico das relações sociais de produção capitalista.

Questões para reflexão (II)

1. O processo que articulou o fordismo e o keynesianismo se desdobrou em uma perspectiva de liberalismo social ou socialdemocrata que tem como principal característica a busca do crescimento econômico e da harmonia social com base na melhor redistribuição do excedente econômico. Para tanto, o fordismo-keynesianismo previa a conexão entre a produção em massa de bens padronizados e a ampliação do consumo por parte da classe trabalhadora.

2. O pós-Segunda Guerra desencadeou a Guerra Fria entre os Estados Unidos e a então União Soviética. De forma geral, ocorreu uma polarização entre capitalismo monopolista e "socialismo real" (Hobsbawm, 1995). As duas potências concorreram freneticamente pelo domínio de países de capitalismo dependente, com o objetivo de ampliar sua hegemonia político-econômica em escala mundial.

Questões para revisão

1. b

    Comentário: No início do Capítulo 1, afirmamos que a história do capitalismo deve ser considerada em seus estágios evolutivos. O estágio pré-capitalista emerge no século XVI e vai até meados do século XVIII, sendo também denominado *acumulação primitiva do capital*. O desenvolvimento do comércio e a expansão do intercâmbio entre as cidades e entre os países configuram o segundo estágio, denominado *capitalismo concorrencial*, que se manifesta a partir de 1780 e perdura até 1870. A partir de 1870, inicia-se a era dos monopólios, com a fusão e a concentração de capitais. Em paralelo, é gerado o estágio avançado do capitalismo, o terceiro, denominado *imperialismo*.

2. c

    Comentários:
    - O fordismo-keynesianismo é uma forma de gestão do trabalho industrial que prevê a conexão entre a produção em massa de bens padronizados e a ampliação do consumo por parte da classe trabalhadora. Diante desse conceito, justifica-se a alternativa que remete o fordismo-keynesianismo à articulação entre os processos de trabalho e à intervenção estatal para ampliação dos lucros.
    - Quanto à Guerra Fria, ocorreu uma polarização entre capitalismo monopolista, representado pelos Estados Unidos, e "socialismo real", da então União Soviética.
    - O *Welfare State* tem como principal característica a articulação entre o crescimento econômico e a harmonia social por meio da melhor redistribuição do excedente econômico e da ampliação dos direitos sociais, políticos e econômicos.
    - A exploração capital/trabalho se sustenta na maior expropriação da mais-valia; por isso, justifica-se conectá-lo à estratégia de obtenção de lucros.
    - Uma das características do Estado de capitalismo monopolista é a administração das crises econômicas por meio de políticas governamentais. Ou seja, diante de uma crise econômica, cabe ao Estado ao menos adiá-la o máximo possível como forma de manter o apoio da classe trabalhadora, além de passivizá-la como

estratégia permanente de acumulação do capital. Exemplificando: crises econômicas e luta de classes representam as duas faces da mesma moeda para o Estado em sua função estratégica de busca de consenso.

3. a

Comentário: Lênin articula a concentração ocorrida no capital bancário com a formação de uma oligarquia financeira. Esse processo ocorreu no estágio imperialista do capital, considerado pelo autor uma fase particular e superior do capitalismo.

4. A ampliação das possibilidades de negociação para a conquista de direitos sócio-político-econômicos, incluindo direitos trabalhistas; a necessidade de legalização de direitos (especialmente políticos, trabalhistas e sociais); a ampliação das funções do Estado, que na fase monopolista passa a articular as funções econômicas e políticas como necessidade de sua legitimação sociopolítica diante da progressiva e adensada luta de classes, que começava a se consolidar no bojo das relações do capital monopolista.

5. A intenção do *Welfare State* é articular melhor a redistribuição e a ordem social. Sua vigência em vários países europeus caracterizou-se pela implementação de políticas trabalhistas e sociais, como a consolidação do salário mínimo, a regulação das relações de trabalho, políticas de proteção social com o estabelecimento de sistemas de seguridade social e maior acesso da população à educação, à saúde e à assistência social. Isso promoveu o aumento da estabilidade socioeconômica e ampliou a democratização sociopolítica com o reconhecimento do direito de organização coletiva, sobretudo com a expansão de partidos políticos e da organização sindical.

Capítulo 2

Questões para reflexão (I)

1. A primeira característica se refere ao fato de ter havido um processo de produção colonial voltado às necessidades de abastecimento externo em detrimento da circulação e do consumo interno de mercadorias; a segunda característica se remete às dificuldades de produção colonial diante da vastidão do território brasileiro; e a terceira característica é voltada para a persistência de relações de trabalho pautadas pela escravidão.

2. Podemos entender a modernização conservadora como um processo que privilegia o crescimento econômico em detrimento de um desenvolvimento sócio-político-econômico que vislumbre a participação da classe trabalhadora e a ampliação de direitos de cidadania.

Questões para reflexão (II)

1. A revolução "de cima para baixo" nos remete à ideia de que a formação social brasileira não resultou em uma construção nacional autônoma, por meio da conjunção de forças sociais, pautando-se por decisões que atendiam somente aos interesses da classe burguesa, sem a participação da classe trabalhadora.

2. Independentemente de sua escolha quanto ao autor, vale lembrar que os três convergem no que se refere à existência de inúmeras limitações na revolução burguesa brasileira.

Questão para reflexão (III)

1. Mello (2009) se refere à industrialização retardatária em todos os países latino-americanos, em razão da impossibilidade de um processo avançado de industrialização nos mesmos moldes dos países imperialistas – estes haviam superado o capitalismo concorrencial e a exploração capitalista tinha assumido sua configuração monopolista. É também um processo de industrialização restringido porque manteve a acumulação capitalista industrial por muito tempo no âmbito da exportação de produtos primários (primarização da

economia). A industrialização pesada nos países latino-americanos somente se concretizou em meados da década de 1950, mantendo-os dependentes da exportação, sobretudo, de produtos para a indústria de transformação até esse período.

Questões para revisão

1. a

    Comentário: O desenvolvimento do capitalismo brasileiro ocorreu por uma via "não clássica", ou seja, o processo de desenvolvimento capitalista no Brasil contou com a particularidade de conservar elementos do passado arcaico (herança colonial) com a progressiva e lenta introdução de elementos modernizantes no processo de crescimento econômico, tais como a industrialização e a institucionalização de políticas sociais que assegurassem direitos de cidadania. Somou-se a esse processo lento e tardio o autoritarismo político das classes dominantes manifestado, sobretudo, pela exclusão das classes populares da participação nas decisões políticas, o que significa impedir o acesso da população aos espaços e às decisões engendradas pelos núcleos do poder político-econômico – e isso em qualquer esfera pública.

2. b

    Comentário: Prado Jr. (2004) associa a emergência da burguesia brasileira ao processo de evolução e organização do capitalismo no Brasil, à abolição da escravatura, à imigração de braços para a lavoura e à proclamação da república. Para ele, "a emergência do trabalho 'livre' exigiu a reorganização do aparelho estatal o qual incorporou as exigências do capital imperialista e consolidou uma economia voltada para a produção extensiva e em larga escala de matérias-primas e gêneros tropicais destinados à exportação" (Prado Jr., 2004, p. 107).

3. a

    Comentário: Carlos Nelson Coutinho (1979) é um dos expoentes que elabora uma construção teórica relacionando o processo de democratização brasileira à "via prussiana", ou "de cima para baixo". Em seu clássico *A democracia como valor universal*, Coutinho (1979, p. 41-42) afirma que "as transformações políticas e a modernização socioeconômica no Brasil foram sempre efetuadas no quadro de uma 'via prussiana', ou seja, através da conciliação entre frações das classes dominantes, de medidas aplicadas 'de cima para baixo', com a conservação essencial das relações de produção atrasadas (latifúndio) e com a reprodução (ampliada) da dependência ao capitalismo internacional".

4. Para Florestan Fernandes (2006, p. 239), a revolução burguesa "denota um conjunto de transformações econômicas, tecnológicas, sociais, psicoculturais e políticas que só se realizam quando o desenvolvimento capitalista atinge o clímax de sua evolução industrial". No fim do Império e começo da República, a sociedade brasileira continha somente os germes desses processos de transformação. Para Fernandes (2006), esse processo somente se realizou com o golpe militar de 1964.

5. Nelson Werneck Sodré é referenciado pela historiografia brasileira como um estudioso que defende a existência de regressões feudais em alguns períodos da colonização brasileira. Equivocadamente, alguns historiadores brasileiros o criticam por entenderem que ele defende a existência de relações feudais no Brasil nos mesmos moldes das relações feudais europeias e, nesse caso, acreditam que Sodré (1997) teria vinculado a ascensão da classe burguesa no país à emergência do capitalismo comercial no período do Brasil Colônia. É preciso aprofundar as análises de Sodré para não reproduzir tais exageros. Trata-se de um estudioso cuja interpretação marxista da historiografia brasileira torna-o indispensável para a compreensão da formação social do país. Netto (citado por Meirelles, 2014) considera que devemos cuidar para não fazer uma avaliação superficial sobre Sodré, porque esse estudioso da formação social brasileira jamais afirmou a existência de relações feudais no Brasil nos moldes europeus, como entendem alguns de seus críticos. Para Netto (citado por Meirelles, 2014), tal autor colocou em evidência que, nas origens do Brasil Colônia, o capitalismo era comercial e, posteriormente, no século XVII, teria passado por uma espécie de regressão feudal que inicia no sul do Estado do Maranhão. Ou seja, Sodré (1997) se refere a momentos da história em que se articulam diferentes modos de produção, entre os quais aparecem relações de trabalho servil. Figueiredo (2004, p. 636) corrobora essa ideia afirmando que "o reconhecimento de trabalho servil não implica reconhecimento de um caráter feudal

da sociedade". Portanto, Sodré tem o grande mérito de ter sido o primeiro estudioso a evidenciar a articulação de diferentes modos de produção na formação social brasileira, apontando de forma criativa a coexistência de trabalho servil e do trabalho escravo em alguns períodos sócio-históricos da formação social brasileira.

Capítulo 3

Questão para reflexão (I)

1. Segundo Netto (1996, p. 18-19, grifo do original), "Em primeiro lugar, [...] no Brasil, o desenvolvimento capitalista não se operou **contra** o 'atraso', mas mediante a sua contínua **reposição** em patamares mais complexos, funcionais e integrados. Em segundo lugar, uma recorrente exclusão das forças populares dos processos de decisão política [...] [ou seja,] a exclusão da massa do povo no direcionamento da vida social. Em terceiro lugar, e funcionando mesmo como espaço, como *topus* social, de convergência destes dois processos, o específico desempenho do Estado na sociedade brasileira – trata-se de sua particular relação com as agências da sociedade civil".

Questão para reflexão (II)

1. Com a saída de Vargas em 1945, no aspecto político, foi aberto espaço para um período de redemocratização no país, muito em função da vitória das forças aliadas sobre o nazifascismo. Ou seja, a democracia representativa, sob a hegemonia norte-americana, passava a orientar as relações políticas dos países de capitalismo dependente. Nesse aspecto, a Constituição de 1937 foi substituída por uma Constituição democrática elaborada em 1946, em assembleia constituinte. No aspecto econômico, passou a prevalecer uma política de associação entre grupos econômicos brasileiros e estrangeiros. O desenvolvimentismo, até então de caráter mais nacionalista, passou a vislumbrar a interdependência com o capital imperialista, sobretudo o norte-americano, para alcançar o desenvolvimento industrial e econômico almejado desde a revolução de 1930.

Questões para reflexão (III)

1. O governo João Goulart formulou o Plano Trienal, cujas medidas, em síntese, visavam à: manutenção da taxa de crescimento do Produto Interno Bruto (PIB); redução da inflação; implantação das Reformas de Base, que propunham melhor distribuição social e redução das desigualdades regionais.

2. Um dos principais conflitos enfrentados por Jango foi a progressiva falta de apoio parlamentar ao governo. Esses conflitos se originavam em divergências político-ideológicas vinculadas às alternativas existentes quanto à dependência econômica do país em relação ao imperialismo, sobretudo o norte-americano, e também nas ressonâncias disso para a política interna do país.

Questão para reflexão (IV)

1. As leis do arrocho significaram que, ao longo de todo o período de ditadura militar, o salário mínimo nunca foi reajustado de acordo com os índices de inflação ou de produtividade. O resultado dessa medida foi a superexploração da força de trabalho e uma queda progressiva do poder de compra dos trabalhadores, empobrecendo-os. Entre as leis do arrocho constavam: a proibição do direito de greve; o controle dos índices de reajuste salarial (unificados em torno de um único percentual anual relativo à média da inflação divulgada para os dois anos anteriores); o fim da estabilidade aos dez anos de serviço (trocada pelo FGTS) e o desmonte do sistema previdenciário baseado nos Institutos de Aposentadorias e Pensões (IAPs), substituídos pelo Instituto Nacional de Previdência Social (INPS) (Mattos, 2009, p. 106).

Questões para revisão

1. c

   Comentário: Na verdade, o governo de Getúlio Vargas abandonou as diretrizes de caráter liberal que vinham se gestando no governo de Gaspar Dutra (1946-1951).

2. a

   Comentário: O golpe de estado de 1º de abril rompeu com o processo de conquista de direitos sociais, trabalhistas, civis, políticos e de organização, bem como com inúmeras lutas pela soberania nacional, que ficaram impressas nas lutas de classes em nosso país e particularizam a "questão social" brasileira.

3. b

   Comentário: O que de fato marcou Costa e Silva na história de nosso país foram a instituição do AI-5 e a crueldade da perseguição política que se instalou no Brasil.

4. O período denominado "milagre econômico" correspondeu a uma política econômica que previa "forte investimento do Estado em setores não lucrativos ou de baixa lucratividade inicial, mas imprescindíveis ao crescimento (energia, estradas, siderurgia, telecomunicações) e garantidores de alta lucratividade para o grande capital, assim como a maior abertura do país ao capital estrangeiro (com a inevitável desnacionalização da economia)" (Netto, 2014, p. 151). Tais investimentos eram realizados com base no endividamento externo, diante de inúmeros empréstimos que o país realizava, sobretudo junto aos Estados Unidos.

5. Entre os poderes obtidos pelo Executivo Nacional com a instauração do AI-5 estavam: fechamento do Congresso Nacional e das Assembleias Legislativas quando entendesse se tratar de segurança nacional; cassação de mandatos eleitorais; suspensão de direitos políticos; demissão de funcionários públicos federais; demissão de juízes; declaração de estado de sítio; confisco de bens como punição por corrupção; suspensão do *habeas corpus* em todos os crimes contra a segurança nacional, entre outros.

Capítulo 4

Questão para reflexão (I)

1. O Serviço Social de caso foi o primeiro método a ser ensinado e praticado no Brasil e sofreu influências do pensamento sociológico e da psicologia, chegando a se desenvolver, em alguns momentos, por uma ótica mais psicológica (Aguiar, 1985). Suas técnicas de intervenção eram fundamentadas em entrevistas individuais, muito evidenciadas pelo *social case work*, de formatação estadunidense.

Questão para reflexão (II)

1. Ao assumir o poder, os militares deixaram claro seu posicionamento contrário ao tipo de nacionalismo que vinha sendo adotado pelos governos anteriores. O novo regime apregoava uma democracia, porém tutelada pelo governo. Aliada a esse pensamento, estava a política imperialista de anticomunismo. Como visto, o aparato de força estatal era utilizado para neutralizar qualquer movimento social iniciado no período de democratização (1946-1964).

   Com isso, o Movimento de Educação de Base (MEB) foi imediatamente atingindo pela nova política e abriu mão de suas atividades de conotação política, retrocedendo à sua gênese, quando foi utilizado para evangelização e catequese, o que corresponderia melhor às implicações do regime militar.

Questão para reflexão (III)

1. Notamos uma mudança de percepção teórica no Código de 1965 (CFAS, 1965) em relação ao de 1947 (CFAS, 1947), pois o pensamento teórico doutrinário foi substituído por teorias mais científicas e que atendiam ao novo momento vivenciado, quando o Serviço Social foi então reconhecido como profissão técnico-científica.

Questões para reflexão (IV)

1. O currículo mínimo de Serviço Social foi instituído por meio do Decreto n. 35.311, de 2 de abril de 1954 (Brasil, 1954) – que regulamenta a Lei n. 1.889, de 13 de junho de 1953 (Brasil, 1953a), a qual trata dos objetivos

do ensino do Serviço Social, de sua estruturação e das prerrogativas dos portadores de diplomas de assistentes sociais e agentes sociais.

Esse decreto estabelece que o ensino de Serviço Social é uma prerrogativa exclusiva das escolas de Serviço Social que estiverem de acordo com os termos estabelecidos no novo regulamento.

No mesmo decreto, encontra-se a estruturação das escolas de Serviço Social, que deveria ser organizada em cursos ordinários e extraordinários. A estrutura do curso ordinário deveria contemplar as disciplinas necessárias para a aquisição do diploma de assistente social – tais disciplinas seriam divididas em três séries, a serem cursadas em três anos. O documento traz, ainda, uma lista com as disciplinas que deveriam ser estudadas em cada série.

2. Quanto à dimensão organizativa da profissão, é importante destacar que as primeiras entidades representativas – como a Associação Brasileira de Assistentes Sociais (Abas), criada em 1946, a Associação Brasileira de Escolas de Serviço Social (Abess), também criada em 1946, a Associação Profissional de Assistentes Social (Apas), criada em 1954, e o Centro Brasileiro de Cooperação e Intercâmbio de Serviços Sociais (CBCISS), criado em 1957 – foram de extrema importância para o reconhecimento e a regulamentação da profissão, processo que, como visto anteriormente, culminou com o Decreto n. 994/1962, de 15 de maio (Brasil, 1962), data que ficou consignada como comemorativa do Dia do Assistente Social no país.

É importante ressaltar que esse decreto instituiu o Conselho Federal de Assistentes Sociais (CFAS) e os Conselhos Regionais de Assistentes Sociais (Cras) com o objetivo de disciplinar e fiscalizar o exercício profissional – nessa ocasião, o CFAS passou a substituir a Apas.

Questões para revisão

1. b

Comentário: O Desenvolvimento de Comunidade (DC) foi pensado basicamente como trabalho em grupo, com outro enfoque, pois todo trabalho executado em uma comunidade com vistas a trabalhar com pessoas deveria considerar agragá-las aos mais diversificados grupos existentes na comunidade.

2. Com a ditadura militar, o MEB retrocedeu à sua gênese, quando era utilizado como instrumento de evangelização e catequese.

3. a

   Comentário: É importante a compreensão de que o Serviço Social de caso, o de grupo e o de comunidade representavam campos de atuação do Serviço Social e tinham conexão entre si quando trabalhados no espaço da comunidade.

4. Caracteriza-se pela vinculação orgânica de seus intelectuais, pois os heterodoxos, com uma visão crítica, estabelecem vínculos com a classe subalterna para que esta alcance a modificação estrutural a fim de tornar-se hegemônica.

5. d

   Comentário: O Código de Ética Profissional de 1965 inova no sentido de fazer referências às contribuições que deviam ser prestadas pelo assistente social às associações de classe.

Capítulo 5

Questões para reflexão (I)

1. O Movimento de Reconceituação na América Latina surgiu como um movimento de revisão crítica para substituir o então chamado *Serviço Social tradicional*. Isso porque seu enfoque, transportado da Europa e dos Estados Unidos para a América Latina, passou a ser considerado ultrapassado no âmbito do Serviço Social. Em paralelo, a década de 1960 apresentava algumas particularidades decorrentes da emergência do capitalismo monopolista em âmbito mundial e de suas formas de promoção das desigualdades sociais. Entre as principais características do Movimento de Reconceituação na América Latina estavam: a busca de um marco teórico-referencial ou de uma teoria para a prática do Serviço Social latino-americano; a busca de modelos metodológicos adequados às necessidades da realidade latino-americana e que pudessem, efetivamente, assegurar a integração teórico-prática na atividade profissional; e a elaboração de

uma literatura autônoma, refletindo as respostas do Serviço Social à realidade latino-americana.

2. O pensamento crítico que conectou a luta de classes com o Serviço Social se estabeleceu a partir do processo histórico de lutas constantes pela construção de uma sociedade sem exploração e dominação. Netto (1996) apresenta três direções do Movimento de Reconceituação; uma delas reforça a vinculação do pensamento crítico ao Serviço Social: **a intenção de ruptura** com a tradição conservadora do Serviço Social. Essa abordagem ocorreu nos anos de 1970 e esteve diretamente ligada à representação do pensamento crítico no interior do ambiente universitário, mais especificamente na Escola de Serviço Social da Pontifícia Universidade Católica de Minas Gerais (PUC-Minas). O contexto sociopolítico que fez aflorar essa tendência no interior do Movimento de Reconceituação do Serviço Social esteve permeado por mobilizações sociais contra a ditadura militar e contribuiu para a aproximação do Serviço Social com a classe trabalhadora, formando, assim, uma nova identidade profissional vinculada ao pensamento marxista.

Questão para reflexão (II)

1. O Seminário de Araxá significou um marco importante, pois foi tido como o primeiro seminário de teorização do Serviço Social, em que os assistentes sociais buscavam uma metodologia mais apropriada para o enquadramento da prática profissional na era do desenvolvimentismo, afirmando a necessidade da busca por novos métodos e processos de atuação na prática, de modo a superar a divisão de caso, grupo e comunidade. Ao final do Seminário de Araxá, os participantes constataram a necessidade de profundas reformulações na teoria, na metodologia, no ensino e nos canais de comunicação do Serviço Social com a população.

Questão para reflexão (III)

1. O Seminário de Teresópolis centralizou seus estudos em três temas principais: fundamentos da metodologia do Serviço Social; concepção científica da prática do Serviço Social; e aplicação da metodologia do Serviço Social.

Questão para reflexão (IV)

1. A reatualização do conservadorismo é uma tendência que procurou restaurar a herança histórica e conservadora do Serviço Social, trazendo uma nova roupagem a suas bases teórico-metodológicas. Acolheu-se a perspectiva fenomenológica, por meio da qual a prática retomou elementos do conservadorismo e do atendimento individualizado e psicologizante.

Questões para revisão

1. a

    Comentário: Nos limites do Movimento de Reconceituação, a recusa às "teorias importadas" se refere à ideia de construção de uma teoria própria do Serviço Social latino-americano, mais adequada a nossas particularidades histórico-sociais. Diante de realidades tão diferentes, não poderia haver uma universalidade teórica.

2. a

    Comentário: A aproximação com a tradição marxista significou também uma aproximação com os movimentos de esquerda e com as ciências sociais. Pode ser considerada uma conquista do Movimento de Reconceituação.

3. d

    Comentário: O Seminário de Araxá foi um encontro promovido pelo Centro Brasileiro de Cooperação e Intercâmbio de Serviços Sociais (CBCISS), que convocou, em plena ditadura militar, 38 assistentes sociais de diversas regiões do Brasil para uma semana de estudos sobre a teorização do Serviço Social. Tido como o primeiro seminário de teorização do Serviço Social, aconteceu na cidade de Araxá, em Minas Gerais, de 19 a 26 de março de 1967. No término do seminário, houve a publicação do Documento de Araxá, uma espécie de carta de princípios que orientaria a prática do Serviço Social.

4. Dignidade da pessoa humana, sociabilidade e perfectibilidade.

5. Sugestão de resposta:

    Limite: recusa às "teorias importadas". Conquista: interlocução crítica com as ciências sociais.

Sobre as autoras

Daniele Graciane de Souza é mestre em Educação na linha de Políticas Educacionais pela Universidade Federal do Paraná (UFPR), especialista em Questão Social na Perspectiva Interdisciplinar também pela UFPR, especialista em Recursos Humanos pela União Educacional de Cascavel (Univel) e graduada em Serviço Social pela Universidade Estadual do Oeste do Paraná (Unioeste). Tem experiência na área da educação superior pública, atuando como assistente social na UFPR desde 2008, função em que trabalha com a política de assistência estudantil.

Giselle Ávila Leal de Meirelles é doutora em Serviço Social pela Universidade Federal do Rio de Janeiro (UFRJ), mestre em Sociologia Política pela Universidade Federal do Paraná (UFPR) e graduada em Serviço Social pela Pontifícia

Universidade Católica do Paraná (PUCPR). Foi assistente social da Prefeitura Municipal de Curitiba no período de 1983 a 2005 e, atualmente, é professora do curso de Serviço Social da UFPR, setor litoral, tendo participado da implantação do curso nesse setor em 2006. Participou também da implantação do curso de especialização em Questão Social pela Perspectiva Interdisciplinar, em 2008, o qual coordenou no período de 2008 a 2011.

Silvia Maria Amorim Lima é mestranda em Educação na linha de Políticas Educacionais na Universidade Federal do Paraná (UFPR), especialista em Supervisão Escolar pela Universidade Candido Mendes (Ucam) e graduada em Serviço Social pela Universidade Federal do Pará (UFPA). Tem experiência na área da educação como professora, orientadora e supervisora educacional na rede privada de ensino básico dos Estados do Pará e do Maranhão. Desde 2010, trabalha com política de assistência estudantil, atuando como assistente social na UFPR. É também autora do livro *Educação escolar das relações étnico-raciais: história e cultura afro-brasileira e indígena no Brasil* (2015).